PANÓPTICOS Y LABERINTOS

Subjetivación, deseo y corporalidad en una cárcel de hombres

CENTRO DE ESTUDIOS SOCIOLÓGICOS
PROGRAMA INTERDISCIPLINARIO
DE ESTUDIOS DE LA MUJER

PANÓPTICOS Y LABERINTOS

Subjetivación, deseo y corporalidad en una cárcel de hombres

Rodrigo Parrini Roses

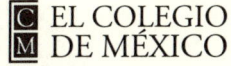

EL COLEGIO
DE MÉXICO

305.31
P2613p

Parrini Roses, Rodrigo.

Panópticos y laberintos : subjetivación, deseo y corporalidad en una cárcel de hombres / Rodrigo Parrini Roses. --1a ed. -- México, D. F. : El Colegio de México, Centro de Estudios Sociológicos, Programa Interdisciplinario de Estudios de la Mujer, 2007.

288 p. ; 21 cm

Incluye bibliografía: p . 269-277
ISBN 968-12-1269-X

1. Masculinidad -- México -- Ciudad de México.
2. Identidad de género -- México -- Ciudad de México.
3. Subjetividad -- Aspectos sociales -- México -- Ciudad de México. 4. Sexo -- Aspectos sociales -- México -- Ciudad de México. 5. Cuerpo humano -- Aspectos sociales -- México -- Ciudad de México. 6. Deseo. 7. Presos -- México -- Ciudad de México. 1. t.

Primera edición, 2007

ISBN 968-12-1269-X

Impreso en México

CONTENIDO

*Este libro está dedicado a Palmira Roses Pera,
con un profundo cariño y una gran admiración.*

AGRADECIMIENTOS

Este libro es resultado de la buena voluntad y cooperación de muchas personas en distintos momentos. Agradezco al Programa Interdisciplinario de Estudios de la Mujer de El Colegio de México la oportunidad que me dio para estudiar su maestría en estudios de género, cuyo producto final es esta publicación. Asimismo agradezco el financiamiento que hizo factible que la investigación se realizara. En este mismo sentido manifiesto mi gratitud al Programa de Salud Reproductiva y Sociedad de El Colegio de México por su apoyo financiero.

Agradezco a la Dirección General de Prevención y Readaptación Social del Gobierno del Distrito Federal el haberme permitido entrar al Reclusorio Varonil Norte a su cargo y autorizarme a realizar las entrevistas que constituyen el material fundamental de este texto. Reconozco el trato gentil del personal del Reclusorio Norte y su ayuda para facilitar la realización de las entrevistas. El respaldo de la doctora Elena Azaola fue fundamental para llevar a buen puerto estas gestiones.

Agradezco de forma especial a los internos en dicho reclusorio que accedieron a ser entrevistados, especialmente por la confianza que depositaron en mí y por su disposición a compartir ciertas partes de sus vidas, muchas veces duras, difíciles de contar. No tengo otra retribución que lo aquí escrito y la honestidad con la que utilicé lo que me refirieron.

La ayuda y el apoyo de la doctora Ivonne Szasz ha sido fundamental, tanto que estos agradecimientos resultan escuetos al percibir la importancia que ha tenido su respaldo para la realización del libro y para mi estadía en México.

La doctora Nattie Golubov ha sido también un apoyo fundamental. Las largas conversaciones en las que abordamos casi todo lo que aquí está escrito, así como su brillantez intelectual, están diseminadas a lo largo de todo el texto. Su amistad ha sido para mí una guía importante y significativa.

Agradezco a la doctora Soledad González su paciencia, su lectura y su confianza en que este material fuera publicado. Sin duda su participación ha sido fundamental para llegar a los resultados que se exponen. Asimismo reconozco la lectura atenta y detallada del manuscrito y los comentarios profundos y relevantes del doctor Joan Vendrell.

Expreso también mi gratitud a Josefina Recillas por su trabajo de transcripción de las entrevistas realizadas para esta investigación; su generosidad y su profesionalismo fueron una gran ayuda. Reconozco, del mismo modo, el respaldo del personal de la Biblioteca Daniel Cosío Villegas, tanto porque la calidad del acervo fue fundamental para acceder a gran cantidad de lecturas y autores que han sido centrales para lo que he escrito y pensado, como porque su profesionalismo y disponibilidad me permitieron encontrar materiales en diversas bibliotecas y leer con tranquilidad y detenimiento.

Finalmente, agradezco de modo general a México el que me haya acogido y que me permitiera estudiar e investigar en su tierra. Ha sido, tal vez, la experiencia más enriquecedora de mi vida y tendrá un lugar permanente en mi memoria.

Donde tuvo lo que es su origen,
allí es preciso que retorne en su caída.
ANAXIMANDRO, *Fragmentos*

Me dije que si el paisaje con lluvia era hermoso
—como ver algo en penumbras—
lo sería también sin ella.
BASHO, *Las sendas de Oku*

INTRODUCCIÓN

Tras muchos cambios y variaciones llegué a un título que estimé definitivo para este libro: *Panópticos y laberintos: subjetivación, deseo y corporalidad en una cárcel de hombres.* Esta última versión condensa los cambios que el texto experimentó a lo largo de su proceso de escritura. Diría que el título llegó hasta mí, que de alguna manera se impuso y dejó atrás otros matices y ámbitos que me habían interesado desde el principio. Privilegié en un primer momento el tema de la disciplina, pero se impusieron el deseo y la corporalidad. A ninguno de ellos lo había considerado desde el inicio. Llegaron por su propio peso, por la insistencia con que hablaban sobre su cuerpo y el de los otros los presos que entrevisté; sobre su deseo y el de los otros.

Permaneció, eso sí, el concepto de subjetivación. Para mí, cuando comencé a escribir este libro, era una noción nueva que tomaba de las lecturas de Foucault; luego me pareció que podría ser un concepto central para los estudios sobre género y sexualidad, ámbito en el que participo. Central por dos razones: primero, porque permite entender que la subjetividad es una construcción enraizada en ciertas coordenadas histórico-políticas y en determinadas conformaciones simbólicas e imaginarias; además, si bien en los estudios de género se afirma de modo insistente que los sujetos son construidos, cuando se llega hasta ellos, se les pregunta, y se investigan sus vidas, sus deseos, sus prácticas y sus significados, se trabaja como si todo estuviera allí de modo consistente. Digámoslo: se trata a los sujetos como antecedentes y no como consecuentes. ¿Consecuentes de qué? De una historia o de muchas, de dispositivos ideológicos e institucionales, de tramas simbólicas, de arreglos políticos. Segundo, si se evita pensar en construcciones imaginando esencias, se puede entender de modo más radical el funcionamiento de los elementos señalados en la conformación histórica de los sujetos. Nuevos tipos de sujetos nacen de distintas tec-

15

nologías de poder —dice Foucault—. Lo que hicimos fue tomar esta afirmación al pie de la letra.

Nuestros sujetos fueron los hombres presos en una cárcel del Distrito Federal, al norte de la ciudad. Diez mil individuos en una cárcel construida para la mitad de ese número. Una ciudad tras las rejas. Hacinamiento, risas, comidas, trabajo, sexo. Emociones y silencio, violencia y ternura. El amor y la furia. Una ciudad. Un rumor incesante entraba por las ventanas del pequeño recinto donde conversé con algunos de ellos, como si nunca se dejara de hablar, de decir algo; no una voz individual, sino una voz colectiva, soterrada y pulsante que me cobijaba. Alguna vez pensé en uno de los cantos de la *Antígona* de Sófocles en que el coro se interroga sobre el misterio de la condición humana y su destino aciago. Un misterio que llegaba en forma de rumor, un canto doloroso y vivo tras las rejas. Gente vestida de color beige, viejos y jóvenes, algunos acicalados como mujeres, otros como raperos marginales. Algunos sucios, caminando sin rumbo; otros pulcros, desplazándose con certeza. Guardias vestidos de negro. Una paleta de colores que se movía ante mis ojos. Un mundo: ésa sería la definición más indicada. Un mundo que traté de reconstruir en algunas de sus partes, pero que es infinitamente complejo y diverso. Mi trabajo es un trozo de ese mundo.

Ya he esbozado varios panópticos y diversos laberintos. La noción de panóptico también es foucaultiana. Bentham rescatado de los archivos. Una forma en que el poder se materializa en dispositivos arquitectónicos, pero también en un régimen de la mirada. Un proyecto de verlo y vigilarlo todo desde un solo punto. La cárcel sería, en este sentido, la institución panóptica por excelencia. En determinado número de metros cuadrados se encierra durante cierta cantidad de tiempo a algunos individuos para que sean vigilados y reformados y regresen un día postrero a la sociedad, dispuestos a hacer, por fin, el bien. Panóptico no sólo físico, sino también moral. Empezamos buscando panópticos, pero encontramos laberintos. Como si entre los objetivos polvorientos de la institución y su funcionamiento efectivo se interpusiera una gran cantidad de errores y de malos entendidos, de desidias y de acomodos. Tal vez la conclusión más relevante de nuestro estudio sea ésa: la institución carcelaria en su funcionamiento efectivo es muy distinta de la descrita en sus archivos y documentos. La institución es apropiada y recreada de múltiples maneras por los sujetos que le son destinados. Esto otorga un nuevo matiz al tema de la subjetivación, pues no sólo los sujetos resultan de una tecnología de poder e institucional que delimita las coordenadas de la subjetividad, sino que también reformulan esos mismos resultados, los desplazan y se los apropian. Entre una institución y los sujetos institucionalizados existe una trama densa de resistencias y especificaciones que no forman parte de un proyecto global ni de un programa particular, sino de una dinámica cotidiana y permanente. Microfísica no sólo del poder, sino también de sus reveses, de sus reacomodos y de las resistencias que se le oponen y lo desplazan.

Panópticos y laberintos. Ambos conjugados y actuantes, ambos imbricados. Panópticos y laberintos que se deslizan y se concretan en las subjetividades, en los deseos y en los cuerpos. Encontramos, de este modo, que cuatro partes del cuerpo condensaban el funcionamiento de cuatro regímenes diferenciados de poder y subjetivación. El primero, situado en la *boca*, determinaba un régimen de silencio y de habla, que castigaba duramente la delación. Segundo régimen, ubicado en los *ojos*: un régimen erótico que organizaba el deseo y que estipulaba las formas de elusión y de acercamiento. Tercero: la *cara*, punto en el que la subjetivación se expresa como múltiples identidades estableciendo un régimen de vida y de muerte, y de pertenencia o extrañeza. Leandro, uno de nuestros entrevistados, aseguró que él tenía dos caras: la de un hombre vivo y la de otro muerto. Último régimen: uno de sexo/género, que se condensa en el *culo*. Tal vez la cita más importante del libro hable de esto: Nico nos dijo que "la Paz es un cabrón" y que le dice a todos que "lo puto lo tiene en el culo", pero que "le puede dar unos madrazos" a quien se le cruce en el camino. La Paz es un travesti ya viejo que vive desde hace muchos años en el Reclusorio. Nunca la entrevistamos, pero su voz llegó hasta nosotros para develar, tal vez, la clave del funcionamiento de los regímenes subjetivos y de poder en la cárcel. Ella esbozó el camino hasta los laberintos que los presos construían cotidianamente. Llegó como un rumor, como la voz de un coro de presos y sus vidas. Antígona del encierro.

¿Por qué nos dio la clave? Porque nos describió cómo funcionaba el orden carcelario, al menos en el ámbito del género y la sexualidad. Ella anunciaba un mapa de identidades y posiciones que nos fue muy difícil desentrañar. No había jerarquías estrictas ni posiciones fijas y estables. Las identidades se traslapaban y fluían. Cuando la Paz realiza esta operación que mencionamos y dice que *lo puto lo tiene en el culo*, lo que refiere es un orden performativo de las identidades y de la subjetividad.

Ella misma pasa por su cuerpo de lo *puto* a lo *cabrón*, y por lo tanto queda en una zona intermedia, en un *entre* permanente. No es sólo *puto* ni sólo *cabrón*. Es ambos a la vez, y consecutivamente. Entonces, si continuábamos adheridos a la polaridad femenino/masculino, hombre/mujer, creyendo que el género corresponde a la diferenciación de unidades discretas, lo que ella nos decía no tenía sentido alguno. Lo que hicimos fue ponernos *entre*, y entender al género como una línea cuyos costados son trazados desde *dentro*: se está en este campo indeterminado, se está *entre*, y luego se dirime, por decirlo así, hombre y mujer, masculino y femenino. Antes, Boris nos había relatado una escena en que un interno intentaba seducirlo... él le dijo que no iba por "ese lado". *Lado*, ¿cómo reconocía un *lado* y lo diferenciaba del otro si no los conocía ambos? Sucedía lo mismo con el deseo y la seducción: si los presos *cotorreaban* entre ellos, tocándose e insinuándose unos a otros, entonces era un *cotorreo sano* que nada tenía que ver con el sexo. Si alguien lo hacía "en serio", entonces era seducción y todos huían por los pasillos. La misma pregunta: ¿cómo podían diferenciar un *cotorreo* del otro? Era necesario que estuvieran *entre*, que conocieran ambos, pero que eligieran uno de los *lados*. El correcto, por así decirlo.

Pero la Paz y estos internos nos llevaron a las dos conclusiones centrales de este texto. Si ella podía ser *cabrón* y *puto* de forma alternada, entonces la masculinidad, nuestro objeto de estudio, era una forma de dirimir los *lados* y de posicionarse en ellos. La masculinidad, que creímos rebosante al principio de la investigación, surgió como un espacio vacío, como un punto que condensaba significados, pero que no correspondía a ninguno en especial. La masculinidad era, ante todo, forma y no contenido. Diremos que funciona como *punto nodal*: fija significados y los vincula, pero sólo como una operación performativa, no como algo sustantivo que determinara contenidos con antelación. Luego, esto exigía reflexionar sobre cómo percibía el género su propio funcionamiento. Consideramos que construye una *escena de la identidad* en que los contenidos corresponden con las formas, los significados con las prácticas y los sujetos con sus intenciones. De la mano de la Paz, siguiendo sus palabras que nos llegaron como una voz colectiva, diremos que hay que pensar una *escena de la seducción* en la que un orden no sólo puede ser subvertido, sino revertido: la Paz es hombre y mujer, *puto* y *cabrón*, femenino y masculino; no porque los mezcle, sino porque alterna cada polaridad en su propio cuerpo y se sitúa en su flujo —seductivo— antes que en las unidades —identitarias—. Pero no lo hace sólo ella; todos lo hacen mediante un régimen de desconocimiento, de saber y de poder microfísico y local.

La masculinidad tiene dos características centrales en su funcionamiento, al menos en la cárcel. Primero, siempre debe constituir una totalidad y nunca puede ser parcializada. Segundo, los hombres que la portan como una *insignia* siempre deben mantener un estatuto de sujetos y no pueden ser objetualizados. Son dos matices de una misma operación: excluir a los hombres y a la masculinidad del flujo del deseo y situarlos en un lugar definitivo, sin origen, incuestionado. Pero ahí van la Paz y su *culo* diciendo que ella también es *cabrón* y recordándoles que si permanecen en un *lado* o en el otro es porque conocen ambos. Hablamos de silencio: la masculinidad también es un laberinto que permite que los significados vayan por un *lado* y las prácticas por otro para que nunca coincidan ni a nadie se le ocurra pedir coherencia. Se impone, entonces, un silencio riguroso bajo la égida de la violencia. No importa lo que se haga, lo que importa es lo que se diga. El poder actúa microfísicamente sobre el habla y las *palabras*, para que nunca se junten con las *cosas* que enuncian. Nuevo laberinto, esta vez sustentado en el lenguaje. Panóptico también de las palabras, oscuridad de las conductas. Terminamos como empezamos: panópticos y laberintos.

¿CUÁL ALMA? ¿QUÉ CUERPO?

Dice Foucault que el objetivo de sus últimos veinte años de trabajo fue crear una historia "de los diferentes modos de subjetivación del ser humano en nuestra cultura" (Foucault, 1988: 227). Esta historia permitiría realizar una genealogía del alma moderna como "correlato actual de cierta tecnología del poder sobre el cuerpo" que se ejerce "sobre *aquellos a quienes se castiga*, de una manera más general sobre aquellos a quienes *se vigila, se educa y corrige*" (Foucault, 2003: 36; las cursivas son nuestras). En un párrafo ya famoso agrega que esta alma, "real e incorpórea", "no es en absoluto sustancia: es el elemento en el que se articulan los efectos de determinado tipo de poder y la referencia a un saber [...] El alma, efecto o instrumento de una anatomía política; el alma, prisión del cuerpo" (*idem*).

Nos hemos detenido en esta forma de comprender la subjetividad porque nos lleva a formular un problema: reconocer y señalar los mecanismos específicos de producción del sujeto, entendido como resultado de determinadas relaciones y de ciertas tecnologías sociales.[1] Así, nos motivó una inquietud central: conocer las formas contemporáneas de subjetivación que suceden o son permitidas por ciertos contextos institucionales, y su vínculo con los modos de construcción de subjetividades *generizadas*.[2] Elegimos un espacio específico, la cárcel, y una subjetividad particular, la masculina, para rastrear el nacimiento de "formas totalmente nuevas de sujetos", sustentadas en ciertas prácticas sociales y dominios de saber, según una pieza literal del "programa" de Foucault. En este sentido nos preguntamos si existiría una forma específica de subjetivación que sucediera en la cárcel. Asimismo otra pregunta nos apremiaba: ¿Hemos tomado en serio, reconociendo todas sus consecuencias analíticas y políticas, los planteamientos de Foucault acerca de la historicidad radical de cualquier —de toda— subjetividad?

Si dicha historicidad es correcta, el *alma* que Foucault intercepta en formas de poder, en historias, en estrategias y saberes, esa alma derruida, pero operante —no como ilusión sino como materialidad de una tecnología de producción de subjetividad—, no dejará de ser "incorpórea", como el alma de la teología, si no se la piensa sexuada y *generizada*. A su vez el cuerpo, prisionero de dicha alma, su presa final y absoluta, será suficientemente material sólo si se lo entiende conformado por determinadas relaciones de género. Entonces debemos preguntar a Foucault, si-

---

1 Según Laclau y Mouffe, algunos de los debates contemporáneos más significativos están marcados por una crítica del esencialismo filosófico, la asignación de un papel nuevo para el lenguaje en la conformación de las relaciones sociales y "la reconstrucción de la categoría de 'sujeto'" (Laclau y Mouffe, 1987: vii). Los dos primeros temas de este debate han producido una crisis en la categoría de sujeto, dicen los autores, "aquella unidad cartesiana que era atribuida por las ciencias humanas tradicionales a los agentes sociales" (*ibid.*: viii). Esta transformación ha llevado a concebir al sujeto como 'descentrado', constituido "a través de la unidad relativa y débilmente integrada de una pluralidad de 'posiciones de sujeto'" (*idem*). Este 'descentramiento' del sujeto ha sido fundamental para una orientación significativa de la teoría feminista y los estudios de género, uno de cuyos gestos ha sido historizarlo y marcarlo sexualmente (Colaizzi, 1990). Se marca y se historiza al sujeto unitario y universal: el 'hombre' del humanismo; un movimiento ya iniciado por De Beauvoir y continuado, con diversos matices y orientaciones, por gran parte del feminismo.

2 El término es un neologismo, pero no encontramos otro que pudiera significar la configuración de la subjetividad en relación con el género. Entendemos por subjetividades *generizadas* —o podría decirse, genéricamente constituidas— aquellas formas y dimensiones de la subjetividad que están marcadas y son conformadas por un orden sociocultural de sexo/género.

guiendo su propio razonamiento, asaltándolo y agitándolo: *¿cuál alma?*, *¿qué cuerpo?*

Los juristas del siglo XVIII encontraron un nuevo lugar para el castigo, una vez que abandonaron el cuerpo suplicial que habían elegido los poderes medievales y monárquicos. Es sobre el *alma* donde se espera que la pena surta efecto. No cualquier alma, por cierto: alma ubicua de la enseñanza y la reforma, alma específica del tratamiento y de la normalización, alma tangible de la disciplina y los diagnósticos. En un párrafo de *Vigilar y castigar*, donde se anota este cambio de superficie para la aplicación del castigo —suspensión de la tortura sobre el cuerpo e inicio de las incitaciones del alma para que modifique sus derroteros funestos—, Foucault se interroga: "¿Qué sería un castigo no corporal?" Enuncia la pregunta, pero la deja sin respuesta. De algún modo no podía responderla, porque se requería otro tipo de investigación y un recorrido inverso al que él realizó: partir de los sujetos institucionalizados, de sus almas y de sus cuerpos, para estudiar los efectos de la institución y para comprender la dimensión no corporal de un castigo.

Si la "tecnología de poder" que se ejerce sobre el cuerpo, correlato del "alma moderna", no sólo despliega castigos y penurias, sino que incita deseos y ordena proyectos de vida; y si el poder no está en ningún lugar específico, si no lo ejerce "alguien" y no hay una pirámide que esgrima su diagrama y, más bien, está en todas partes —conformando una red, incitando comportamientos y disposiciones, obturando cuerpos y almas—, entonces, no hay que buscarlo sólo en los archivos, en los libros, en los reglamentos; no sólo en la producción institucional de discursos, sino en las voces de aquellos a quienes las instituciones administran y corrigen (vigilan y castigan, debiéramos decir). Buscarlo no sólo en su efectividad y en su intención, sino en su desvarío, en su irritación y en sus deslices. Poder difuminado, pero también inoperante. Poder que transforma, pero al que también se resiste y se desplaza. Eso es lo que hemos intentado hacer: asumir el programa foucaultiano, pero aplicarlo invertido; partir de los sujetos institucionalizados para llegar a las instituciones en su funcionamiento actual —la cárcel, en este caso—, y hacerlo en un ámbito específico: la configuración de subjetividades signadas por el género.

JARDÍN DE SENDEROS QUE SE BIFURCAN:
LOS SIGNIFICADOS Y LAS PRÁCTICAS

Este libro tiene su origen en una investigación que llevamos a cabo durante el año 2004 en el Reclusorio Varonil Norte del Distrito Federal. Fue un estudio cualitativo para el cual hicimos 15 entrevistas en profundidad (Alonso, 1995) a internos de dicho penal (véase el anexo 1). Los análisis que realizamos se sustentan en estos materiales de manera exclusiva; fueron la base para desplegar una interpretación de los discursos que dichos internos generan en torno a la masculinidad, la sexualidad, el encierro, la disciplina y el poder.[3]

La noción de discurso intenta relevar la imbricación entre los dispositivos culturales de significación, las prácticas sociales y la constitución del sujeto (Ibáñez, 1992). Permite explorar, de modo más específico que el concepto de ideología, los diversos contextos en que se construyen y se reproducen las relaciones de género, se conforman las subjetividades y se despliegan las prácticas sociales. Por lo tanto, el discurso favorecerá el acceso tanto a la significación cultural como a las prácticas que los sujetos o los colectivos sostienen. No obstante, como advierten Laclau y Mouffe (1987), no es pertinente realizar una distinción tajante entre el discurso y la práctica, como si el discurso sólo fuera un habla sin efectos en la realidad social; más bien, el vínculo entre ambas dimensiones supo-

---

[3] A la investigación en cárceles se opone una serie de problemas éticos que intentamos atender y subsanar durante la investigación. Los internos están en la cárcel contra su voluntad, en estricto sentido. Se les ha suspendido temporalmente una serie de derechos mientras cumplen una condena o se les somete a proceso. La cárcel es una institución organizada en muchos sentidos según un modelo militar. Así, existe una trama de relaciones institucionales de poder que son insoslayables, tanto para acceder a los entrevistados como para analizar los materiales. Dado este contexto, evitamos cualquier tipo de gestión administrativa que supusiera coacción sobre los internos que serían entrevistados. Cada cual participó de manera voluntaria en la entrevista y leyó y firmó un consentimiento informado para acceder a ella. Si alguien no quería ser entrevistado, se le dejó en completa libertad para elegir. Asimismo, cuidamos de la confidencialidad mientras realizamos cada entrevista y de igual modo en los análisis. Todas las citas que aquí reproducimos llevan un seudónimo y no el nombre real de la persona entrevistada. Por otra parte, cuando un interno accedía a ser entrevistado tenía libertad para responder las preguntas que estimara conveniente y obviar las que no quisiera contestar. El entrevistador cuenta con entrenamiento como psicólogo y psicoterapeuta, lo que le permitió contener a los entrevistados cuando abordaban temas difíciles, así como evitar los daños emocionales que pudieran resultar de las entrevistas.

ne que toda práctica social está inscrita en un lenguaje y que todo lenguaje es, en alguna medida, una práctica social.[4] De este modo es posible, como indica Ortí, "relacionar la orientación ideológica de los discursos con la génesis y reproducción de los procesos sociales" (Ortí, 1994: 184). Esto apunta a la historicidad de los discursos, que son dispositivos situados social y culturalmente en un tiempo histórico determinado, y que se reproducen a la vez que se transforman. El discurso, como noción, permite evitar una concepción ahistórica de las significaciones culturales y una comprensión estrictamente abstracta de ellas y posibilita su estudio específico, contingente y particularizado (Belsey, 1980). Esta perspectiva no desconoce los ámbitos extradiscursivos, tal como lo apunta Foucault (2002b), pero atiende a una dificultad metodológica para estudiarlos, pues incluso cuando se da cuenta de ellos se les debe ceñir a un lenguaje y a un discurso. Asimismo, rechaza la noción que hace equivaler el discurso con una versión hablada de lo social; más bien se entiende que el lenguaje es un plano constitutivo de las relaciones sociales y de la producción social en general, que articula —en el discurso— posiciones de poder, historia, significaciones, imaginarios e instituciones, entre otros aspectos de lo social.[5]

De este modo, hemos considerado los contextos prácticos y de significación que conforman la cotidianidad en la cárcel. Ésta es, también,

[4] Estos autores exponen: "*a)* todo objeto se constituye como objeto de discurso, en la medida que ningún objeto se da al margen de toda superficie discursiva de emergencia; *b)* toda distinción entre los que usualmente se denominan aspectos lingüísticos y prácticos (acción) de una práctica social, o bien son distinciones incorrectas, o bien deben tener lugar como diferenciaciones internas a la producción social de sentido, que se estructura bajo la forma de totalidades discursivas" (Laclau y Mouffe, 1987: 119).

[5] En tal sentido Laclau y Mouffe (1987) indican que esto no resuelve ni niega la existencia de un exterior al pensamiento. Explican que un terremoto sucede de manera independiente del discurso, lo mismo que la caída de un ladrillo, pero su construcción en tanto "'fenómenos naturales' o como 'la expresión de la ira de Dios', depende de la estructuración de un campo discursivo". "Lo que se niega —argumentan— no es la existencia, externa al pensamiento, de dichos objetos, sino la afirmación de que ellos puedan constituirse como objetos al margen de toda constitución discursiva de emergencia" (p. 123). Una postura más radical sobre esta dependencia del lenguaje, para que la realidad se constituya como un campo fenoménico diferenciado y específico, es la de Humberto Maturana, quien plantea —postura común a lo que se denomina "biología del conocimiento"— que el lenguaje genera las distinciones mismas que permiten diferenciar la realidad de la subjetividad, la mente del cuerpo, o el objeto del sujeto. Una piedra que está en medio del desierto, dice, no existe hasta que alguien tropieza con ella mientras camina. Véase Maturana y Varela, 1984; y Maturana, 1995.

una distinción formal, pero que estimamos pertinente, pues las prácticas que los internos sostienen y los contextos en que se pueden desplegar están en alguna medida determinados por ciertas significaciones, referidas tanto a las relaciones sociales en general como a la cárcel en particular. No obstante, unas y otros no necesariamente coinciden; la relación no es de determinación estricta, sino más bien de configuración: "un sistema de posiciones diferenciales". Lo que se hace no necesita sostenerse ni sustentarse de manera ineludible en lo que se cree, ni en la interpretación que se realiza. Los valores que se enuncian no necesariamente orientan las conductas que se ejecutan. Lo que se esgrime argumentalmente —o ideológicamente— se desdice en las prácticas; fácticamente, por así decirlo.

Hemos intentado recuperar estas divergencias porque consideramos que son cruciales para comprender ámbitos como la sexualidad o la enunciación de una identidad masculina. La coherencia que se esperaría conceptualmente no tiene por qué existir empíricamente en la vida cotidiana y en las relaciones reales y específicas de los sujetos entre ellos y consigo mismos. La incoherencia, la divergencia, el sinsentido y la contradicción son factores que hemos tomado en cuenta y que destacaremos a lo largo de nuestros análisis (Deleuze, 1970). De alguna forma un orden es siempre un contexto entrópico y sinérgico que dispone de fuerzas que lo mantienen y de otras que lo desmienten o lo horadan. No daremos al orden del encierro un *plus* de coherencia que no tiene, o que al menos no hemos encontrado empíricamente.

LOS ARGUMENTOS, LOS TEXTOS Y LA PERPLEJIDAD: ¿CÓMO PENSAR LA CÁRCEL Y EL GÉNERO?

Nunca han sido un campo homogéneo, ni siquiera consensual, pero en la última década los estudios de género —y el feminismo— han diversificado de manera intensa sus posiciones. Algunos todavía operan con la ilusión de llegar a un consenso que permita una comprensión llana de lo que se dice. Por otra parte, el género como concepto ha experimentado una difusión creciente en distintos campos académicos, en la opinión pública y en ciertas instituciones estatales e internacionales. Lo que implica una conquista política que remplaza el viejo lenguaje de las identidades designadas, de las quietas esencias y de los cuerpos calmos, también supone un atolladero teórico importante, al menos por dos razones. Primero, el término se integra a cierto sentido común, especialmente de tipo político e institucional. El género se multiplica en las bocas de los técnicos, los profesionales y los burócratas. De pronto donde siempre hubo *sexo* ahora encontramos *género*; pero no sabemos si sólo se remplazaron los términos o se transformaron las lógicas. Luego, se arriba a determinado acuerdo: el género es la construcción cultural y social de la diferencia sexual. Tal acuerdo siempre estuvo apolillado y nació tuerto, pues cuando apenas se formulaba ya tenía detractores, pero al menos permitía la constitución de cierto campo reflexivo y académico. No obstante, la definición fue debatida y rebatida desde el inicio, y su consensualidad sólo es una ilusión momentánea. Cuando se enuncian la construcción cultural y la diferencia sexual ya se han levantado voces diversas que las cuestionan, que desmienten sus certezas y que desarman sus supuestos.

Mencionamos ambas dificultades para esbozar nuestros propios argumentos. Creemos necesario profundizar la comprensión teórica de la noción de género y evitar la reproducción de un sentido común en sus terrenos. Al menos la academia tiene ese deber, que no se le puede exigir en primer lugar al Estado o a los activistas. Lo que está en juego es el potencial teórico, heurístico y político de la categoría. Por otro lado, la distinción tajante entre la empiria y la teoría es cada vez más débil. ¿Cómo se puede comprender y atender a cierta dimensión de lo social sin determinada mirada teórica?; ¿todo habla por sí mismo o es interpretado?; ¿la interpretación debe permanecer muda en sus presupuestos y en sus estrategias, o debe especificarlos?; ¿qué es una descripción, en sentido estricto? No intentaremos resolver tales puntos en este texto, pero sí tomaremos cierta posición. Hemos realizado dos trabajos que en algún sentido son distintos, pero que finalmente resultaron imbricados. Un trabajo teórico sobre las preguntas que antes referimos, y uno empírico sobre los materiales que arrojó el trabajo de campo. Uno y otro están relacionados, pues el análisis parte de una discusión teórica. Estudiamos subjetivación, género, corporalidad, deseo y performatividad, entre otras nociones. Luego, teníamos un conjunto de discursos que sobre diversos temas pronunciaron hombres encarcelados. Dos lenguajes muy distintos. Procedimos engarzando unos con otros a partir de nuestras interrogantes. Engarzar no es traducir o remitir uno al otro, porque son y siguen siendo diferentes. Se trata de tramar con ellos una exposición y una interpretación posibles, que no pretenden objetividad. Nunca quisimos realizar una etnografía, pero tuvimos que describir más de lo esperado para po-

der comprender el objeto de estudio que delimitamos. Para las ciencias
sociales del país las cárceles son lugares secretos,[6] y tuvimos que asumir
esta ausencia de conocimiento como un desafío. Así, intentamos reconstruir las coordenadas de la vida cotidiana en el penal estudiado y las relaciones entre los internos, y luego abordamos los ámbitos que más nos
interesaban. No obstante, este orden es una ilusión, porque unos y otros
—la distribución del espacio y los enunciados sobre la masculinidad, por
ejemplo— eran mecanismos y modos de subjetivación, implicaban deseos e identidades, disponían relaciones de género y de poder, subyacían
sexualidades. De este modo, si bien no tratamos de realizar una etnografía, advertimos que el texto puede ser leído como una descripción y como
una narración —en caso de que fueran términos distintos—: descripción
de un espacio social y sus participantes, y narración de la construcción de
ciertas categorías teóricas y analíticas. Y viceversa.

Por otra parte, ¿podría cuestionarse la noción de sujeto y dejar intacta
la de texto? La crítica del sujeto es extensiva a la crítica del texto, del
significado y de la escritura. Así también, la petición de verdad que se
le hace a un texto es consecutiva a la exigencia de verdad que se levanta
sobre los sujetos. Ambos, atentos a lo que hemos dicho antes, son formas
entrelazadas de disciplinar los saberes y los individuos. Formas, también,
en las que se imbrican saber y poder. No se puede ser crítico en los supuestos y conservador en los procedimientos. Por tanto, el camino que
hemos elegido exige atención a las formas en que en el mismo texto se
despliegan estos acertijos: poder, verdad, sujeto, saber, significado, identidad, subjetivación. Estrictamente, un texto —éste o cualquiera— es un
instrumento subjetivante, y la autoría un modo de establecer verdad. Los
índices y los capítulos son estrategias para ordenar y constreñir; las citas, formas de asir la identidad. Pero éstos son los límites de cierta producción del conocimiento que también nos comprometen a nosotros. El
horizonte de un texto son sus lecturas posibles, pero también está constituido por las múltiples voces, los subtextos, las intrincadas formas que
permiten la cristalización de una idea, de cierta reflexión o de una imagen. El sujeto que escribe no es más ni menos sólido que aquellos sobre
quienes escribe. No suponemos integridad y esencialidad para nosotros
y contingencia e historicidad para los otros. Muchas voces, muchas. De

---

[6] Con la notable excepción del trabajo de Elena Azaola. Véase Azaola 1996, 1995 y
1990; Azaola y José, 1996.

otros y de nosotros mismos, por eso casi siempre hablamos en plural, aunque la identidad civil del autor sea singular. Tal vez detrás del reclamo foucaultiano de hacer desaparecer al autor, su exigencia de eludir la pregunta por la identidad, se abra el campo más amplio de una pluralidad subjetiva, de una diversidad de citas y retruécanos. La escritura es, ante todo, un proceso que tiene un principio incierto y un fin imposible. Entre un momento y el otro se cristaliza este texto, sus capítulos, sus citas, sus tonos; pero también sus omisiones, sus arbitrariedades y sus olvidos. Éste, como cualquier otro texto; no menos, tampoco más. Sólo que lo anunciamos, así como Baudelaire increpa a su lector, lo abraza y lo expulsa al mismo tiempo. La diferencia entre la literatura y la ciencia es un supuesto de la misma imaginación: si alguien escribiera de sujetos que se transforman en escarabajos haría literatura, pero si escribe sobre escarabajos que pululan en la tierra, entonces hace ciencia. Si adopta un tono elusivo y concomitante, entonces es literatura; pero si fuera imperativo o conclusivo, se llamaría ciencia. Claro, la dura paradoja de las ciencias humanas y sociales es que tanto la transformación como el pulular del escarabajo son reales, son relevantes y son posibles. Aceptamos este estatuto contradictorio porque nos permite referir los propios panópticos de los procedimientos y los mandatos, así como los laberintos, que a veces creamos o que sólo constatamos. Como la dulce Penélope, hemos tejido y destejido, con premura y con atención. Voces, citas, textos, verdades, simulacros, esbozos, dolores, voluntad, perplejidades. Nos sumamos a un coro, como el que mencionamos antes, que canta la condición humana ante el dolor específico y singular de Antígona, desgarrada por la fidelidad y la ley.

I. UNA DELGADA LÍNEA: GÉNERO, PERFORMATIVIDAD Y SUBJETIVACIÓN

Tres palabras consecutivas: género, performatividad y subjetivación. Debiéramos sumar poder, disciplina y corporalidad. Arcanos de una discusión posible, formas específicas para formular un problema y para mencionar ciertas estrategias interpretativas. Tenemos, por un lado, los planteamientos sobre la performatividad de género que ha elaborado Judith Butler durante más de 15 años. Luego, los desarrollos de Foucault sobre la subjetivación, la disciplina y el poder. Tenemos ciertos dispositivos discursivos e ideológicos. En medio, y en tanto, se abre un campo no esclarecido (tampoco hay necesidad de que lo esté) para la vinculación de estas nociones: implica establecer algunas relaciones, formular ciertas preguntas, interrelacionar determinadas ideas. No es necesario imponer un acuerdo ni avizorar un consenso. Las teorías dialogan y se contradicen; se pueden interceptar en un punto y desarraigar en otro. No sometemos nuestras lecturas y orientaciones a la tiranía de una univocidad. Tal vez sea necesario que aprendamos a escribir en un lenguaje fractal, que consiga cierta armonía, pero sólo perentoria; que abra algunos caminos, pero temporalmente. Quizás podamos detectar en el fondo de estas discusiones una preocupación por el sujeto, la subjetividad, las formas en que el poder se imbrica en el *interior* de ellos, constituyéndolos. Lo hemos expuesto antes. Por otro lado encontramos una atención al lenguaje. Derrida indica al inicio de su libro canónico *De la gramatología* (2003) que el problema del lenguaje no es cualquiera entre otros, sino el asunto central en los debates contemporáneos. Algo semejante manifiesta Habermas (1990) en su *Pensamiento posmetafísico*. Dos maestros vienen en nuestra ayuda.

Un recorrido es sólo un camino posible. Se pueden seguir otros. Los mapas son contingentes. Trazamos tres puntos, tres arcanos. Hilamos entre ellos un diálogo. Contaremos algunos cuentos que nos sirvan para comprender mejor. Pequeñas fábulas, parábolas diminutas para acompañar la lectura, como las ilustraciones de un libro meritorio. No es que hablemos primero de una cosa y luego de la otra, aunque así lo hayamos dividido en capítulos. De algún modo, siempre estamos refiriéndonos a lo mismo. El género se construye performativamente, dice Butler. La subjetivación es un proceso que imbrica al sujeto con el poder: Foucault. Somos engendrados por dispositivos discursivos, por estrategias materiales, por tecnologías tanto parlantes como operativas. La identidad, el cuerpo, el deseo, se anudan y se dispersan en tales meandros. Este capítulo lo dedicamos a eso: a contar una historia posible acerca de cómo llegamos a ser quienes somos, a desear lo que deseamos, a hacer lo que hacemos. Relato sobre un cuerpo o muchos que se despedazan y se vuelven a reunir. Historia de las justificaciones y de los sentidos. Método, clamor y esbozo. Tres procedimientos posibles. Algunos cuentos. La literatura, otra vez. Voces.

LA MANO Y EL SEXO: DOS CUENTOS

Hay un pequeño cuento de Patricia Highsmith (2002) que consideramos ilustrativo de lo que aquí queremos abordar. Se titula "La mano" y empieza con dos líneas: "Un joven le pidió a un padre la mano de su hija y la recibió en una caja; era su mano izquierda." Pidió una mano convencional, diremos simbólica, y recibió una mano material, la mano *real*. Son líneas cortas, pero reflejan una tensión que nos interesa explorar: la relación no causal entre un significante y un significado; la capacidad performativa del lenguaje que genera realidades *sui generis*; la opacidad del sentido que se despliega en un juego de elementos: una mano que es promesa, que establece un contrato —la mano en tanto matrimonio— y que, a su vez, esboza algo ominoso, una mano pedida que se otorga *textualmente*, según la palabra, a quien la solicita: la recibió en una caja. El cuento continúa, y el joven anuncia en los periódicos que quien dice ser su esposa —la dueña de la mano, por supuesto— no cohabita con él. Lo que se había establecido no era un *matrimonio* civil o religioso, sin embargo el joven tenía la *mano* de ella —"y había firmado un recibo cuando le entregaron el paquete"—. El muchacho reclama, y le dice a la Policía (las mayúsculas son de la autora) que, aunque tiene la mano enterrada en el jardín de su casa, su propietaria no es su mujer; el interlocutor, espantado, le responde: "¡Tiene su mano, pero no es su mujer!", agrega que "no es razonable, puede que incluso esté loco". Ya hacia el final del cuento el joven *entiende* su error; curiosamente luego de volverse loco "comprendió la horrible equivocación, crimen incluso, que había cometido al pedir algo tan bárbaro como la mano de una chica". Se lo dice a uno de sus captores y él le responde: "¿Qué error? ¿Pedir la mano de una chica? Lo mismo hice cuando me casé". El joven sintió que estaba loco sin remedio y se negó a comer... murió tiempo después.

¿Puede *volver loco* a alguien la confusión entre una mano y otra, entre la mano como símbolo de un contrato matrimonial y como extremidad de un cuerpo, con cinco dedos, piel y coyunturas? No nos interesa la locura en este caso, sino poner en liza una serie de obviedades que ya no brillan por sí mismas y que es preciso revisar y cuestionar. Una mano, una torpe o hermosa mano, nos introduce en un laberinto de problemas que han sido trabajosamente estudiados. Es la frontera entre las *palabras* y las *cosas* formulada por Saussure; límite aciago, dice Deleuze, espacio mismo del sentido —una frontera entre las palabras y las cosas.

Ésta es una discusión amplísima que no intentaremos abarcar, y opera más bien como contexto. Nuestro derrotero es delimitar el funcionamiento del lenguaje en la constitución del género, como elemento estructurador de relaciones sociales y de subjetividades. Más bien diremos, cierto funcionamiento del lenguaje, todo con carácter de hipótesis.

Otro cuento: había una mujer francesa llamada Herculine Barbin, interna en una escuela para señoritas. Un día los médicos "descubren" que no es "ella" sino "él", y las autoridades lo obligan a cambiar de "sexo" (el uso de las comillas se amerita en este caso). Ella o él escribe un diario con sus desventuras, el tortuoso viaje para llegar a ser quien se debe ser, el ejercicio imposible de ser otro u otra, de mudar la subjetividad según la ley. El caso interesó sobremanera a médicos y legistas; se publicó en 1860 un libro sobre él, sintomáticamente llamado *Question d'identité*, anuncio de la obsesión —que abarcaría más de un siglo— por delimitar y establecer identidades "verdaderas". En su acta de nacimiento se especifica que ha nacido un infante de "sexo femenino"; pero en el estudio que se realiza sobre el caso, el perito informa que corresponde al "más cruel y doloroso ejemplo de las fatales consecuencias que provoca un error cometido en el momento del nacimiento en el establecimiento del estatus civil"; el médico advierte sobre las serias secuelas generadas por una "declaración errónea del sexo de un recién nacido" (Foucault, 1980: 123). En el texto se retuercen los pronombres y *ella* es permanentemente *él*, y *él* un *ella* capturado, imposible.[7]

¿Cómo vincular la mano del cuento de Highsmith y el joven que acaba loco por no saber qué hacer con ella, con el *sexo* de Herculine, que termina suicidándose porque no puede adaptarse a su *nueva* subjetividad? Recurrimos a los dos relatos para esbozar el poder performativo del lenguaje y el derrotero lingüístico de la subjetivación, así como de la configuración del género. No estamos, fundamentalmente, ante sucesos físicos: una mano, un sexo. Diremos, los sucesos se sostienen en el lenguaje: una mano que no se debe cortar para ser pedida, un *sexo* que es verdadero en tanto que se dispone de una relación necesaria entre la "cosa"[8] y la "palabra". En el cuento de la Highsmith, el viejo tema del intercambio de mujeres, el acuciante asunto de las relaciones de género; en el diario de Herculine, el novedoso tema de las identidades, el debate vertiginoso sobre la subjetividad.

---

7 Otro texto compilado junto al diario de Herculine consigna que un doctor revisó su cadáver luego de su suicidio. Buscaba signos de sífilis que explicaran la "apatía y postración moral" de la víctima; pero se encontró con una "gran anormalidad en los órganos genitales externos y reconoció uno de los más típicos casos de hermafroditismo masculino" (*ibid.*: 129). La *verdad* de la infortunada Alexine se devela también en la muerte; que requiere, ella misma, un *sexo verdadero* para aceptar un nuevo retoño en sus territorios. E. Goujon, el médico que escribe los trozos citados, relata que, junto a otros colegas, le solicitó un permiso al jefe de policía —otra vez la Policía— para que les permitiera realizar una autopsia y remover las diferentes partes de la *anomalía* que les preocupaba. Todo para que la ciencia no perdiera la oportunidad de estudiar tan notable caso. El cuerpo desnudo —suponemos— de Herculine no deja de causar sorpresa y espanto entre los testigos. La desnudez reclama ser inscrita en un orden de legibilidad, nunca pasa a ser simplemente *cosa*, siempre mantiene un vínculo con la *palabra*.

8 Nótese que en el caso de Herculine Barbin la "cosa" puede ser entendida de manera equívoca, albur por medio. Puede ser la "cosa" como referente de una palabra o la "cosa" como eufemismo del pene; las madres le dicen a sus hijos pequeños "no se toque *la cosa*". Curiosamente, la "cosa" adquiere un sentido imprevisto; no sólo las cosas flotan en un mundo de palabras, sin asidero seguro, sino que también son investidas por una cierta libido que las reenvía tanto al mundo de las palabras como al sendero de una empiria. El "doble sentido" se establece en ese límite —entre palabras y cosas— para socavarlo, para deslizar sus aprontes, para develar sus misterios.

EL ORDEN DE LAS SEMEJANZAS Y LOS GÉNEROS MÚLTIPLES[9]

Foucault comenta en el prefacio de *Las palabras y las cosas* un cuento de Borges sobre una enciclopedia china. Una enciclopedia que clasifica objetos de modos imposibles, que "arruinan de antemano la 'sintaxis' y no sólo la que construye las frases —aquella menos evidente que hace 'mantenerse juntas' (unas al lado de las otras) a las palabras y las cosas" (Foucault, 1969: 3). Ese mismo tipo de conmoción es la que Judith Butler realiza con el género: nada nos dice que sea la "construcción" de algo dado como el sexo —planteamiento clásico de los estudios de género y del feminismo—, sino que es en sí mismo una operación primaria de distinción, que diferencia entre "géneros", pero también entre "sexos". Butler conmueve esa sintaxis, las *cosas* ya no permanecen impávidas al lado de las *palabras*, y viceversa; todas las fronteras, los regímenes de correspondencia, semejanza e identidad han sido agrietados y sudan su ruina cercana. Las *palabras* y las *cosas* han emprendido caminos múltiples. Objetos imposibles, clasificados en formas hilarantes. Herculine Barbin podría ser una de las entradas en la mentada enciclopedia: un "monstruo" que pugna por su lugar, por sus comillas, por la literalidad de la clasificación. Foucault agrega un ejemplo: "ciertos afásicos no logran clasificar de manera coherente las madejas de lana multicolores que se les presentan sobre la superficie de una mesa" (*ibid.*: 4). La propuesta de Butler es generalizar la afasia para leer el sexo y para visualizar sus formas; fundar el género en una lectura siempre discordante: "[S]i por el momento damos por sentada la estabilidad del sexo binario, no es evidente que la construcción de 'hombres' dará como resultado exclusivamente cuerpos masculinos o que las 'mujeres' interpreten sólo cuerpos femeninos" (Butler, 2001a: 39). Atendamos: poner entre comillas hombres y mujeres ya es separar las *palabras* de las *cosas*, indicar su distancia fundante, hacerlas salir de su "sustancia" para conducirlas a su sintaxis, a la fragilidad de su gramática. Butler observa que en última instancia "no hay razón para suponer que también los géneros deberán seguir siendo sólo dos" (*idem*). Donde avizoramos un derrotero teórico, vemos esbozarse otro político y utópico.

Pero desarmar la semejanza entre sexo y género permite otra operación, que constituye uno de los intereses centrales de Butler: romper con

---

9 "[L]a unidad del sujeto ya está potencialmente impugnada por la distinción que permite que el género sea una interpretación múltiple del sexo" (2001a: 38-39).

la semejanza entre sexo, género y deseo. Ésta le permite desbaratar la heterosexualidad como forma "natural" del deseo, como orden necesario,
legítimo: "la coherencia o unidad interna de cualquier género, hombre
o mujer, requiere una heterosexualidad estable y de oposición" (Butler,
2001a: 55). En el fundamento de la heterosexualidad, dispuesta según
una diferencia binaria entre lo masculino y lo femenino, se encuentra, tal
vez paradójicamente, la semejanza: en tanto hombres y mujeres son heterosexuales desean de modo equivalente, y viceversa; la estructura binaria de los sexos y de los géneros se corresponde con la heterosexualidad
del deseo. Pero, asimismo, la heterosexualidad reglamenta el género, de
modo que los términos se ordenan en una relación binaria que distingue
lo femenino de lo masculino. Es un resultado a la vez que una necesidad,
y la operación se construye mediante el ensamblaje y la coherencia entre el
sexo, el género y el deseo.[10] El orden que analiza Butler es especular,
el género refleja al deseo y el deseo al género. En tanto uno y otro sean
unívocos y concisos, el reflejo será el esperado: hombres y mujeres reflejarán el deseo de unos o unas por otras u otros. La heterosexualidad será
un requisito, a la vez que el resultado querido, de un orden de género:
"Esa heterosexualidad institucional requiere y produce la univocidad de
cada uno de los términos de género que constituyen el límite de las posibilidades de los géneros" (Butler, 2001a: 55).

El género no había terminado por salir de cierta "ingenuidad" en su
lectura: desbarató una primera semejanza entre la anatomía y el destino,
pero dejó las otras impertérritas. Presenciamos un movimiento de radicalización de una lógica. Foucault afirma que ninguna semejanza, pero
tampoco ninguna distinción, es posible sino mediante la "aplicación de
un criterio previo". Dicho *criterio previo* instaura un orden para las *cosas*, sustentado en una mirada, en un lenguaje (Foucault, 1969: 5). Butler
desplaza el *criterio previo* y propone otro orden para la mirada que organiza las *cosas* del "sexo". Asegura que una vez que sexo y género se teorizan de forma independiente —"radicalmente independiente", dice—,
"el género mismo se convierte en un *artificio vago*" (Butler, 2001a: 39).

10 Paradójicamente, cuando Herculine se transforma en Bonnegens deviene heterosexual, a la vez que hombre. Los escarceos que tuvo con sus compañeras en el internado
adquieren un estatuto de legitimidad inesperado: una vez corregida su identidad según su
anatomía, su deseo se torna "correcto". Un hombre, según la ley, puede desposar a una
mujer. No sabemos si la *desadaptación* radical de Alexina fue antes respecto a la heterosexualidad que a la masculinidad civil.

Los órdenes de la semejanza han saltado por los aires; primero, la semejanza del sexo con el sexo mismo, la regla que vinculaba la anatomía con la identidad, el cuerpo con el alma, el destino con la biología. Luego, la semejanza entre el sexo y el género, la frontera entre la anatomía y su lectura, entre la "cosa" y su interpretación: "con la consecuencia de que *hombre* y *masculino* pueden significar tanto un cuerpo de mujer como uno de hombre y *mujer* y *femenino* tanto uno de hombre como uno de mujer" (*idem*; las cursivas son de la autora). Se deslinda aquello que Foucault caracteriza como "disperso y aparente" y que, por lo mismo, por ese vaivén sinuoso que lo agita, debe "recogerse en las identidades" (Foucault, 1969: 9). El "artificio vago" acopia, entonces, elementos dispersos y supuestos: nada es lo que parece; Frankenstein ha diseñado para nosotros una identidad hecha de trozos, de partes, tejida por el afán de coherencia, saturada de equívocos.[11]

¿QUÉ HAY DETRÁS DE UNA MÁSCARA?
LA GENEALOGÍA Y LA IDENTIDAD

Atendamos a un punto importante: el método. Aquí Butler desarrolla su propia trayectoria genealógica: es eminentemente nietzscheana y foucaultiana. Sin una referencia al método es difícil comprender la operación analítica que le permitió deshacer la distinción "sexo" y "género". La autora habla de "*una genealogía feminista* de la categoría de las mujeres" que impugne las reificaciones[12] mismas de género e identidad,

---

[11] Este movimiento se puede considerar como un envés del que se inicia en el siglo XVIII, en palabras de Laqueur, y que instala la diferencia entre los sexos como matriz explicativa, en "remplazo" de otra que suponía un sexo único que se ordenaba según grados de perfección (con los hombres y lo masculino a la cabeza). El historiador refiere que "lo que llamamos sexo y género estaban explícitamente vinculados en el modelo de 'sexo único' [...] Ser hombre o mujer significaba tener un rango social, un lugar en la sociedad, asumir un rol cultural, no *ser* orgánicamente de uno u otro de dos sexos inconmensurables" (Laqueur, 1994: 27-28; las cursivas son del autor). Luego, la razón se ubicará en ese terreno de inconmensurabilidad entre los "sexos". Si algo así ha sucedido, entonces lo que se debe hacer es una historia sobre cómo se ha construido el sexo, "todo lo que se desea decir sobre el sexo [...] ya ha sido reivindicado para el género. El sexo, tanto en el mundo de un sexo como el de dos sexos [...] sólo puede explicarse dentro del contexto de las batallas en torno al género y al poder" (*ibid.*: 33).

[12] La *reificación* señala un recorrido inverso al que hemos esbozado para las *palabras* y las *cosas*. En su formulación marxista, las *palabras* se transforman en *cosas*. Bottomore

entendidas como requisitos tanto políticos como normativos y metodológicos. En el corazón de su formulación performativa del género, cita *La genealogía de la moral* de Nietzsche (1997): no hay *ser* detrás del actuar,[13] "no hay una identidad de género detrás de las expresiones de género, esa identidad se constituye performativamente" (Butler, 2001a: 58).

La genealogía impugna el "origen" como lugar, o momento, del que emergen los hechos sinuosamente, replegados sobre lo que siempre fueron, ansiosos de ser lo que eran en su manantial.[14] Foucault escribe que buscar tal origen "es intentar encontrar 'lo que estaba ya dado'[...] Es intentar levantar las máscaras, para develar finalmente una primera identidad" (Foucault, 1987: 10). La genealogía exorciza una ilusión: detrás de las apariencias no encontraremos una verdad, detrás de las máscaras un rostro cierto, o detrás del trazo una mano que escribe.[15] Este método le permite a Butler señalar los disfraces que, tras de sí, no contienen nada; así como la operación de naturalización que instaura un efecto

---

la define, en su *Diccionario del pensamiento marxista*, como "—el acto— [o resultado del acto] de transformar propiedades, relaciones y acciones humanas en propiedades, relaciones y acciones de *cosas artificiales* que han alcanzado la independencia [...] del hombre [*sic*] y gobiernan su vida. También se refiere a la transformación de los seres humanos en seres parecidos a *cosas* que no se comportan de una manera humana sino conforme a las leyes del mundo material" (Bottomore *et al.*, 1984: 640; las cursivas son nuestras).

13 Nietzsche indica, específicamente, que "no hay ningún 'ser' detrás del hacer, del actuar, del devenir, el 'agente' ha sido ficticiamente añadido al hacer, el hacer es todo" (Nietzsche, 1997: 51-52).

14 "El origen está siempre antes de la caída, antes del cuerpo, antes del mundo y del tiempo: está del lado de los dioses, y al narrarlo se canta siempre una teogonía. Pero el comienzo histórico es bajo, no en el sentido de modesto o discreto como el paso de la paloma, sino irrisorio, irónico, propicio a deshacer todas las fatuidades" (Foucault, 1987: 100-111).

15 Roger Chartier observa que Foucault realiza una crítica devastadora de las ideas de origen y de totalidad. Su objetivo es la historia —como disciplina— en su versión canónica; sus presupuestos, a saber: "cada momento histórico es una totalidad homogénea, dotada de una significación ideal presente en cada una de sus manifestaciones, que el devenir histórico es organizado como una continuidad necesaria; que los hechos se encadenan o se engendran en un flujo ininterrumpido, que permite decidir que uno es 'causa' u 'origen' del otro" (Chartier, 1998: 135; la traducción es nuestra). Atendamos, el genealogista impugna las nociones de totalidad, significación trascendente, continuidad, encadenamiento y causalidad. En un curso que dictara en el Collège de France, Foucault expuso que la genealogía permitió la emergencia de una serie de *saberes sometidos* (el del enfermo, el del prisionero, el del psiquiatrizado, etc.), a condición de que "se eliminara la tiranía de los saberes englobadores, con sus jerarquías y todos los privilegios de las vanguardias teóricas" (Foucault, 2002b: 22).

como causa. Indica que "la suposición aquí es que el 'ser' del género es un efecto", que ha sido consignado como tal mediante "la comprensión de la producción discursiva y de ciertas configuraciones culturales [...] que [hacen] plausible esa relación binaria y [...] toman el lugar de 'lo real' y consolidan y aumentan su hegemonía a través de esa feliz autonaturalización" (Butler, 2001a: 66). El genealogista describe la estrategia de legitimación que conforma un ámbito de lo *real* y que establece un orden, en este caso binario.

La genealogía hace profesión de risa; sonríe ante lo que se considera serio, sustancioso, pleno de sentido. En Butler, la identidad es un concepto que debe ser derruido; la genealogía ha iniciado el ataque: tras la identidad unívoca habita un plural, "numerosas almas" en vez de una —rastro perseverante de un monoteísmo—. Disociación sistemática de la identidad, dice Foucault, "porque esta identidad, bien débil por otra parte, que intentamos asegurar y ensamblar bajo una máscara, no es más que una parodia" (Foucault, 1987: 28). Butler insiste: la afirmación de *hombres* y *mujeres* subordina la noción de género a la de identidad y conduce a la conclusión "de que una persona *es* de un género y lo *es* en virtud de su sexo; [el género] sirve como principio unificador" (Butler, 2001a: 55; las cursivas son de la autora). El sexo, y también el género, operan como una interpretación que unifica y aglutina, que entrega coherencia y sentido, que orienta y cercena, que integra y excluye.[16] Lo que la genealogía muestra es que "el hormigueo de los hechos, la multiplicidad de las intenciones, el anudamiento de las acciones no pueden ser referidos a ningún sistema de determinaciones capaz de dar una interpretación racional —se diría, de enunciar la significación y las causas—" (Chartier, 1998: 136-137; la traducción es nuestra).

Una pedagogía de la unidad y de la profundidad ha sido impugnada. Se descascara un régimen de semejanzas que será central para la delimitación de *sexos* y de *géneros* discretos, de identidades *naturales*, de disposiciones necesarias, de destinos unívocos. La genealogía pretende "percibir la singularidad de los sucesos, fuera de toda finalidad monótona [...] busca los aspectos superficiales de los acontecimientos, los pequeños detalles, los cambios menores y los contornos sutiles" (Dreyfus y Rabi-

---

16 Escribe Nietzsche que "la historia entera de una 'cosa', de un órgano, de un uso, pueden ser así una ininterrumpida cadena de interpretaciones y reajustes siempre nuevos, cuyas causas no tienen siquiera necesidad de estar relacionadas entre sí, antes bien a veces se suceden y se revelan a un modo meramente causal" (Nietzsche, 1997: 88).

now, 1988: 127). El genealogista aprende que detrás de toda profundidad sólo hay superficie, que la unidad y la coherencia son retoños del poder, que en la identidad se despliega una voluntad; escenario funesto de lo que predicamos, la genealogía remarca los vínculos entre el poder, el saber y el cuerpo.

Dado este método genealógico, podemos dilucidar el *impulso* demoledor que mueve la teoría de la performatividad de género de Judith Butler: se inicia como una crítica de la categoría de identidad y de la representación en el feminismo. Lo primero que Butler impugna es la existencia de un sujeto transparente para la representación política del feminismo. Inicia su *Gender Trouble* con una afirmación: "[E]n su mayor parte, la teoría feminista ha supuesto que existe *cierta identidad*, entendida mediante la categoría de las mujeres [...] que *constituye al sujeto* para el cual se procura la representación política" (2001a: 33; las cursivas son nuestras). Asegura que la invocación de un sujeto sustantivo para ser representado es, en sí, una operación performativa que esconde su propio trazo; la delimitación de un *antes*, que se invoca como fundamento para cualquier *después*, desconoce que el sujeto mismo se conforma en los meandros de esa temporalidad fallida, que es una operación productiva la que *genera* un sujeto más o menos coherente y representable, operación en sí misma excluyente. Nos enfrentamos a una paradoja: el discurso que postula la emancipación surge o es compelido por el mismo discurso que dice impugnar y que producirá sujetos con género, situados en un *eje diferencial de dominación*. El razonamiento de Butler sigue al de Foucault: el poder no sólo actúa de modo prohibitivo, sino productivo; no se le puede estudiar sólo por lo que enuncia, sino también por lo que silencia.

La invocación de un "antes" se sustenta en las premisas de una integridad ontológica del sujeto, de carácter presocial, pero que posibilita el contrato social mediante la figura "de personas libres que consienten ser gobernadas" (Butler, 2001a: 34). De este modo la existencia de un sujeto coherente permite la reivindicación de una identidad común para las mujeres, que el feminismo representaría. Existe una correspondencia entre la descripción y la representación. No obstante, Butler indica que el género se constituye en diferentes contextos sociohistóricos, en cruces específicos con otras identidades —diremos que no sólo identidades, sino determinaciones sociales de clase, etnia, raciales, sexuales y regionales—. ¿Se puede sostener, entonces, que más allá de estos sedimentos y posiciones se conforma una categoría prístina denominada "mujeres"? La pregunta ha rondado los debates del feminismo en forma acuciante e insistente y aquí sólo la referimos para comprender la teoría de la performatividad de género que elabora Butler.[17] Una "experiencia común de las mujeres" o una "especificidad femenina" sólo se pueden sostener —hemos visto la paradoja— sobre la oposición binaria de lo masculino y lo femenino, "descontextualizada política y analíticamente [...] de la constitución de clase, raza, etnia y otros ejes de relaciones de poder que constituyen la 'identidad'" (*ibid.*: 36). Entonces, se debe someter la categoría de identidad a una crítica radical y se le debe situar analíticamente.

El objetivo central, el trasfondo de la crítica de la representación y de la identidad, es desbaratar la categoría de sujeto desde uno de sus anclajes más sólidos: el género, o más bien el sexo, o ambos. Butler retoma un planteamiento clásico del feminismo y fundante de los estudios de género: si la biología no es destino, entonces el género se construye culturalmente. Pero inserta un matiz que será central en toda su argumentación: si la biología, es decir el sexo, no es destino, tampoco es causalidad. El género no es la elaboración cultural de un hecho dado, de un referente objetivo, como sería el sexo. En este punto se debe abandonar la ilusión de un *antes* y un *después*, tal como se le debía evitar para pensar la constitución del sujeto. Una cierta noción canónica —y además popularizada— sostiene que el sexo *antecede* al género; es como si se afirmara: primero fue el sexo y luego el género, que vino a llenar de significados la anatomía objetivamente dispuesta, suponiendo una relación inmediata (y en cierta medida ingenua) entre las *cosas* del sexo y las *palabras* del género.

Ha dejado de existir, en la trayectoria de Butler, la distinción entre *sexo* y *género*. El camino genealógico la ha conducido hasta su propia

---

17 No se debe entender que Butler rechace la conformación de una "política feminista" o que perciba la representación como un acto imposible. Más bien le interesa mostrar los efectos excluyentes y normativos que genera una política feminista poco atenta a sus supuestos. "Las estructuras jurídicas del lenguaje y de la política constituyen el campo actual de poder; no hay ninguna posición fuera de este campo, sino sólo una genealogía crítica de sus propias prácticas legitimadoras" (2001a: 37). En una línea semejante se perfila la reflexión de Gayle Rubin en "Thinking Sex: Notes for a Radical Theory of the Politics of Sexuality" (1984), revisión de sus propios análisis en "El tráfico de mujeres" (1996). Insistamos con la genealogía: Nietzsche anota que "un mismo e idéntico procedimiento se puede utilizar, interpretar, reajustar para propósitos radicalmente distintos" (1997: 91).

disolución. No obstante, para la autora "el sexo siempre fue género", "quizás —nos dice— esta construcción llamada 'sexo' esté tan cultural-mente construida como el género" (*ibid*.: 40). Ha preguntado, unas líneas antes, si se puede referir un sexo "dado" a un género "dado" —"¿Qué es el 'sexo' a fin de cuentas?", interroga—. ¿Qué es a fin de cuentas?, tal vez sólo una palabra entre comillas. Pero aquí se detiene la radicalidad de Butler: poner entre comillas al sexo y dejar intacto al género; la ge-nealogía que ha iniciado se suspende en los límites epistémicos de una comunidad. Pero esta lógica es implacable, lo que ha sido detectado en su origen supuesto, en su fortaleza fingida, aquello que ha sido "devela-do" genealógicamente exige que se le ofrezcan "nuevas víctimas", otros conceptos, nuevos avatares: debemos otorgarle el "género", propiciar sus comillas, romper su identidad y su semejanza.

En este sentido, tal vez la tarea pendiente sea romper con la semejan-za entre género y género, entre construcción y construcción, entre pala-bra y palabra. En el cuerpo de Herculine las consecuencias se multiplican a la vez que se restringen: puede significar cuerpo de mujer y femenino, como cuerpo de hombre y masculino, puede mutar sus nombres, sus in-tenciones, sus deseos; en ella el género no conserva su semejanza con el género, ni siquiera el cuerpo con el cuerpo.[18]

LA PERFORMATIVIDAD. ENTRE LA ACTUACIÓN Y LA REPETICIÓN

La teoría de la performatividad de género se encuentra en plena formu-lación. Ha sido, al menos en la obra de Butler, un trayecto de ires y ve-nires. Su primera formulación en *Gender Trouble*[19] suscitó un conjunto de críticas, y la propia autora sometió lo escrito a una revisión. Luego de ese primer libro escribió *Cuerpos que importan*, en el que intentaba reca-pitular su concepción del cuerpo y la relación entre la performatividad y la materialidad (Butler, 2002a). Se excusa por un malentendido que sus-citó *Gender Trouble*: "que el género es una elección, un rol, o una cons-

---

18 "[E]sta identidad, bien débil por otra parte, que intentamos asegurar y ensamblar bajo una máscara, no es más que una parodia: el plural la habita, numerosas almas se pelean en ella; los sistemas se entrecruzan y se dominan los unos a los otros" (Foucault, 1987: 28).

19 Publicado en 1990 en inglés y traducido y publicado en español diez años más tarde.

trucción que uno se enfunda al igual que se viste cada mañana" (Butler, 2002b: 63). La asunción de un género que se elige, tal como se escoge la ropa en una tienda o el desayuno en un café, supone la preexistencia de un *alguien* que precede la elección y que "va al guardarropa del género y deliberadamente decide qué género va a ser ese día" (*ibid.*: 63-64). Algunos lectores de Butler esbozaron algo así como una "percepción californiana del género", que interceptaba las identidades con los anaqueles de un supermercado. Quizás la consigna del New Age, "sé tú mismo", adquiría nuevos bríos una vez que ese *ser* se tornaba tan elegible como el color del pelo.

Hay un matiz de la teoría de Butler que abre la puerta para esos "malentendidos":[20] la noción de *estilización*. La esgrime en un capítulo sobre los "actos corporales subversivos"; dice que el género es un "estilo corporal" actuado por cuerpos individuales "que llevan a cabo estas significaciones —de género— al estilizarse en modos de género" (Butler, 2001a: 171). Si existe tal estilización, entonces los actos y atributos de género no pueden consignarse como verdaderos o falsos, ni reales ni distorsionados, de modo que la identidad de género debería entenderse como "una ficción reglamentada". Ciertos lectores de Butler trucaron los términos y hablaron de la ilusión de un género con un yo constante, parodia ficcional que se podía representar en diversos modos. Es el modelo *Drag Queen*: de mañana un pulcro oficinista, de noche una diva que dobla a Madonna sobre un escenario; *hombre* y *mujer* según me quito la ropa y me maquillo el rostro. El yo ilusorio era un yo escénico, rutilante en sus contorsiones y en sus equívocos. Ya no la versión desgraciada de Herculine Barbin, tan pesada en su cuerpo, tan ella misma como para ser otro u otra; no esa determinación obsesiva de la anatomía con la que fastidiaban los médicos decimonónicos, sino la liviandad tardo capitalista de los estilos, de la parodia inmaculada e inocente, del brillo cadencioso de los movimientos y los gestos. Ya no el dolor de el o la hermafrodita, su ingenuo sufrimiento; más bien el desliz y la risa, la teatralización terapéutica de mis esbozos, el juego acalorado de mis máscaras.[21]

---

20 ¿Cómo se establece, en una teoría que impugna el origen y la causalidad, que una lectura es correcta o no lo es? Pedir una comprensión atingente es solicitar, de alguna forma, verdad y coherencia. Nadie podría evitar que los libros de la Butler se leyeran en las "estéticas" y en un futuro se les comentara como libros de amor.

21 Lipovestky (2002) analiza en la *Era del vacío* la subjetividad que emerge de estas coordenadas.

Este *malentendido* se vincula con las dos direcciones que adquiere la performatividad de género en la formulación de Butler.[22] Por un lado una orientación teatral, que postula que los actos performativos que constituyen el género "ofrecen similitudes con actos performativos en el sentido teatral" (Butler, 1998: 299). El cuerpo *lleva* un significado de modo fundamentalmente dramático: es "una continua e incesante materialización de posibilidades". Manifiesta que el género debe entenderse como un estilo corporal (ver *supra*), un *acto* que es intencional y performativo, "en el doble sentido, dice Butler, de 'dramático' y de 'no-referencial'", cuya reproducción sucede mediante las diversas formas de actuar los cuerpos. Este camino permite comprender las formas en que una convención cultural es corporeizada, como un *libreto* que es actuado por *actores individuales*, aunque los sobrevive; cada actor actúa su propio género, "una actuación en concierto —y— en acuerdo" (307). Acto que en este sentido es *performance*.

La segunda forma remarca el carácter repetitivo, ritual y convencional de todo acto performativo: "[el] género se produce performativamente y es impuesto por las prácticas reglamentadoras de la coherencia de género" (Butler, 2001a: 58). Advierte en otro texto que "la performatividad no es pues un 'acto' singular, porque siempre es *la reiteración de una norma o un conjunto de normas* y, en la medida en que adquiera la condición de acto en el presente, oculta y disimula las convenciones de las que es una repetición" (Butler, 2002b: 34). Si el género es producido performativamente, su operación alcanza dos logros: generar una coherencia y ocultar su carácter normativo; pero es en la repetición de normas donde traza su funcionamiento. El acto es más bien un disimulo, un ocultamiento de los

---

22 Es necesario considerar que ambas direcciones no son incompatibles ni se diferencian de modo tajante. En ambas permanece la orientación performativa del género y de la construcción de las subjetividades y las relaciones. Sin embargo, creo que sí marcan caminos analíticos distintos, con énfasis diferentes: lo que denominamos orientación "teatral" remarca de modo más intenso el carácter actuado de toda performatividad de género y se aproxima a la *performance*. Si bien Butler nunca postula un sujeto preexistente a la performatividad misma —ya lo hemos visto—, esta orientación otorga mayor espacio a las posibilidades del "actor" para desplazar las formas preestablecidas en la performatividad de género. La otra orientación, que hemos llamado "ritual", insiste en el carácter repetitivo de la performatividad de género y en su estructura convencional; creo que en alguna medida se vincula de modo más agudo con los procesos de subjetivación mediante la sujeción del individuo a un orden simbólico o una ideología, como lo analizamos en el apartado sobre Althusser y su teoría de la interpelación.

procedimientos normativos de reiteración. La matriz de todo acto, en esta performatividad de género, es un discurso autoritario que permite encarnar la acción y ejercer un poder vinculante. La performatividad misma es una forma de actuación y de ejercicio del poder; por lo tanto, hay una relación entre el poder y la performatividad que es bidireccional, por así decirlo; por un lado, el poder actúa performativamente al "encarnarse" en discurso, por otro, la performatividad sólo es posible dada una reiteración de normas, que correspondería al ejercicio del poder.

El poder actúa de modo meticuloso, en palabras de Foucault. Como no tiene un lugar de existencia específico, opera metódicamente, reiterativamente, como ritual y como procedimiento; podríamos decir: opera performativamente —lo ha dicho Butler—. Esto se vincula con la inserción del cuerpo en un campo político: también sometido a la norma —antes que a la ley—, a la repetición meticulosa, a la reiteración monótona. Entonces, establecer una intención en el acto performativo es morderse la cola; no se puede delimitar un actor que a voluntad realiza los actos performativos (la categoría misma de "acto" es problemática). Explica Butler que si un enunciado performativo tiene éxito "no se debe al hecho de que una intención gobierne con éxito la acción del discurso, sino a que esa acción es el eco de una acción anterior y *acumula el poder de la autoridad a través de la repetición o cita de un conjunto de prácticas autoritarias precedentes*" (Butler, 2002b: 58-59; las cursivas son de la autora). Entre acción y repetición se establece un *modelo de resonancia*, vinculado al modelo especular que articula el sexo, el género y el deseo: el "eco" de una acción anterior se despliega en una acción presente, eco a su vez de un conjunto de prácticas autoritarias precedentes. Dicho eco es lo que leemos como intención, así como se lee como sexo lo que ideológicamente se posiciona como un "antes" del género. El poder se repite y se replica, multiplica en ecos sus efectos para regresar hasta él mismo, como origen de la reiteración.

¿SE PUEDEN HACER COSAS CON PALABRAS?

Hemos llegado a una conclusión central: el género se construye performativamente, mediante la repetición y la reiteración de un conjunto de normas y rituales imbricados en una trama de relaciones de poder. Pero ahora recapitularemos: dejaremos la teoría de Butler y nos dirigiremos a

algunas de sus fuentes. Nos interesa, por un lado, trazar una línea argu-
mentativa que evite convincentemente las "malas interpretaciones" que
han experimentado sus planteamientos. Por otro, queremos profundizar
el derrotero que nos orienta por los senderos del lenguaje, lo que nos
permitirá vincular esta teoría de la performatividad de género con otra
de la subjetivación.

Primero, la teoría de la performatividad tal cual fue formulada por
J.L. Austin en *Cómo hacer cosas con palabras*.[23] Otra vez palabras y
cosas. La línea permanece y quizás nos acompañe hasta el final. Austin
está interesado en investigar aquellos actos de habla (*speech acts*) que
al decirse hacen cosas: los denomina performativos (*performatives*, en
inglés). Aclara que un performativo es una expresión que no describe o
registra nada. Agrega que emitir una sentencia —o expresión— performativa (*performative sentence or performative utterance*)[24] es realizar
una acción que no se reduce al mero decir algo (47[7-8]). Cita algunos
ejemplos: bautizo este barco, lego este objeto, te apuesto tanto, juro. Bautizar, tal como le sucedió a la "hermafrodita" francesa: primero la llamaron Adélaïde Herculine, nacida mujer; luego, conocida su anomalía,
cambiaron su nombre por Bonnegens, hombre. Austin apunta que *casar*
(*to marry*) es "decir unas pocas palabras", las que nunca supo decir —o
nunca pudo escuchar— el joven del cuento de Highsmith. Así como una
palabra —un acto performativo— instaura un nombre en un cuerpo y ordena cierta anatomía (como queda de sobra mostrado en el caso de Alexina B), otras inauguran una relación o establecen un contrato: la "mano"

23 El título original es *How to do Things with Words. The William James Lectures
Delivered at Harvard in 1955*. Publicado por Harvard Press en 1962 con la edición de J.O.
Urmson. En adelante citaremos la traducción de G. Carrió y E. Rabossi (1982), con el sello
de Paidós, y las páginas del texto en su edición inglesa. Dado el carácter técnico de la obra,
hemos preferido utilizar ambos textos.

24 En la versión española se traduce *performative* como *realizatorio*. Hemos preferido
mantener el término en inglés, dado que se usa extensamente en castellano y nos permite mantener cierta unidad terminológica. Las traducciones de libros y artículos de Judith
Butler, como lo hemos visto, utilizan la palabra *performativo*. El término ya forma parte
de los vocabularios especializados. En su *Semiótica. Diccionario razonado de la teoría
del lenguaje*, Greimas y Courtés especifican que los verbos performativos "no solamente
describen la acción del que los utiliza, sino que también, y al mismo tiempo, implicarían
una acción en sí misma" (1982: 302); en otro diccionario se indica que performativo es un
"[U]so del lenguaje no destinado a entregar información o declaración susceptible de verdad o falsedad, más destinado a hacer el acto enunciado por el hecho mismo de enunciarlo"
(Thinès y Lampereur, 1975: 715; traducido del original en francés).

se pide para que sean pronunciadas las palabras que desposan a determinado hombre con cierta mujer. No es intención del filósofo inglés, pero los actos performativos nacieron marcados por el género; es su lectura censurada, su "otra escena", en palabras de Freud.[25]

De las expresiones performativas no se podría sostener que son verdaderas o falsas. Austin las diferencia en un primer momento de los enunciados que darían cuenta de algo que existe *más allá* de ellos o *fuera* de ellos; y cita otro ejemplo que forma parte de esta escena sexual que hemos mencionado: el matrimonio; dice que "[U]no de nuestros ejemplos fue la expresión (*utterance*) 'Sí, la acepto'[26] —*I do*— ('tomar esta mujer como mi esposa legal...') formulada durante una ceremonia matrimonial. En este caso diríamos que al decir esas palabras estamos haciendo algo: a saber, casándonos y no *dando cuenta* de algo, o sea, de *que estamos casándonos*" (Austin, 1962: 12-13; las cursivas son del autor). Austin indica que las expresiones performativas deben estudiarse según sean afortunadas o infortunadas y no según sean verdaderas o falsas. En sus conferencias observa que se estudiarán con mayor énfasis los infortunios, aquellas veces en que una expresión fracasa en sus objetivos, por diversas razones. La denomina doctrina *"de las cosas que pueden andar mal y salir mal* [...] la doctrina de los *infortunios"* (*ibid.*: 55[14]). En la formulación de esta doctrina anota que los infortunios son una afección que perturba todos los actos que poseen el carácter general de ser rituales o ceremoniales, todos los actos convencionales (*conventional acts*). Luego, sostiene que "[T]iene que existir un procedimiento convencional aceptado, que posea cierto efecto convencional, y que debe incluir la expresión (*uttering*) de ciertas palabras por ciertas personas en ciertas circunstancias" (*ibid.*: 67[27]). Esto lo diferenciará, más adelante, como

---

25 Curiosamente, un destacado discípulo de Austin replica esta escena sexual. Busca "justificar" sus intenciones lingüísticas en su carácter de hablante nativo de una cierta lengua y dice "la única respuesta que puedo dar a la cuestión ¿cómo lo sabes? (por ejemplo, que "las mujeres son hembras" es analítico) consiste en proporcionar otras caracterizaciones lingüísticas ('mujer' significa hembra humana adulta)" y continúa su razonamiento (Searle, 1980: 23). Cuando se instala el tema del "saber", la ejemplificación se construye con el caso más "claro" de aquello que puede ser sabido: las mujeres son hembras de la especie.

26 En la traducción española se remplazó "I do" por "Juro", porque las formulas matrimoniales inglesas no se corresponden con las hispánicas. No obstante, nos hemos remitido al texto original en inglés, y para nuestro razonamiento es preferible mantener el ejemplo matrimonial, aunque no coincida exactamente.

acto ilocucionario (*ilocutionarie act*): un acto convencional realizado en conformidad con una convención.

Austin construye una argumentación *in crescendo*: empieza tratando de delimitar un tipo de enunciado que no se refiere, en primera instancia, a la verdad o falsedad de lo que se postula (preocupación capital de cierta filosofía del lenguaje y de la ciencia), sino que intenta hacer algo. No se trata de enunciar, dice el filósofo, sino de hacer lo que se enuncia, o de hacerlo en tanto se dice. Pero, finalmente, termina por cuestionar la distinción entre enunciados constatativos (que describen algo, según sea verdadero o falso) y performativos (que hacen algo). Postula, entonces, ciertas conclusiones generales sobre el lenguaje: primero, que el "único fenómeno real" que se trata de elucidar "es el acto lingüístico total, en la situación lingüística total"; luego, que describir, enunciar, etc. "sólo son dos nombres" que designan los actos ilocucionarios; estos actos, con sus diversos nombres, no ocupan una posición única, especialmente en la relación que tendrían con los hechos y que los determinarían como verdaderos o falsos (*true or false*). Asimismo, postula que el contraste entre lo "normativo y valorativo" (*normative or evaluative*) con lo "fáctico" (*factual*) debe ser eliminado (Austin, 1982: 196 [147-148]). Por último, sostiene que se debe considerar la situación total en que una expresión (*utterance*) es emitida (95[52]).

ALGUIEN LLAMA. LA VOZ DE LA IDEOLOGÍA

En las conferencias de Austin permanece un trazo: cuando propone ejemplos siempre se remite a alguien que hace o dice algo: "Sí, juro", "Bautizo este barco", "Lego mi reloj a mi hermano". Tal como la esboza, esta teoría necesita que alguien *quiera* hacer algo para que sea hecho; necesita un sujeto como trasfondo, una voluntad que desee jurar, legar o bautizar. Incluso, alguien —cualquiera— puede hacer saltar por los aires un acto performativo (que, en última instancia, como hemos visto, es la forma característica del lenguaje). Austin pone un ejemplo: "[S]upongamos que en una reunión social se decide jugar a un juego en el que, por turno, se eligen compañeros de equipo; uno de los encargados de hacerlo dice: 'elijo a Jorge'. Jorge gruñe: 'yo no juego'. ¿Ha sido elegido Jorge? Sin duda —dice Austin— la situación es desafortunada" (Austin, 1982: 69[28]). El acto ha fallado porque quien fue convocado no quiso participar; dos voluntades se interceptan: la de quien llama y la de quien es llamado. El acto es un intervalo entre una intención y otra. No obstante, agrega Austin, quien rechaza un procedimiento se expone a ser sancionado, "los otros pueden rehusarse a jugar con él, o pueden decir que no es un hombre de honor (*ibid.*: 71[29])".[27] Sin embargo, el carácter convencional de ciertos actos performativos impide que alguien se case con un mono, nombre cónsul a su caballo o bautice a un niño como 2740 (todos ejemplos del mismo Austin).

Detengámonos en otro ejemplo: si alguien está en una isla desierta con otra persona y ésta le da una orden, le puede contestar que no piensa cumplirla. En cambio, si esa misma orden la dicta el capitán de un barco —y "tiene una autoridad genuina", en palabras de Austin—, quien la recibe debe cumplirla, so pena de recibir sanciones graves. ¿Qué deja de funcionar en una isla desierta que mantiene su fuerza en la cubierta de un barco? Demos otro ejemplo, pero ya no de Austin sino de Althusser: alguien camina por una calle y un policía —atendamos a que la policía estaba *inmiscuida* en el cuento de la mano y en el caso de Herculine Barbin— lo llama: "¡Eh, usted, oiga!", entonces quien es llamado se da vuelta, "el individuo interpelado se vuelve", indica Althusser. "En alguna parte resuena la interpelación: '¡Eh, usted, oiga!'. Un individuo (en 90% de los casos aquel a quien va dirigida) se vuelve creyendo-suponiendo-sabiendo que se trata de él, reconociendo que 'es precisamente a él' a quien apunta la interpelación" (Althusser, 1977: 69). El individuo del ejemplo de Austin es llamado, pero responde que no desea jugar, y el transeúnte de Althusser se reconoce en la voz que lo conmina y da vuelta para responder o atender a la voz que lo llama. En el primer caso, el emplazamiento aparentemente ha fracasado, y en el segundo ha tenido éxito. Pero veremos que no necesariamente es así y que en ambos casos, independientemente de la respuesta dada, siempre ha habido éxito en lo que Althusser denomina "interpelación" (*interpellation*).[28]

¿Por qué ha habido éxito?, ¿qué asegura la respuesta al llamado? A nuestro entender, la noción clave en el pensamiento de Althusser es

---

[27] Los ejemplos vuelven a instalar la escena generizada que hemos mencionado: *man of honour*, dice Austin.

[28] Vimos que Butler aborda el problema del éxito en su formulación de la performatividad de género como reiteración de normas. El éxito corresponde a la capacidad de resonancia de acciones pasadas, que sedimentan la operación y los objetivos de un poder que se despliega mediante discursos.

que la ideología interpela a los individuos como sujetos, "transforma" individuos en sujetos; él especifica que "la categoría de sujeto es constitutiva de toda ideología sólo en tanto toda ideología tiene por función (función que la define) la 'constitución' de los individuos concretos en sujetos" (*ibid.*: 64). Llama *interpelación* a la operación mediante la cual la ideología "recluta" sujetos entre los individuos, "o 'transforma' a los individuos en sujetos". Agrega que "[L]a existencia de la ideología y la interpelación de los individuos como sujetos son una sola y misma cosa" (*ibid.*: 69). Pero previene un razonamiento de carácter temporal, que dispondría primero a los individuos y luego a los sujetos, ideología mediante. No existe tal sucesión temporal. Althusser habla de un *siempre-ya* (*toujours-dèjá*), que permite sostener que los individuos son siempre-ya sujetos, indistinguibles "unos" de "otros"; indica que "la ideología ha siempre-ya interpelado a los individuos como sujetos; esto equivale a determinar que los individuos son siempre-ya interpelados por la ideología como sujetos, lo cual nos lleva a una última proposición: *los individuos son siempre ya sujetos*" (*ibid.*: 70-71; las cursivas son del autor).

Althusser atiende a los modos por los que un individuo es siempre-ya sujeto en el seno de una ideología familiar (en este punto retoma a Freud). Dice que se sabe de antemano que un niño por nacer "llevará el 'Apellido del Padre',[29] tendrá pues una identidad y será irremplazable" (*ibid.*: 71); en esa estructura "el antiguo futuro-sujeto (*l'ancien futur-sujet*) debe 'encontrar' 'su' lugar, es decir, 'devenir' el sujeto sexual (varón o niña) que ya es por anticipado" (*ibid.*: 72). Si atendemos a esta parte del razonamiento de Althusser vemos que la ideología, en tanto interpela a los individuos como siempre-ya sujetos, ordena la diferencia genérica o está signada por ella: en la ideología familiar —o en la familia como aparato ideológico— se dispone de un lugar sexual para cada nuevo individuo, se le asignan un nombre y una posición entre las dos posibles: varón o niña. Podríamos decir que el género es un aparato ideológico, o que —dado que los aparatos son formas más o menos institucionalizadas de reproducir *la* ideología— los aparatos, en sus diversas formas, son creadores y reproductores de relaciones e identidades de género. Atenda-

---

29 En francés dice "*portera le Nom de son Père*" (1976: 115), que equivale al *Nombre del Padre* lacaniano. Althusser seguía atentamente las enseñanzas de Lacan y publicó varios escritos sobre psicoanálisis —entre otros, uno que se titula "Freud y Lacan"—. Consideramos que este término es más adecuado que "Apellido del Padre" utilizado en la traducción.

mos a que Althusser ha hablado de una operación que luego retomarán Butler y otras feministas: el sujeto devendrá sujeto sexual según una designación anticipada que reside en la ideología y en la estructura familiar. Llega a ser —deviene— lo que *siempre ha sido*, pero por efecto del lugar que le ha sido asignado. Herculine, continuando con su ejemplo, no elige ser mujer u hombre, es designada o designado como tal; pero es la nominación posterior, lo que debe ser no siéndolo, lo que la destruye. Es como si el trayecto signado por los médicos le quitara su estatuto de sujeto y lo dejara sólo como individuo. Como *siempre-ya* sujeto, Herculine sólo podía ser mujer: fue lo que ya era por anticipado, en palabras de Althusser, y no podía ser otra cosa.

Ya en la conclusión de su trabajo, Althusser se refiere a la forma doblemente especular de la ideología.[30] Es un punto importante, pues este reflejo permitirá al sujeto constituirse en una relación de *sujeción* con el Sujeto Único y Absoluto,[31] a la vez que posibilitará la "intersubjetividad", por así decirlo, y la "interioridad" y la "conciencia". Será en un juego de reflejos como un sujeto adquirirá cierta subjetividad: luces proyectadas desde el Sujeto.[32]

Pero existe otro matiz que debemos considerar en esta exposición y que permite, también, entender por qué un llamado siempre tiene éxito, tal como lo hemos sostenido antes, relacionado con el carácter reiterativo sobre el que se sustenta la performatividad de género. Otra vez, así como en Austin y Butler, destacamos una línea posible de lectura, vinculada con la repetición y el ritual. Althusser afirma que la ideología tiene un funcionamiento material, sostenido en prácticas materiales de carácter ritual,

---

30 "Observamos que la estructura de toda ideología, al interpelar a los individuos como sujetos en nombre de un Sujeto Único y Absoluto es *especular*, es decir en forma de espejo, y *doblemente* especular: este redoblamiento especular es constitutivo de la ideología y asegura su funcionamiento" (*ibid.*: 76-77).

31 Notemos que este "Sujeto Único y Absoluto" es semejante al "Gran Otro" lacaniano, posibilitador y garante de un orden simbólico en cuyas redes se conforman los sujetos (no obstante, en Lacan la relación entre el sujeto y el Gran Otro es más ambivalente que en Althusser; véase Žižek, 2001, pp. 173-174, 350-351).

32 Althusser expone que la "estructura especular redoblada de la ideología" asegura a la vez: "*1)* la interpelación de los 'individuos' como sujetos; *2)* su sujeción al Sujeto ('no hay sujetos sino por y para su sujeción', dice en otra parte); *3)* el reconocimiento mutuo entre los sujetos y el Sujeto, y entre los sujetos mismos, y finalmente el reconocimiento del sujeto por él mismo; *4)* la garantía absoluta de que todo está bien como está y de que, con la condición de que los sujetos reconozcan lo que son y se conduzcan en consecuencia, todo irá bien" (*ibid.*: 77-78).

"prescribe prácticas rituales materiales reguladas por un ritual material" (*ibid.*: 63). Una visión como la de Althusser permite reconocer la cifra material de toda ideología, pero también de todo acto; las ideas mismas, las que rondan en el limbo de nuestra "espiritualidad" "*son actos materiales insertos en prácticas materiales, reguladas por rituales materiales definidos, a su vez, por el aparato ideológico material del que proceden las ideas de ese sujeto*" (*ibid.*: 61; las cursivas son del autor). Por un lado la materialidad de las ideas en tanto actos; por otro, su repetición en tanto prácticas rituales. Althusser indica que la ideología, que esconde su funcionamiento mismo como operación ideológica fundamental, se remite a actos; "nosotros hablamos de actos insertos en prácticas. Y destacamos que tales prácticas están reguladas por rituales en los cuales se inscriben" (*idem*). Destacamos, nosotros también, esa regulación ritual en la que se inscriben los actos en tanto prácticas materiales; es la relación de sometimiento que mantiene un acto (y una intención) con los actos pasados, en tanto reiteraciones de un discurso que dispone normas. La diferencia entre el acto y la práctica se fudamentaría en la sedimentación de reiteraciones que supone la segunda. He aquí la confusion que, observamos, afectaba a ciertos lectores de Butler: entienden actos cuando se habla de prácticas, suponen elecciones cuando se anotan repeticiones, avizoran una intención donde se urde una trama regulatoria.

¿Por qué juran los sujetos (o individuos) que enuncia Austin?, ¿por qué Jorge pudo decir que él no participaba en el juego, mientras el transeúnte de Althusser volteó cuando un policía lo llamó —"¡Eh, usted, oiga!"—? Ya sabemos que la ideología tiene como función interpelar a los individuos como *siempre-ya* sujetos. Pero la interpelación no es meramente abstracta; más bien, dice el filósofo francés, "*toda ideología interpela a los individuos concretos como sujetos concretos*, por el funcionamiento de la categoría de sujeto" (*ibid.*: 68; las cursivas son del autor). Cuando atendemos a individuos concretos, entonces podemos desbrozar en sus prácticas las tramas de una ideología, de actos repetidos en prácticas rituales, tanto en relación con otros (individuos o instituciones) como consigo mismos. Cada individuo concreto, en este marco, debe girar sobre sí, como parte de la sujeción a la que es sometido por la ideología, para constituirse en un *siempre-ya* sujeto: debe subjetivarse.

De todos modos, Jorge se niega o el transeúnte se vuelve, porque "participa de ciertas prácticas reguladas, que son las del aparato ideológico del cual "dependen" las ideas que él ha elegido libremente, con toda conciencia, en calidad de sujeto" (*ibid.*: 59). *El* acto de habla performativo —"juro", "lego", "bautizo"— es posible, en forma abstracta, por el funcionamiento material, práctico y ritual de la ideología; a la vez que *los* actos de habla performativos, enunciados y repetidos todos los días por individuos concretos (*siempre-ya* sujetos) son posibles por la participación de cada uno en prácticas reguladas, en repeticiones regladas de una ideología que interpela y convoca: "¡Eh, usted, oiga!"

SUBJETIVACIÓN Y CORPORALIDAD: LOS DISPOSITIVOS Y LOS TROPOS

¿Qué gira en el individuo cuando es llamado por un policía?; ¿da vuelta su cabeza, su imaginación, su moral o todo junto y a la vez? En Althusser y en Austin no sabemos si lo que sucede en el lenguaje ocurre también en el cuerpo. Si bien hay bocas que juran, brazos que lanzan botellas y que bautizan, cuerpos que giran; si bien hemos aludido a toda una corporalidad del funcionamiento del lenguaje, el cuerpo, no obstante, aparece como un residuo. Permite la teoría, pero mediante su desconocimiento. Tenemos una performatividad descarnada y una ideología sin huesos ni sudores.

¿Cómo evitar la elisión del cuerpo, a la vez que se atiende a la producción discursiva? Una teoría de la subjetivación necesita dilucidar tanto una dimensión corporal como otra discursiva. ¿Cómo evitar, a la vez, un pensamiento dicotómico que reproduce cierto binarismo y que diferencia de modo tajante el cuerpo del alma, la idea de la materia, el discurso de la corporalidad? Creo que la noción de *dispositivo*, que Foucault desarrolla, ofrece la posibilidad de mantener una distinción, eludiendo la dicotomía.[33] Es posible trazar una reflexión de imbricaciones y configuraciones que tal vez no esté totalmente lograda y acabada, pero que, al menos, no descarte con una mano al cuerpo mientras enuncia el discurso, y con la otra birle al género proclamando cuerpos. Dispositivo: forma histórica en la que se producen los cuerpos y los discursos, imbricándolos. Discurso de los cuerpos y corporalidad de los discursos. Hemos delimitado dos dispositivos relevantes para nuestro estudio. Dispositi-

---

33 Las *máquinas* deleuzianas posibilitarían una operación semejante. Tal vez habría que combinar las máquinas y los dispositivos.

vos discursivo corporales. No sólo performativos, no sólo ideológicos. Foucault los desarrolla en distintos momentos y en diversos trabajos. Son dispositivos de subjetivación, no estrictamente distintos. La disciplina y la sexualidad suponen una cierta política corporal, una dirección deseante, una conformación histórica de las subjetividades, una forma de actuación del poder. No obstante, son tecnológicamente distintas: la disciplina captura la superficie y genera conductas; la sexualidad esboza una profundidad e incita la imaginación. Son acciones a la vez que delimitaciones. Mapas y jaulas.

Los dispositivos mencionados permiten comprender la subjetivación no como un proceso familiar, psíquico e individual; la subjetivación remite, ante todo, a la producción social de las subjetividades; no la escena del diván, los sueños y las diminutas desgracias individuales; no el deseo por un lado y el poder por el otro. Cuando Deleuze y Guattari manifiestan que la sexualidad es un asunto de economía no sólo dicen que es necesario vincularla con ciertas relaciones económicas, sino que es preciso comprenderla como un producto social más, como otra relación social, y sacarla de las pudorosas alcobas o las sinuosas mentalidades.[34]

A su vez, los dispositivos permiten imbricar la corporalidad y la subjetivación. No es que haya cuerpo y sujeto, o sujeto y luego cuerpo. No es que uno y otro caminen por senderos distantes. Tampoco que uno y otro se remitan, que el sujeto "explique" el cuerpo o que el cuerpo dé cuenta del sujeto. Los dispositivos foucaultianos son formas tanto de subjetivación como de corporalidad; tecnologías para producir sujetos y cuerpos. O debiéramos decir sujetos/cuerpos, juntando las palabras que al separarse arrastran a las cosas. No es fácil eludir la distinción. Tampoco es fácil evitar otorgarle materialidad a los cuerpos y discurso a los sujetos. Foucault tensa la dicotomía: así como los sujetos son materiales, los cuerpos son discursivos. Y viceversa.

Cuando el transeúnte al que llama el policía se da vuelta —"se vuelve", dice Althusser— realiza la operación fundamental de la subjetivación: tornar sobre sí.[35] Antes de responder al llamado del otro, a su voz,

---

34 "Mientras nos contentemos con colocar paralelamente, por una parte, el dinero, el oro, el capital y el triángulo capitalista, y por otra parte, la libido, el ano, el falo y el triángulo familiar, nos entregaremos a un agradable pasatiempo" (Deleuze y Guattari, 1985: 31).

35 Es lo que, también, hace Jorge cuando lo invitan a participar en un juego y él se niega. Escucha la invitación, se da *vuelta* hacia quien lo llama, y luego rechaza el ofreci-

lo que hace es responder a *su* propia interpelación que, en tanto *siempre-ya* sujeto, lo conmina. Se da vuelta sobre sí y en esa *vuelta* se transforma en sujeto. Así lo indica Butler: la subjetivación es una vuelta sobre sí que inaugura al sujeto, pero mediante la sujeción. Alguien llama y alguien responde tornando la cabeza, prestando atención, aceptando la conminación que se le hace. Se vuelve y responde al poder. Subjetivación y sujeción en un mismo movimiento.

El sometimiento consistiría en una "dependencia fundamental ante un discurso que no hemos elegido", pero que nos constituye. En este sentido, Butler advierte que la *sujeción* es tanto el proceso de "devenir subordinado al poder", como el proceso mismo de "devenir sujeto". Entonces, al hablar de un sujeto que se "da vuelta" sobre sí, inaugurándose, propiciamos una ficción; en sentido estricto, no existe un sujeto previo a la misma vuelta que lo inaugura. Butler denomina a esto un "dilema tropológico": son necesarias ciertas figuras —*tropos*— para describir lo que no puede ser representado en un eje temporal o en una relación de causa y efecto.[36] Éste será un problema permanente en el estudio de la subjetivación, pues siempre estaremos obligados por un lenguaje que exige temporalidades y sucesiones analíticas. Tendremos un dilema sobre el *proceso* —el de subjetivación y sujeción— y otro sobre el *objeto* que resulta de él —que, paradójicamente, llamaremos sujeto.[37]

---

miento. No es la calidad de la respuesta —afirmativa o negativa—, sino el gesto mismo de tornarse el que sustenta la subjetivación.

36 "El sujeto —dicen Deleuze y Guattari— se extiende sobre el contorno cuyo centro abandonó el yo" (1985: 29).

37 Butler indica que la noción de "sujeto" se utiliza de modo indistinto junto con las de "persona" e "individuo". No obstante, advierte que se debe considerar al sujeto "como una categoría lingüística, un comodín, una estructura en formación" (Butler, 2001b: 21). De Lauretis observa que el sentido doble de la noción de sujeto nos remite a su sujeción ante las restricciones sociales, pero también a su apropiación y transformación de la cultura, "empeñado en la autodefinición y la autodeterminación" (1991a: 178). Así, podemos entender que su noción de *conciencia de sí*, sustentada las múltiples determinaciones que constituyen un sujeto, es también una vuelta sobre sí, pero en tanto sujeto social: "es una configuración particular de la subjetividad o de los límites subjetivos, que se produce en el punto de intersección entre el significado y la experiencia" (*ibid*.: 176).

DESEOS, FUERZAS Y MULTIPLICIDADES. EL DISPOSITIVO DISCIPLINARIO

Desde la publicación de *Vigilar y castigar* en 1975, hasta el primer tomo de la *Historia de la sexualidad. La voluntad de saber* en 1978, Foucault desarrolló su teoría de la sociedad disciplinaria, el poder disciplinario, las tecnologías de subjetivación, la normalización, el biopoder y la anatomo-política. Es todo un engranaje teórico que entre sus objetivos intenta dar cuenta de la emergencia de formas específicas de subjetividad en Europa a partir del siglo XVIII.[38] Es, también, un esfuerzo razonado para esbozar

[38] La discusión sobre la modernidad en América Latina, y en México particularmente, es muy amplia y aporta una serie de matices a lo que se debate sobre este tema en los países centrales (Brunner, 1992; García Canclini, 1995; Hopenhayn, 1994; Larraín, 2004; Mato, 1995; y Ottone, 2000). Muchos de los elementos que se ponen en liza tienden a cuestionar la pertinencia de utilizar las categorías que se elaboraron para examinar la modernidad occidental en un contexto como el latinoamericano. No pretendemos dar cuenta aquí de este debate, puesto que supera los objetivos de nuestro trabajo, pero creemos que es pertinente mencionarlo ante el posible cuestionamiento que se podría realizar al uso de la teoría foucaultiana del poder y la subjetivación para el estudio de un espacio como la cárcel en México. Argüimos, ante esta objeción, que los usos de un pensamiento deben abarcar tanto su rigurosidad como su modificación y su desplazamiento. A este tipo de uso apunta el mismo Foucault en un diálogo con Deleuze (1987). Exponen que sus trabajos deben considerarse —y la teoría en general— como una *caja de herramientas*, un lugar del que se pueden tomar ciertas cosas para pensar, pero que no exige la adherencia a un sistema; como una práctica en sí misma y no como la acción de una conciencia iluminada y abstracta, desarraigada de la trama misma de relaciones sociales y de poder que se intenta diferenciar y dilucidar.

Por otra parte, las instituciones que se crearon en la Europa de los siglos XVIII y XIX y que estudió Foucault fueron traspasadas a América Latina; una historia que es un intento por seguir el curso de una modernidad deseada, y también una adaptación a las realidades locales (Aguirre y Buffington, 2000; Buffington, 2001; Padilla, 2001 y 1995; Salvatore y Aguirre, 1996). Las cárceles que hoy conocemos funcionan aún según el modelo europeo decimonónico, al que se suma la influencia de la experiencia penitenciaria estadunidense. El sistema penal opera, todavía, según condenas privativas de libertad, y los objetivos del sistema penitenciario tienden, formalmente, a la corrección de los individuos que le son encargados y su reintegración a la sociedad con la que están en pleito (Foucault, 2003). Incluso, el debate actual sobre estos temas entre los especialistas gira en torno a una mentada *crisis de la prisión* (aquella prisión que Foucault analiza en *Vigilar y castigar*). Entre otras razones se esgrimen el fracaso de los objetivos resocializadores de la institución, sus efectos estigmatizantes para los individuos que la viven, su carácter reproductor de la subcultura delictiva, la relación costo beneficio, la reincidencia, el aumento sostenido de la población carcelaria y su hacinamiento, la violencia endémica en el interior de los penales, y la corrupción de su administración (Carranza, 1995; Rodríguez, 1998; Roldán y Hernández, 1999; Zaffaroni, 1995).

una analítica del poder que permita entender su funcionamiento contemporáneo y sus características específicas.[39]

Foucault denomina "disciplinas" a aquellos métodos "que permiten el control minucioso de las operaciones del cuerpo, que garantizan la sujeción constante de sus fuerzas y las imponen en una relación de docilidad-utilidad" (Foucault, 2003: 141). Como dijimos, según el autor se produce un cambio en el funcionamiento del poder, que abandona la *soberanía* en pos de la *microfísica*, y que opera una transformación en las formas de individualización y subjetivación. Las disciplinas marcan el momento, explica Foucault, de inversión del "eje político de la individualización", cuyo funcionamiento es ahora "descendente" (Foucault, 2003). Refiere un tipo de poder "disciplinario" cuyo objetivo es "producir un ser humano que pudiera ser tratado como 'cuerpo dócil'". Es un poder capilar, que "encuentra el núcleo mismo de los individuos, alcanza su cuerpo, se inserta en sus gestos, sus actitudes, sus discursos, su aprendizaje, su vida cotidiana" (Foucault, 1987: 97). Como el Dios de Giordano Bruno, el poder se encuentra *más adentro* del sujeto que el sujeto mismo; es su última estancia, por así decirlo. Si bien ya no se ejerce de modo externo, lo ciñe todo en su funcionamiento. Foucault rompe con una visión mecánica del poder y esgrime otra que podríamos llamar fluida: el poder no aplasta, concita; no está *fuera*, sino *dentro*; no obliga, incita. Tal vez en este modelo la interpelación ya no sea necesaria como escena, pues la direccionalidad que supone Althusser está suspendida, esa relación binaria y jerárquica que se establece en medio del ajetreo de una calle. Nadie llama ni nadie responde en esta otra escena; hay incitaciones pequeñas, fuerzas que se acomodan, deseos que se programan. Redes, conexiones, tramas, formas livianas y precisas, en vez de máquinas, estructuras y aparatos.

En otro momento Foucault advierte que las disciplinas tienen su discurso, que son productoras de saber y que "definirán un código que no será el de la ley sino el de la normalización" (Foucault, 1987). Asimismo,

---

[39] Entretanto Foucault dicta sus cursos anuales en el Collège de France; de ellos están editados los que expuso entre los años 1974 y 1975 —"Los anormales"—, 1975-1976 —"Defender la sociedad"—, y entre 1980 y 1981 —"La hermenéutica del sujeto"—. En dichos cursos Foucault realizó una detallada labor de análisis y de presentación de sus ideas, que se centraban en ese momento en la constitución del sujeto. Dirá luego, casi al final de su trabajo, que su preocupación fundamental había sido el sujeto, antes que el poder y cualquier otro concepto o tema (Foucault, 1988).

como observan Dreyfus y Rabinow, "la 'disciplina' no es la expresión de un 'tipo ideal' (el del 'hombre disciplinado'); es la generalización y la conexión de técnicas diferentes que son ellas mismas respuestas a objetivos locales (el aprendizaje escolar, la formación de tropas capaces de manejar un fusil)" (1988: 153). Por eso no constituyen un nuevo sistema de determinaciones ni una interpretación racional y totalizadora. En algún sentido las disciplinas sólo son efectos, locales y específicos. Asimismo, Foucault piensa que las disciplinas son "bloques" que articulan tres campos diferenciados: las relaciones de poder, las relaciones de comunicación y las capacidades objetivas —traslapadas, apoyadas recíprocamente— que constituyen "sistemas regulados y concertados" (Foucault, 1988: 236-237). En este sentido la disciplina es una técnica y no una institución; es un procedimiento y no una estructura. Esto le permite "colonizar" e "investir" las antiguas formas de poder existentes "extendiendo su dominio, aumentando su eficacia, y, sobre todo, permitiendo conducir los efectos de poder hasta los elementos más sutiles y más lejanos" (Dreyfus y Rabinow, 1988: 173). ¿Elementos sutiles y lejanos? Indiquemos, tan sutiles y lejanos como la subjetividad misma. Otro laberinto: tenemos núcleos, identidades y cuerpos, pero también *hilvanados*, multiplicidades, gestos. Líneas ascendentes y descendentes, docilidades y resistencias. Un camino que conduce hacia elementos sutiles y lejanos, como el hilo —*hilvanado*, ha dicho Foucault— de Ariadna que permitía llegar al centro del laberinto, donde estaba el monstruo amenazante; salvo una pequeña variación, puesto que en este recinto no hay centro posible, ni hilo que conduzca hasta él. Sólo hay pasillos, puertas y esquinas, variaciones infinitas de una misma monotonía.

No obstante, si bien las disciplinas son una técnica, su operación requiere, o permite, instituciones nuevas. Una de ellas, la cárcel —matriz de todas las disciplinas modernas—, que inaugura una "materialidad completamente distinta, una física del poder completamente distinta, una manera de dominar el cuerpo de los condenados completamente distinta" (Foucault, 2003: 119). Recuérdese el célebre pasaje que cita Foucault al principio de *Vigilar y castigar*, los 18 días que duró el suplicio de Demiens, un regicida francés, la exhibición pública de sus dolores y torturas; el teatro magnífico del poder que respondía así al desafío lanzado por uno de sus súbditos. Todo eso desaparece entrado el siglo XIX, y las penas se dirimen tras recintos cerrados por cierta cantidad de tiempo, con un fin moralizador y transformador. El teatro al aire libre da paso a los edificios herméticos; la tortura al castigo minúsculo pero constante, al control detallado y preciso; el espectáculo al afán reformador.

La cárcel es una solución entre el espacio, el cuerpo y el tiempo. Distribuye los cuerpos en un espacio determinado, de modo específico y durante cierto tiempo. Asimismo atiende las individualidades de un modo extraño: grandes instituciones que aglomeran a gran cantidad de individuos, podría decirse, a una masa. Pero las disciplinas son técnicas individualizantes, formas específicas de un poder (*ibid.*: 175). A su vez, la pena tiene una duración porque la ordena un objetivo: la corrección. Ya no se trata de un encierro indefinido, sino de uno preciso que organiza sus resultados con antelación. Por lo mismo, debe operar tanto sobre la masa como sobre los individuos. Observa Foucault que las instituciones disciplinarias son herederas de la transformación de los leprosos en "apestados", mutación que dio origen a las dos formas de control individual propias de dichas instituciones.[40] Por un lado, la división binaria y la marcación ("loco-no loco, peligroso-inofensivo, normal-anormal"); por el otro, la asignación coercitiva, la distribución diferencial ("quién es; dónde debe estar; por qué caracterizarlo, cómo reconocerlo, cómo ejercer sobre él, de manera individual, una vigilancia constante..."). Por un lado, los colectivos y sus clasificaciones; por otro, los individuos y sus disposiciones, sus señas y sus destinos (*ibid.*: 202-203).

SABER QUIÉNES SOMOS. EL DISPOSITIVO DE LA SEXUALIDAD

Si bien las disciplinas no se pueden identificar con una institución ni con un aparato, pueden leerse como una serie de efectos diversos, difuminados y específicos. La disciplina tiende a una sujeción no necesariamente violenta, que no será exterior al sujeto mismo, sino a una sujeción "interior", que opere con independencia de cualquier dispositivo particular. ¿Qué tipo de dispositivo sería ése que permitiera al poder actuar sin amenazas, producir antes que prohibir, incitar antes que eliminar?

---

[40] "En el fondo, el reemplazo del modelo de la lepra por el modelo de la peste corresponde a un proceso histórico muy importante que, en una palabra, yo llamaría la invención de las tecnologías positivas del poder [...] Pasamos de una tecnología que expulsa, excluye, prohíbe, margina y reprime, a un poder que es por fin un poder positivo, un poder que fabrica, que observa, un poder que sabe y se multiplica a partir de sus propios efectos" (Foucault, 2002a: 55).

Tendría que ser uno que respondiera la pregunta: ¿quiénes somos?, que dirimiera una subjetividad en su propio funcionamiento, que la delineara. Un dispositivo como éste es el que Foucault analiza en su *Historia de la sexualidad*. Gran aparato de subjetivación, gran diagrama de los cuerpos y de los deseos, gran máquina de distribución y atribución.[41] Podemos preguntar: ¿cómo llegó a vincularse la identidad con el cuerpo, el deseo, las pequeñas manías, las costumbres, los desvaríos, los órganos, las alianzas y los destinos?; ¿por qué todo lo que en otros tiempos pudo estar disperso hoy se aglutina en torno al talismán sexual? Lo vimos, un dispositivo es una forma de conducir los efectos del poder hasta los elementos "sutiles y lejanos", aumentando su eficacia y su productividad mediante "una intensificación de los poderes, con una multiplicación de los deseos" (Foucault, 1989: 40).

La imbricación de la subjetividad y el poder permitirá estudiar las formas específicas de subjetivación que han elaborado las sociedades modernas. Estas formas responden a tecnologías disciplinarias particulares, locales y diversas; sus presas y bazas finales son el cuerpo y la población: para uno la *anátomo-política*, para la otra el *bio-poder*. Ya hemos mencionado que no se trata, ante todo, de un poder que prohíba, sino de uno que incita y produce. Tampoco de un poder abstracto, que sólo se extienda por estructuras y aparatos, y que no se intercepte con el cuerpo y no tenga, él mismo, una dimensión corporal, un decurso físico. La *anátomo-política* y el *bio-poder*, especificaciones del poder que Foucault describe, no se remiten sólo a las conciencias, sino que atraviesan el cuerpo mismo de los sujetos, atendiendo a sus gestos y a sus inclinaciones: "nada es más natural, más *físico*, más *corporal* que el ejercicio del poder" (Foucault, 1987: 113; las cursivas son nuestras). Cuerpos que son sometidos a ciertos regímenes de verdad, no sólo sobre el sexo, sino sobre sí mismos. Verdad estricta de la carne que debe ser develada mediante el escalpelo de los médicos. Cuerpos, pero también almas, juntas por la determinación biológica y anatómica del sexo y por la insistencia minuciosa sobre los hábitos y las elecciones. Juntos de manera contingente, de forma histórica.

41 Refiere Foucault que la sexualidad fue importante para el despliegue de las técnicas disciplinarias porque agrupaba, por un lado, los procesos corporales a los que atiende la *anátomo-política* y, por otro, a las poblaciones que interesaban al *bio-poder*: "La sexualidad, dice, está exactamente en la encrucijada entre cuerpo y población" (Foucault, 2002b: 227).

Foucault explica que en este desplazamiento de lo que el llama "poder soberano" a lo que denomina "poder microfísico" (2002b) se experimenta un cambio histórico en las formas de constitución de la individualidad: de los mecanismos histórico-rituales se pasa a otros científico-técnicos (Foucault, 2003). El poder producirá, en su operación, al sujeto mismo: "[E]l individuo, con sus características, su identidad, en su hilvanado consigo mismo, es el producto de una relación de poder que se ejerce sobre los cuerpos, las multiplicidades, los movimientos, los deseos, las fuerzas" (Foucault, 1987: 129). Atendamos a que el poder generaría tanto especificidades —cuerpos, multiplicidades, movimientos— como totalidades —una identidad, un *hilvanado*, un sí mismo—. Dispersa y atomiza, así como condensa y aglutina. Produce partes y todos, secciones y estructuras. Los resultados del poder son diversos: así como genera cuerpos y subjetividades, también incita deseos, concita movimientos y propicia fuerzas. Al lado de la identidad, en Foucault, yacen las multiplicidades; junto con el sí mismo, los deseos. Pero notemos que el poder opera primero sobre las multiplicidades, los deseos y las fuerzas para conseguir identidad e *hilvanado*. Propicia partes, se ejerce sobre ellas para suscitar totalidades y engranajes. Poder, de este modo, molecular, como observan Deleuze y Guattari (1988; 1985). El poder que Foucault describe es anterior a la constitución de la *máscara*, en términos genealógicos; del mismo modo, no pretende constituir un "sistema de determinaciones" que entregue una "interpretación racional" y que implique relaciones de causa y efecto (Chartier, 1998). No dará una nueva prelación y nuevas determinaciones a lo que no puede o no debe tenerlas. No basta con enunciar multiplicidades para que las relaciones entre causa y efecto, las precedencias y las obligaciones, dejen de ordenar.

En particular, el dispositivo de la sexualidad opera mediante la vinculación del sujeto con la verdad. Lo mencionamos antes: se trata del *sexo verdadero* como forma de ligar la subjetividad con la verdad y la anatomía con el destino. Por esto, el dispositivo de la sexualidad no excluye al sexo, no lo conmina a permanecer en un territorio salvaje y lejano, sino que lo incorpora y lo somete a "una red sutil de discursos, de saberes, de placeres, de poderes" (*ibid.*: 91).[42] El dispositivo implanta

---

42 Por eso Foucault rechaza la *hipótesis represiva*, como la denomina, porque el sexo no ha sido, ante todo, prohibido o excluido, sino incitado y concitado. Si se le reprime es para que hable, no para que calle ni para que desaparezca. Lo que ha marcado la relación

el sexo en lo real, conminándolo a decir la verdad, dice Foucault; a él le preguntamos la verdad sobre nosotros mismos, agrega (96). El sexo es el punto por el que debemos pasar "para alcanzar nuestra propia inteligibilidad" (189). Pero no creamos que el sexo nos dice la "verdad" porque sea lo más real del dispositivo. Al contrario, el sexo sería, según Foucault, el elemento más "especulativo", el más ideal y también el más "interior".[43] Este carácter especulativo permite al dispositivo de la sexualidad realizar tres operaciones fundamentales: reunir elementos heterogéneos y dispersos en una "unidad artificial"; trazar una línea entre el saber sobre la sexualidad humana y las ciencias biológicas de la reproducción, dada esta entidad unitaria llamada sexo que vincula anatomías con disposiones, falta con exceso, instinto y significación. Por último, permite efectuar una operación capital: "invertir la representación de las relaciones del poder con la sexualidad", de modo que ésta aparezca como "una instancia específica e irreductible que el poder intenta dominar como puede" (*ibid.*: 188).

¿TIENE CUERPO EL GÉNERO?, ¿TIENE SEXO EL ALMA?

Un panel de médicos se acerca al cuerpo de Herculine Barbin; lo miran, lo revisan, lo palpan, ven sus partes; tratan de discernir su sexo —¿es hombre o es mujer?—. Discuten, polemizan, razonan y dictaminan: aquel que creímos mujer es, y siempre lo fue, un hombre. ¿Qué han leído?, ¿qué vieron cuando auscultaron el cuerpo de Herculine?, ¿qué les dijo la carne que no les podía contar el espíritu? Vieron lo que podían ver; éste es el punto de Butler (y de otras autoras, por cierto): dicen que en la anatomía encontraron la verdad del alma, pero estaba antes dispuesta en los ojos, en el *degradé* de la mirada. Discernieron, cortaron la carne con los escalpelos de una ideología, con los elegantes cuchillos de una cultura y de una moral. Diremos: los médicos crearon en Herculine un sexo, pero le

---

con la sexualidad en los últimos dos siglos ha sido un incesante parloteo en torno al sexo; incluso cuando se reclama su liberación o se denuncia su represión.

43 "El sexo, esa instancia que parece dominarnos y ese secreto que nos parece subyacente en todo lo que somos, ese punto que nos fascina por el poder que manifiesta y el sentido que esconde, al que pedimos que nos revele lo que somos y nos libere de lo que nos define, el sexo, fuera de duda, no es sino un punto ideal vuelto necesario por el dispositivo de la sexualidad y su funcionamiento" (Foucault, 1989: 188).

restaron un género. Con las impecables palabras de su profesión realizaron un "cambio de sexo". Vieron género, pero lo llamaron "sexo". Proclamaron su verdad sobre el incierto modo de los cuerpos. La respuesta que los médicos esbozaron no estaba en el cuerpo de Herculine, sino en sus propios discursos; hicieron transitar la anatomía desdichada de la hermafrodita hasta sus propias inteligibilidades, hasta su propia verdad sostenida, especulativamente, en el "sexo verdadero".

Una técnica corporal que posibilite una individualidad, el anonimato del poder que enuncia Foucault, se despliega mediante una acentuación de aquello que se estima constituye y delimita a los individuos. Las tecnologías de subjetivación conforman un cuerpo intensamente individualizado, sustentan un teatro del yo que permite su despliegue. La oscura semiótica de lo que consideramos "alguien", de lo que imaginamos es un "cuerpo". Pero no se busca producir cualquier sujeto: no es lo mismo incitar mujeres que posibilitar hombres. Las tecnologías deben comprenderse diferenciadamente en su operación misma. En algún libro Foucault las denomina "tecnologías del yo". Coexisten con las tecnologías de producción, de sistemas de signos y de poder. Su particularidad es que permiten a los sujetos "realizar cierto número de operaciones sobre su cuerpo y su alma, pensamientos, conducta, o cualquier forma de ser, obteniendo así una transformación de sí mismos" (1990: 48). Repitamos, "cierto número de operaciones". La pregunta es: ¿Qué tipo de operaciones, sobre el cuerpo y el alma, hará un sujeto *mujer* o uno *hombre*?; ¿qué operaciones llevarán a un individuo por los intrincados laberintos hasta denominarse *mujer* u *hombre*?; ¿cuáles otras le permitirán enunciarse como *heterosexual* u *homosexual*, entre un abanico de posibilidades? Es necesario esbozar una trama genérica y sexual para la producción histórica de las subjetividades; debatir las palabras de Rubin cuando indica que una mujer es una mujer sólo en determinadas relaciones sociales; así lo mismo con un hombre. Tal como el esclavo de Marx. El poder incitador del que habla Foucault, productor de efectos, generador de actitudes, tendrá señas específicas en cuanto al género. La pretendida *docilidad de los cuerpos* no será equivalente para hombres y mujeres; a unos y a otras se les pide, se les conmina a cierta docilidad y a determinada prestancia.

No sabemos cuánto cuerpo tiene el género ni cuánto sexo tiene el alma. La performatividad que analizamos antes puede eludir la boca que enuncia las palabras y atender sólo al decir des-carnado. Ya lo vimos. Un problema semejante afectó a la primera formulación de la performatividad de género que elaboró Butler en *Género en disputa*. Luego, recapituló algunas ideas y escribió *Cuerpos que importan* (2002a). Agobiada por la materialidad de los cuerpos, Butler regresa sobre sus ideas y las medita a la luz de su estatuto paradójico y vacilante. Otra vez el género y el sexo, como un acertijo funesto que no puede ser resuelto. El cuerpo, la discreta verdad de las anatomías, la secreta prestancia de las formas. Los discursos, el fragor material de las palabras, las batallas cotidianas de los sentidos.

No se avizoran un acuerdo ni una solución fácil a estos problemas: ¿cuál es el estatuto del cuerpo?, ¿cómo se vinculan la subjetivación y la sujeción?, ¿cuál es la relación de ambas con la corporalidad? Hay muchos callejones sin salida y falsas direcciones. Tampoco se necesita un acuerdo ni es perentoria la verdad. Pero sí es necesario, nos parece, comprender que un pensamiento binario no sólo separa el cuerpo del alma, así como el sujeto y el objeto. También nos conduce por sinuosos caminos hasta parajes más confusos. Cuerpos que son discursivamente materiales, por ejemplo. Tautología y reiteración. Subjetividades que son corporalmente discursivas. *Idem*. Nosotros seguiremos una pista. No hay certeza de que sea la correcta ni pretendemos que lo sea. Sirve para probar determinadas estrategias y luego refinarlas o desecharlas. Reiteramos la pregunta: ¿tiene sexo el alma?, ¿tiene cuerpo el género? Veamos.

II. TIEMPO, ESPACIO Y PODER: EL ORDEN SOCIAL CARCELARIO

Dada la tensión entre significados y prácticas, entre lo que se dice y lo que se hace, para el análisis del tema central de este libro —la masculinidad, leída como una forma específica de subjetivación que sucede en una institución disciplinaria particular como la cárcel— hemos recurrido a dos estrategias diferenciadas. La primera es directa y corresponde a un abordaje de los significados que los internos construyen sobre la masculinidad, el ser hombre y la hombría, entre otros temas. La otra es indirecta y se centra en el ejercicio de dicha masculinidad en una multiplicidad de prácticas y relaciones sociales. De este modo abarcamos las formas de vida que establecen los internos dentro del Reclusorio, las relaciones que construyen, las diferentes identidades que se pueden distinguir. Hemos atendido también a las rutinas que estructuran la vida cotidiana, a los deberes que se asignan o que les son asignados a los internos. Nos detendremos en los contextos que ordenan las relaciones y en los principales factores organizadores de la experiencia carcelaria. Asimismo, en otros apartados hemos atendido a las formas en que se vive y se construye la sexualidad en la cárcel, sus diferentes ámbitos de realización y los sujetos involucrados.

En las secciones que presentamos a continuación hemos utilizado extensamente el material transcrito de las entrevistas. Corresponde a un discurso hablado y muestra en su transcripción las características de la oralidad: vacilaciones, repeticiones, cacofonías; así mismo, el lenguaje que emplean los entrevistados es idiosincrático en muchos de sus aspectos, por lo cual se encontrarán términos del argot carcelario o del habla popular mexicana, al menos de la zona central del país. Por otra parte, hemos utilizado citas de extensión variable, según lo ameritara el análisis, de ahí que cuando lo creímos conveniente mantuvimos algunas citas bastante extensas de modo íntegro.

EL INCESANTE RUMOR DE LAS CÁRCELES

El Reclusorio Preventivo Varonil Norte es uno de los principales penales del país y uno de los mayores de América Latina. Se ubica en la parte norte del Distrito Federal, en la colonia Cuautepec Barrio Bajo. Ocupa un amplio espacio en los deslindes de la ciudad; está a los pies de las colinas que marcan el límite del Distrito y casi al final de los asentamientos que integran la ciudad. Se halla en una colonia popular. El Reclusorio se construyó antes de que se edificaran las casas, se establecieran los comercios y se trazaran las calles, producto de la migración del interior del país a la capital (extraña intersección entre una cárcel y la búsqueda de una vida mejor; entre la pobreza y el encierro). Es un edificio macizo que cubre toda una manzana, con paredes altas y cerradas; entre las colinas y en medio de una explanada que sirve de estacionamiento. Especie de fortaleza aciaga.

Llegué a este lugar en forma casual. Una destacada investigadora mexicana dedicada a temas de delincuencia y encierro me recomendó que conversara con la entonces directora del penal, interesada en temas de género como los que yo quería investigar. La llamé desde un teléfono público y me dio una cita. Primer viaje de muchos que realizaría a través de la ciudad desde el sur, donde vivía, hasta el norte, territorio desconocido en ese entonces para mí. Viaje en muchos sentidos: viaje por un país en el que vivía desde hace menos de un año, viaje por una ciudad que parece, a ratos, infinita, viaje hasta mis propias intenciones. Trayecto hasta una institución y sus procedimientos: mostrar una identificación en la entrada, anotarse en un registro, pasar unas rejas, ir hasta un mostrador y abrir la mochila para que la revisen —no se permiten objetos electrónicos ni magnéticos—, entregar una carta permiso para pasar con una grabadora magnetofónica marca Sony. Dejar la mochila, ir hasta un puesto de guardias, pasar a un pequeño cuarto para ser revisado —no se aceptan identificaciones en la cartera—. Recoger la mochila, caminar por unas estancias vacías, luego un pasillo con rejas, otro mostrador con guardias: "su identificación" —un documento migratorio de color verde—, el guardia mira la foto y la compara con mi cara. Me entregan una ficha y sigo. Subo unas escaleras, otro puesto de guardia. Digo adónde voy y entro al edificio de gobierno del Reclusorio; un recinto parecido a tantos otros edificios públicos: de dos pisos, ancho, pintado de blanco, con puertas de vidrio. Primer rumor de la cárcel. Hasta ahora todos los individuos que observé vestían de negro, pero al entrar al edificio pululan otros vestidos de color beige o crema. A un costado un pasillo, varios escritorios, señoras detrás de máquinas de escribir, muchachos jóvenes con ropa color crema que hojean unos legajos y anotan en cuadernos. Gente sentada en unas bancas. Gente que va de un lado a otro, hacia oficinas que no alcanzo a divisar. En medio del edificio un pequeño jardín, otras puertas. Detrás de una pared de vidrio, una larga fila de internos (luego supe que tenían cita con sus abogados). Gritos: el rumor permanente de la cárcel. En otra esquina, un puesto donde venden café y pasteles atendido por tres internos. Me acerco a la secretaria y le digo los motivos de mi visita, tomo asiento como lo haré otras tantas veces en los bancos del pasillo y espero. Miro, sigue pasando gente vestida de color crema, unos muy jóvenes que transformaron el uniforme en una teñida rapera, otros mayores muy pulcros, algunos con la ropa raída o sucia. Una semiótica temprana de la propia cárcel.

Me recibe la directora, le cuento mis motivos. Me indica qué debo hacer para pedir permiso. Me presta su apoyo. Me recomienda bibliografía. Me relata su experiencia como directora de una cárcel. Me marcho contento por los resultados. Debo preparar cartas y peticiones. Al poco tiempo me entrevisto con un funcionario de la Dirección General de Prevención y Readaptación Social del Gobierno del Distrito Federal. Lleva mucho tiempo trabajando en el rubro y conoce todas las cárceles de la ciudad. Me habla extensamente de la vida en el interior de los penales. Escucho por primera vez un argot que luego se repetirá insistentemente durante las entrevistas: *mamás*, *monstruos*, *borregas*, *fajinas*... Me indica los trámites que debo realizar. A las dos semanas, luego de cumplir con éstos, tengo una autorización para entrevistar a 15 internos y para *ingresar* una grabadora marca Sony. Es mi capital.

Empieza la parte más interesante. No conozco a nadie en la cárcel, el país en el que estoy me es extraño en muchos aspectos. El viaje hasta la cárcel es largo y agotador. Debo ser prudente con las energías y los movimientos. Regreso el día estipulado en la autorización para empezar con las entrevistas. Hablo nuevamente con la directora y me dice que todavía no está habilitado el Salón Verde que me facilitarán para hacerlas. Salón Verde, pienso, como las estancias de algún hotel. Lo desconozco. Me dice que puedo hacer un recorrido por la cárcel y le pide a un guardia que me acompañe. Partimos, cruzando puertas, hasta el *kilómetro,* un pasillo que une los diferentes dormitorios del recinto y que mide exactamente 1000 metros: un kilómetro. Es un largo paseo peatonal por el que camina mucha gente, unos lentamente, otros de prisa. Algunos están parados en las orillas de este camino. Pienso que *camino* tiene un sentido escatológico que tal vez se pueda aplicar a este tramo de cemento y rejas. Otros tienen pequeños puestos en el suelo con comida o artículos de aseo. Siempre me llamó la atención la facilidad con que todo se transforma en mercado en este país, la capacidad de la gente para ocupar ciertos espacios con comida, objetos y música. No será este lugar la excepción. Un kilómetro, un tianguis.

El guardia, un señor algo gordo vestido de negro, me explica que la cárcel se divide en dormitorios y cada dormitorio en celdas. La arquitectura de este lugar es la de un panal muy grande con muchas pequeñas habitaciones-celdas. Los internos se distribuyen en los dormitorios según su clasificación en el Centro de Observación y Clasificación (en adelante COC). En unos se agrupan los reincidentes peligrosos, en otro los primerizos, en el de más allá los licenciados y los funcionarios públicos (que son una multitud en esta cárcel). Por ahí, quienes pasaron por las correccionales de menores, conocidos como *corregendos*. Anexo 5: homosexuales, adultos mayores, indígenas y discapacitados. El jardín de las especies con sus ramas y sus derivaciones. Entramos a un dormitorio; el olor a excremento y basura es penetrante: por unas canaletas al borde de la pared corre agua sucia. Largos pasillos y puertas abiertas. Ropa colgada. Olor a comida. Gente apoyada en las paredes. El guardia se acerca a una celda y detrás de la ropa tendida y de unas mantas aparecen varios internos. Pregunta cuántos viven y los interrogados llaman a alguien que tarda en llegar; cuando arriba le pregunta quién es la *mamá*[44] y él dice que no hay *ninguna* en esa celda porque *todos son iguales*. Nos alejamos; el guardia me aclara que el interno al que llamaron, y que respondió a las preguntas, ése era la *mamá*. Es como el representante de la celda, me cuenta. Salimos, otro dormitorio, esta vez más limpio, ropa colgada, gente apoyada en las paredes. El incesante rumor de la cárcel. Se acerca a una celda y repite la pregunta, sale un muchacho de unos 25 años y nos dice que nadie está a cargo de esa celda y que *todos son iguales*. Me

---

44 *Mamá* se le llama al individuo que tiene una posición de mando en una celda. Es quien ordena las tareas, resuelve los conflictos y toma las decisiones relevantes en la convivencia cotidiana. Habitualmente la *mamá* es el interno más antiguo en una celda, y en caso de que se marche lo sucede quien le sigue en orden de antigüedad. Esto se analiza con más detalle en otro capítulo.

quedo pensando en esa insistencia en la igualdad de todos. El guardia me vuelve a aclarar que el muchacho que se adelantó cuando llegamos era la *mamá* de la celda. Más dormitorios, más celdas, otras preguntas y más igualdad. Otra vez el guardia.

Luego vamos hasta los talleres donde fabrican cuadros y rejas o elaboran papel. Hay tornos, máquinas, sierras, cables. Poca gente dentro, mucha fuera. Un pequeño distrito industrial sin obreros a esa hora. Luego, la escuela y las cocinas. La panadería, la bodega. De regreso al *kilómetro*. He visto varios cientos de internos durante este rato. Algunos van pausadamente, otros caminan como si fueran hacia el lugar o el momento más importante de sus vidas. Muchos están parados y hablan de un modo particular entre ellos: de forma lateral, sin mirarse ni tocarse, pero muy cerca unos de otros. Una intimidad solapada. Vamos hasta el recinto de las visitas (se me autorizaron los días contrarios a los de visita, porque nadie estaría dispuesto a aceptar una entrevista en un día así). Luego, al de las "visitas conyugales": un pequeño hotel en medio de la cárcel. Una cama, ventanas oscuras, un baño. Ese día todo está vacío.

Vamos hacia la salida. Han transcurrido más de dos horas. El guardia se despide de mí y me dice que si necesito algo le pregunte. Todos somos iguales. Me marcho.

Al siguiente día ya pude entrevistar. La directora le encarga a un técnico[45] que busque a los posibles entrevistados. Me pregunta qué tipo de interno "necesito" y le refiero algunas características que me interesan. Va hasta la guardia y habla con alguien. Subo al Salón Verde, una sala derruida con una mesa larga de madera y algunas sillas. Ventanas al fondo por las que se ve el *kilómetro*, el COC. Se escucha el incesante rumor de la cárcel. Pasan 20 minutos y llega un guardia con cinco internos. Les hablo a todos acerca de mis propósitos y les digo que necesito entrevistar a uno. Están un rato en silencio, luego alguien acepta. Esto se repetirá cinco veces. Las otras, buscarán a un interno en particular. Se correrá la voz. Yo le pediré a mis entrevistados que me recomienden a otro. A alguno lo abordaré conversando en el pasillo, mientras espero que me dejen pasar al Salón Verde. Todos somos iguales.

Luego el Salón Verde fue ocupado por otras visitas. Los *técnicos*, me dicen. Debo hacerme de una mesa y unas sillas. Las ponemos en el pasillo que conduce al archivo del Reclusorio. Un comedor improvisado que con-

---

45 Los técnicos son funcionarios que cumplen labores de clasificación y rehabilitación dentro del penal.

seguimos en un pequeño restaurante que está en el mismo piso. Lo carga algún interno. Cinco pesos de recompensa. Creo que nunca había dado tanto dinero como en esos días de entrevista: pesos a algunos guardias, pesos a algunos internos. No hay mucha diferencia. Intentan venderme imágenes de la Virgen de Guadalupe talladas en unas plantillas de zapatos, costureros, rosarios, cajitas de madera con rosas de plástico pegadas en la tapa. El tianguis me sigue por donde vaya. Extraña intersección entre la mendicidad y el regateo. Una vez puesto el comedor en su pasillo, bajo a comprar café o refrescos al pequeño comercio que está en la planta baja. Dispongo mis cosas en la mesa: grabadora, un cuaderno, casetes. Ya no me podré mover, porque me han advertido que aquí todo "desaparece" y que será mi responsabilidad. Al final de cuentas, esto es una cárcel.

En algún momento llega el entrevistado. Le explico mis razones y le pregunto si está de acuerdo. En caso afirmativo, le entrego una hoja para que dé su "consentimiento informado". Hubo quienes creyeron que era integrante de alguna organización de derechos humanos o que era "licenciado".[46] Tuve que explicarles mis motivos y quién era para que no esperaran nada distinto a una entrevista. Algunos me llevaron papeles que leí: citaciones, arraigos. También les explicaba que yo sólo quería hacer una entrevista. Era una posición extraña y tal vez incómoda: estaba sentado en un pasillo, en una silla de plástico, con una grabadora y venía gente que no había visto antes. Además, escuchaban mi acento extranjero. Me decían *licenciado*. Les hacía firmar un documento. Preguntaba cosas en forma muy directa; tal vez cuestionaba sobre asuntos de los que no se habla públicamente. Y, para sumar estigmas, grababa todo. Tuve que insistir reiteradamente en que la conversación era confidencial, que el material no lo conocerían las autoridades, que no llevaría sus nombres. Los 15 entrevistados confiaron en todo lo que les dije, que además he respetado y respetaré estrictamente, pero no sé por qué lo hicieron. No fue por mi simpatía ni por amor a la academia y sus reclamos. Mi sensación es que la entrevista les brindó una oportunidad para hablar sobre lo que no le interesa a nadie y de lo que no se pregunta habitualmente. Era un momento de cierta intimidad en el abarrotamiento de la cárcel. Era también una oportunidad para ser escuchados. Finalmente, yo casi no hablaba, apenas decía nada; preguntaba de vez en cuando y seguía atentamente lo que me iban contando. Me detenía en ciertas palabras. Retomaba lo que ellos decían.

---

46 *Licenciado* se le dice a un abogado.

A los (o las) dos entrevistados que se definían como travestis les pregunté si querían que los tratara con su nombre femenino o masculino. Ambos prefirieron que los llamara por su nombre de mujer y así lo hice. Lejos de las sofisticaciones teóricas, el mundo parecía más variado de lo que hemos sido capaces de pensar —al menos de lo que yo he sido capaz—, lleno de matices tan valiosos como los contrastes. Luego, a lo largo de las entrevistas, reafirmé esta percepción: de pronto una palabra llevaba hacia lugares insospechados, en una frase se afirmaba lo que se estaba negando, el argot desprendía los hechos de su cauce oficial o normativo; de pronto el silencio se transformaba en una verdadera frontera entre mi mundo y el de ellos, entre mi interés y sus defensas.

Luego de cada entrevista, el ritual de la entrada se repetía, pero al revés. En algún punto del trayecto, cuando ingresaba, me ponían un sello invisible en la mano derecha. Cuando salía, tenía que poner la mano en una caja con una luz que algún guardia auscultaba. Me devolvían mi documento migratorio a cambio de la ficha que me habían entregado. Subo escaleras, regreso al cuarto donde me revisaron al entrar. Sigo. Otra puerta metálica giratoria, pero esta vez la muevo hacia fuera. La entrada, una puerta de 5 o 6 metros de altura. La calle. La libertad, tal vez. Me detuve a escuchar el incesante rumor de las cárceles. ¿Seguíamos siendo iguales?

UNA SINTAXIS DEL ENCIERRO. EL LENGUAJE EN LA CÁRCEL

Súbase usted a un barco y avance hacia altamar en un día de tormenta. Permanezca ahí, atento a las constantes variaciones de la estabilidad. Piense que usted no es marinero y percibe en su equilibrio todos los altibajos. El barco es mecido por las olas, baja profundamente y sube de igual modo. Se agita, se cimbra. Un mar tormentoso, una agitación rodeada de un completo silencio. Usted va en ese barco y envía a un puerto cercano señales de radio que son contestadas en un intervalo constante. Mientras el mar se agita y la tormenta se hace más espesa y oscura, su línea de flotación son sólo esas señales: los intervalos y las respuestas.

Ésa fue mi sensación permanente ante lo que me decían los entrevistados. Un mar que se agita y en el que apenas me sostengo. Tal vez dicha sensación no sea muy relevante, pero creo que era sintomática del lenguaje que ellos utilizaban, de la densidad simbólico-imaginaria que las preguntas trataban de elucidar. Alguno me relata cómo asesinó a un rival; otro me cuenta de los golpes que recibió a su llegada a la cárcel. Otro más, de los viajes de su familia hasta el Reclusorio desde un estado del sur del país. Alguno me dice que no recibe visita y que intenta sobrevivir como puede en la escasez de la cárcel. Alguien me habla de sus hijos que no ve o de las horas que pasa con su pareja durante los días de visita en las *cabañas*.[47] Palabras que traen el dolor de los golpes, el calor de los cuerpos, el enigma de la muerte. Palabras que apenas alcanzan para relatar lo que se ha visto y lo que se ha vivido. Palabras que son como cosas, que se pueden palpar una vez dichas, que cruzan el aire como objetos hasta mi propia intemperie y mi escozor. A veces tenía la sensación de que había cosas que no se debían preguntar, que era mejor dejarlas en su silencio y en su oscuridad. Luego transcribiré lo dicho, pero lo vivido quedará pendiente. Palabras como cosas que reclaman, que insisten.

Quizás el lenguaje y el mar tengan elementos en común, homologías y parecidos. Ante la agitación del lenguaje, hilvanado por un sujeto, sedimentado en una historia, en un relato, en un dolor y en un guiño, ciertas preguntas son semejantes al intento de hacer pasar una ventolera por las discretas formas de un remolino de papel. Conceptos que atan figuras, sentidos que salen a capturar a otros sentidos en el oleaje furioso de un mar en tormenta. Porque, finalmente, ¿cuál es la distancia entre la incitación de un habla y la subjetividad que es convocada por ella? Entre quien responde y quien pregunta, ¿cuál es la distancia? Pedí que me dijeran las palabras que forman este texto, nadie las inventó —ni ellos ni yo—, pero tienen un determinado orden, tal vez un sentido, que purga el silencio de una experiencia. Pedí que hablaran, que dijeran lo que pensaban y lo que sentían. Les hice unas preguntas y ellos respondieron o callaron. Me parece que todo era un juego de imaginaciones: la mía que inventaba un problema, que disponía teorías, dudas, torpezas, deseos; la de ellos, que se dejaba convocar. Preguntar es seducir.

Preguntar para encontrar una respuesta. Señalar un camino y seguir las pistas. Saber por anticipado lo que no sabemos. Incitar una historia. La vida tiene cierta liviandad que le permite ser narrada; las preguntas, un cierto peso que logra capturar esa bestia remolona que es la memoria. Los presos se parapetan en un lenguaje cifrado y circulan por los recin-

---

47 Armazones de madera y mantas que sirven como dormitorio para que los internos tengan vida íntima con sus parejas. "Íntima" porque no sólo se refiere al sexo, sino a la posibilidad de estar con alguien sin que nadie más mire ni observe.

tos del lenguaje jurídico, psicológico, médico; y regresan pronto a sus señales, al orden semiótico del encierro: a un costado la muerte, al otro la libertad.

Preguntar es seducir, pero entre comillas. El lenguaje en la cárcel es una de las principales estrategias de supervivencia, junto con el silencio (todo es información, dicen los teóricos de la comunicación). La gramática y la sintaxis del español permiten crear otro código, una dirección distinta para los sentidos, otra densidad para las intenciones. Es como si detrás del español se plegara otro idioma; lenguaje que se crea en los espacios saturados de gente como las cárceles, en los pasillos, durante el intercambio de mercaderías, en las señas que no son comprensibles para un lego. Un tono amable de pronto es remecido por varios insultos —"yo le dije: sabe hijo de su pinche madre..."—, una risa corta una pregunta y deja el silencio. Los brazos y las manos dan otro énfasis a lo que se dice. Es difícil determinar de qué se habla, qué es lo que se calla, qué es lo que no puede decirse. El énfasis envía las palabras a su mayor potencial de sentido, pero también corta el lenguaje, nos enfrenta con una emoción que no requiere palabras, que explota sobre sí y que se esparce. Una gramática del sofocamiento, una sintaxis del encierro.

Un rostro funesto: tiempo, memoria y condena

La cárcel impone un desafío curioso a todos sus internos: imaginar quiénes serán cuando salgan de ella. La cárcel es como una máquina de sueños, que deglute la imaginación para devolver un rostro funesto. Memoria y tiempo de lo que nunca se fue, de la vida que no se tuvo, de lo que no se será jamás. ¿Qué sucede si ya se es viejo y la condena cubre casi toda la vida que resta?, ¿o si la condena es tan larga que no se puede imaginar su término ni quién se será al momento de la libertad? Entonces, la memoria colapsa en su referencia al afuera, al pasado, al sí mismo. Memoria que es una estrategia de escape ante este grado cero de la subjetivación, que supone la captación del tiempo estimable, esperable y, tal vez, posible.

El tiempo, en sí mismo, es una advertencia que reverbera en la memoria: no serás otro. Tal vez la disciplina y la subjetivación no sean, como dice Foucault, formas de corregir y de transformar, sino modos de mantener e insistir. Contra la voluntad correctiva de la cárcel se levanta esta temporalidad paradójica que pide una repetición precisa, que anula el futuro como un momento absurdo, y que torna imposible una imaginación sobre sí. No incita, confina; no produce, seca. Como si para que hubiera tiempo fuera necesaria su fragmentación, su condicionalidad y su insistencia. Cuando sólo hay tiempo, entonces —otra paradoja— no hay tiempo. La condena se transforma de este modo en una especie de eternidad fallida, que no se sustenta fundamentalmente en que todo se repita, sino en que nada suceda. El suceder mismo se trunca, se agota. Oscuridad lateral del sentido y de las instituciones. La repetición de la cárcel tiene la virtud de desaparecer en su misma operación.

La temporalidad en la prisión sigue dos líneas, consecutivas y paralelas:

El tiempo de la institución. Antes y después

Existe una línea temporal de la institución que tiene tres momentos: el interno llega e ingresa al Centro de Orientación y Clasificación (COC), ahí permanece durante un tiempo variable hasta que se elabora su perfil psicosocial y se le asignan un dormitorio y una celda. El interno se integra a ellos en un segundo momento. Luego, el otro momento es la salida, una vez cumplida la condena. El tiempo de la institución es comprimido y procedimental; consta de tres actos —admitir, clasificar y liberar— y un intermedio; no importa cuánto dure, siempre es un intermedio entre los actos o los procedimientos. Se abren y se cierran las puertas: gestos de la institución ante sus internos. El tiempo de la institución dispone, de este modo, de dos distinciones fundamentales: *antes* y *después*. El *antes* es tanto histórico como biográfico; se examina a los internos para saber quiénes son o quiénes eran *antes* de llegar —estudios de personalidad, pruebas psicológicas, expedientes—. El *antes* se inicia con el ingreso a la misma cárcel: un antes de la calle, de la vida propia, de las costumbres, de los proyectos. El *antes* es una especie de red que atrapa todo lo que se fue, todo lo sucedido, y que opera como un corte radical: *antes* y *ahora*, *antes* y *después*. El *después* empieza también ahí, con el ingreso, y se sostiene en el término de la condena. La institución dispone un tiempo paradójico que es también el tiempo de la memoria, pero que funciona en futuro; tiempo que transforma la cárcel en un intervalo entre un *antes* y un *después* de ella. El *después* también es memoria, memoria de una vida recobrada y reconstruida, memoria anticipada de un olvido —olvidar la cárcel—, de un aprendizaje y de un quiebre. Memoria, también, en la reincidencia: la cárcel se relata como una *déjà vu*. Lo visto que volvemos a ver, o que vemos en tanto ya visto. Memoria de una trayectoria fatal que empieza en la cárcel y termina en ella.

El tiempo de los internos. Viejo y nuevo

Otra línea es el tiempo de los mismos internos; tiempo extenso y asimilatorio. Dispone de una "llegada", que implica una mayor vulnerabilidad, y una asimilación progresiva de los individuos a los códigos y vínculos de los internos. En una celda habrá algunos que son *nuevos* y otros que ya son *viejos*: unos recién llegados y otros que están allí desde hace tiempo. ¿Respecto a quién alguien es "nuevo" o "viejo"? Cada cual respecto al otro. Es un orden siempre variable que dispone una sucesión, pero no de intervalos estrictos. Si el más antiguo se va libre, aquel que lo sigue —en tiempo de permanencia en la cárcel— lo remplaza; tal vez no lleve mucho tiempo en términos cronológicos, pero no importa: es el más antiguo en la celda y eso es lo relevante. Si la antigüedad es una acumulación, el noviciado es una pérdida; siempre se será *más antiguo* —llegan otros, pasan los días, los meses, los años—, pero siempre se será *menos nuevo*: por las mismas razones, pero en un sentido inverso. Éste es un rasgo de la temporalidad en la cárcel: se difumina en su equivalencia obsesiva y aplastante, y se densifica en la trayectoria posible hacia la salida, el término de la condena o la libertad. Se densifica de atributos, de experiencias, de espacios y relaciones, de saberes y adscripciones; pero se aplana en este mismo suceder. La pérdida de *novedad* implica una asimilación consistente, el desvanecimiento de las diferencias: mientras más *viejo*, más igual; en cambio, mientras más *nuevo*, más diferente. Subjetivación por saturación: la cárcel no busca que los internos sean otros distintos —como se derivaría de sus objetivos readaptativos, resocializadores y reeducadores—; busca, en cambio, que sean completamente ellos mismos, que se plieguen de tal modo sobre sí, en esta repetición extenuante y estricta, que no puedan ser otra cosa, ni otros. Foucault (2003) apuntaba que los objetivos transformadores de las instituciones correccionales buscaban, más que la mutación, el desvanecimiento de cualquier particularidad y de toda singularidad. *Tabula rasa* del encierro.

Sea en una línea o en otra, cabe preguntar si transcurre el tiempo en la cárcel. La pregunta puede parecer de Perogrullo, pero la respuesta es tanto sí como no. Sí, porque el tiempo opera como el sedimento de posiciones y de tradiciones, diríamos; es el sustento de un sistema de relaciones y de prerrogativas. Luego, transcurre en forma de *expectativa*, marcado por el periodo de condena y su término, por sus posibles acortamientos. Es un tiempo de espera, entre un pasado que se rememora de modo más o menos nostálgico y que se esgrime como blasón de dignidad y de certeza —el tiempo de la libertad anterior, cuando se ejercía la voluntad y se hacía lo que se quisiera— y un futuro que sostiene la promesa de una libertad próxima o posible, el término del periodo de reclusión. El presente, en este encabalgamiento, se pierde o sedimenta en una repetición. ¿Qué es el presente en la cárcel? El tiempo de la condena, un tiempo enajenado por la pena (en un sentido jurídico).

Asimismo, el tiempo no transcurre, en cierto modo, por la misma condena, por la repetición infinita de los hechos y las rutinas. Hasta lo excepcional e inesperado es regla. No sucede, y tal vez ésta sea una dimensión radical de la subjetivación en la cárcel, por la imposibilidad de sí mismo que supone un tiempo absorto, plegado a sus detalles. Los internos saben perfectamente cuánto tiempo llevan y cuánto les falta, cuán extensa es la condena y cómo la pueden reducir. En los juzgados lo que se negocia es tiempo. Pueden desmenuzar un día tras otro en ese plano del cumplimiento, de tiempo agotado, que es cada día. ¿Qué es una condena, finalmente? Una temporalidad definida, discreta: tantos años, tantos meses, tantos días; y un lugar especificado (la cárcel misma: máquina del tiempo que no se interesa por ningún devenir particular, sino apenas por un intervalo regular de unidades). Tiempo y espacio, la condena es una especie de fenómeno físico: sucede en el tiempo y se despliega en el espacio, tiene su propia inercia y su direccionalidad. Es un objeto lanzado al aire que sigue una trayectoria y del que se conoce su destino final. Es un corte que dispone un inicio y fija un término; abstractos, no obstante, como si se disecara un trozo de devenir y se embalsamara. Los internos están adheridos tanto a su inicio —cuántos años, meses o días han pasado desde que llegaron— como a su final —cuánto tiempo queda, cuánto falta—. La condena es un régimen de acumulación y de falta: se acumula tiempo y lo que siempre falta es el mismo tiempo. Se restan días y se suma estancia. Se es siempre más *viejo* y siempre menos *nuevo*. Falta tiempo, sobra tiempo.

Si la condena es sólo tiempo, diremos que es un tiempo replegado, de carácter anticipatorio, en tanto se sabe lo que sucederá y a pesar de todo debe suceder. Es el tiempo de la inevitabilidad de lo ya sabido: tiempo fatal.

De todas formas, entre algunos internos la cárcel conforma una memoria histórica, más amplia que la experiencia personal. Memoria constituida por referencias familiares que hablan de parientes que estuvieron presos, que enseñaron las primeras lecciones en este mundo. Memoria, también, de la desgracia de esos familiares, de su progresiva decadencia; lección sobre los efectos de la cárcel, vinculada con una biografía familiar. Pequeñas historias de desgracias y dolores que, de algún modo, se perpetúan en el mismo entrevistado: "soy de la Romero Rubio y mi tío me ponía a correr con una pistola 22... me empecé a malear". Historia, entonces, de uno mismo, genealogía de las costumbres y de las intenciones que se reconstruye y se revisa.

> Entonces yo tenía un tío, tengo un tío que él desde Lecumberri ha estado en estas cosas ¿no? entonces él también era, es matón. Él se dedicaba a matar gente, tiene apenas poco, pero él ya salió loco de Santa Marta. Por pus, él ya trae balazos en la cabeza, en todo su cuerpo trae, todas las golpizas que le dio, pus porque él mató a un "Ladid" cuando era tiempo de la DID mató. Entonces, yo me acuerdo cuando mi tío pus andaba ahí, yo soy de allá de la Romero Rubio, allá del barrio de Chile, entonces, a mí me ponía a correr toda la vuelta con una pistola, una 22, me ponía a correr a la vuelta a todos los niños y de ahí empecé yo a agarrar esas mañas de empezar con la pistola a tirar para arriba y me empecé a malear (Nico, 32 años).

Memoria, asimismo, de las cárceles y de los internos: quienes reinciden refieren las diferencias entre la cárcel actual y la antigua. Un entrevistado que estuvo en Lecumberri dice que "ésa sí era cárcel". Rememora un ritual: la recepción de los internos acusados de violación, su "recibimiento" y su destino en la cárcel. Recuerda una jerarquía entre los internos, los antiguos *comandos* —presos que cumplían labores de vigilancia— y la fama de algunos —el más *cabrón, la concubina*—. Cesura en los relatos: *antes* —Lecumberri, la cárcel de veras "pesá"— y *ahora* —la protección: *beso y apapacho*—. Una gradiente de la institución en su implantación histórica y en su trayectoria.

¡Ah, sí! no, en Lecumberri, en Lecumberri había una cámara donde le decían "vapor general", tú llegabas a Lecumberri y entrabas a Lecumberri y
luego, luego, inmediatamente te registraban en el pentágono, después del
pentágono había un cuarto que era un vapor [...] Se baña uno todos juntos, todos encuerados, entonces los que entraban se bañaban, pero el custodio o el comando, en ese entonces, no era, no era como aquí, no era una
autoridad como estos custodios, ahí era el mismo personal de los presos,
se le ponía aquí un comando o mayor, entonces ellos mismos decían "ahí
te va el violín" y el violín, ya cuando entraba a ese vapor, nos teníamos
que encuerar todos y entrar pegados casi todos con todos, entonces, este,
entre risa, broma, pasaba el violador en medio de todos y el más, el más
cabrón, digamos el que ya estaba preso por años ahí, se metía ¡agárren-
me a este cabrón! y ahí mismo se lo cogía y ya después él ya lo agarraba
como te decía como concubina ¿no? eso también y todo, cuando estuvo
en el Oriente, todavía pasó eso ¿no? En los baños es cuando siempre te
agarran por violador. Ahora no, ahora ya están protegidos, ahora ya les
dan apapacho y beso y pórtese bien, a pesar de que vienen violadores
que dan ¡asco vivir con ellos! ¿no? (Chino, 55 años).

Memoria, por último, que conforma una tradición literaria. Lecturas
de la "mansión del delito", saberes de la cárcel en voz de sus representan-
tes distinguidos y famosos, incluso míticos: *el hombre del corbatón que
ayudaba a la gente*. Versión particular de la cárcel, retruécano de los discursos oficiales. "Sí, y qué cree que yo, yo leía ahí lo de Goyito Cárdenas,
lo del Sapo, lo del Doña Nacha, la del hombre el corbatón que ayudaba a
la gente y esto yo no lo veo como un Centro de Readaptación, yo lo veo
como dicen los libros 'una mansión del delito'" (Nico, 32 años).

"¿QUIÉN LLEGA?" TRAYECTORIAS

A muchos de los que ingresan a ella, la cárcel los recibe de forma brutal y
amarga. El primer momento, el ingreso, es una disyuntiva crucial de supervivencia y otra de adaptación al nuevo contexto. Los internos cruzan
un umbral que los sitúa completamente en la cárcel y que conforma el
encierro como una realidad tajante e ineludible. Ese momento de adaptación está marcado, fundamentalmente, por emociones como la tristeza,
el miedo o la rabia, y por desafíos que se deben resolver: la adaptación no
es una opción sino una imposición para cualquier individuo que ingrese

a la cárcel. De alguna forma, el ingreso es un fin y un comienzo; el fin de la vida anterior en muchos sentidos, pero especialmente en un plano cotidiano, y el inicio de la vida carcelaria que tiene sus rutinas, sus deberes, sus peligros y sus exigencias, *sui generis* en gran parte respecto al exterior.

> Estuve 15 días en ingreso, en pelear por la comida, eso es también algo o sea, yo no tenía, me venían a ver, pero no me traían comida, tienes que bajar a la comida que te da la institución y es pelearse para conseguir un pedacito de comida, en un bote que está por ahí botado o una botella de agua, que la tienes que cortar para que te sirva de algo, para que te echen ahí tú comida y comer así ¡cómo animal, con las manos en un rincón! Es bastante deprimente y doloroso (Venustiano, 33 años).

> No pus, cuando estuve en ingreso es cuando se siente uno más triste y pus de lo que uno le digan, tienes que barrer, tienes que hacerlo, tienes que hacerlo.
> —¿Y quién le decía eso?
> —Pus, los custodios, encargados que son, ahí tienes que hacer limpieza, duré creo dos meses aquí, luego me pasaron para COC. Igual, tiene que hacer uno limpieza (Adrián, 62 años).

Existe una trayectoria de integración que empieza en el lugar de ingreso, donde el interno pasa algunos días. Luego, el Centro de Orientación y Clasificación (COC), donde puede permanecer varios meses. Ahí se le clasifica y se le asignan un dormitorio y una celda. Éste es el trayecto institucional, pero se pliega en su cumplimiento a otro que es subjetivo y vinculatorio, y que requiere la integración del interno recién llegado a los códigos y prácticas de la cárcel, no sólo institucionales sino relacionales y específicas de los mismos internos. Esta última dimensión es la más difícil de superar y de resolver: gran parte de la vulnerabilidad que los internos nuevos experimentan proviene de actos o intenciones de otros internos, más antiguos o más avezados. Se genera un cruce entre dos requerimientos, uno del interno que ingresa y trata de adaptarse al nuevo contexto, y otro de los internos que ya están ahí y que visualizan al recién llegado como una fuente potencial de ingresos. La supervivencia en el interior del penal, y lo que los internos llaman *generar*,[48] son actividades primordia-

---

48 *Generar* comprende el conjunto de actividades que un interno puede realizar para conseguir el dinero que le permitirá sobrevivir. Incluye actividades lícitas, como vender

les para una parte significativa de los presos. Constituyen una fuente de ingresos todos los internos a quienes se puede extorsionar mediante amenazas a su seguridad física, con ataques directos, y también mediante la extracción de su trabajo. Se establece un régimen rústico de plusvalía.

Lo que pasa es que en ingreso no te separan, no te clasifican, ni nada, o sea, como llegas así te meten, y ¡ay, pues sí es muy feo! Y entonces, cuando llegas a ingreso no tienes ropa, no tienes dinero, no tienes nada, te quitan todo, o sea, te encueran cuando entras en la aduana, te quitan toda la ropa, toda la ropa, te quitan todo, y ya ellos te dan lo que tienes que ponerte, o sea, te quitan todo. Entonces, lógicamente, que no tienes nada de dinero, entonces llegas ahí ¡ay!, pues ya para todo te piden dinero, y luego te quieren extorsionar, te quieren robar, no sé (Esther, 19 años).

De ingreso nos pasan al área de COC, clasificación, es una clasificación, ahí todavía es un poquito más deprimente, porque es una zona que está ¡bastante asquerosa! ¡Muy sucia! Aquí en ingreso por lo menos uno lavaba su pedazo de su celda, pero ya en COC es imposible, el tipo de piso y la cañería hacen que toda el agua, cuando llueve, se te meta a la celda y o sea, nunca puede estar limpia. Muy sucia esa zona y hay más problemas porque ya hay más población (Venustiano, 33 años).

Entonces, nos tienen parados aquí en ingreso, nos tienen parados nada más, duré cuatro días sin comer, toda la ropa me la rompieron, llegué con chamarra y se la quedaron en la entrada, me dejaron o sea en puras garras, ¿sí? Dormirse en el piso, fue en época de fríos, estar en el piso con la zozobra de ¿qué será?, ¿qué irá a pasar? ¿No? (Leandro, 30 años).

Varias de las transiciones que suceden entre los distintos espacios están signadas por los recibimientos violentos de los mismos internos. Se conforma un contexto de violencia generalizada. Por una parte la institución, especialmente los custodios, pueden actuar de modo violento contra un interno de manera esporádica o sistemática, violencia que tendrá distintas características según las particularidades del interno: a algunos se les golpea, pero a quienes son identificados como "homosexuales" (fundamentalmente por su vestimenta, aspecto o actitudes) se

---

comida, lavar ropa, ayudar con los mandados; e ilícitas, como vender drogas, asaltar a otros internos o extorsionarlos, entre otras.

les puede agredir sexualmente. Luego, los internos despliegan formas específicas de violencia, signadas también por esta percepción de las particularidades de los recién llegados y que conforman una especie de estimación de su vulnerabilidad posible (además de la utilidad potencial que ofrecen en términos económicos). Las agresiones son diversas, desde amenazas y golpes para extorsionar, hasta agresiones sexuales —contra quienes ingresan acusados de violación, a quienes los internos, en su argot, denominan *violines*, y contra los que son identificados como "homosexuales"—, además de asaltos mediante estrangulamiento —*chinear* en el argot— o con armas punzantes. Anotemos que desde el ingreso, y lo veremos más adelante, la sexualidad es una forma de ejercer violencia contra ciertos internos.

> Pus ahí también la primera noche, la primera noche que pasa uno para allá, ahí los compañeros luego lo golpean a uno, bueno le hacen a uno muchas cosas... (Adrián, 62 años).

> Tienes que lidiar mucho con custodia, con internos de que ya llevan tiempo ahí, era cárcel y ya se la saben y te quieren extorsionar, te quieren quitar lo que te llevas, bueno, lo que te trae la familia en la visita, se meten a las estancias y "¿sabes qué? ¡Vengo por, o me das dinero o me robo lo que encuentre!"
> Eso es bastante, pus molesto y a la vez, con una inquietud de que no sabes qué puede pasar, en cualquier momento te pueden hacer algo ¿no? (Venustiano, 33 años).

ANTES Y *DESPUÉS*: FORMAS DE
INTEGRACIÓN Y DE VULNERABILIDAD

Hemos distinguido dos formas de integración inicial en la cárcel. Una corresponde a quienes llegan por primera vez a ella y no conocen a nadie dentro. Esta integración supone la máxima vulnerabilidad, tanto porque se siente temor de lo que pueda suceder, como porque se desconocen los códigos —formales e informales— que organizan la vida en el interior de un penal. El ingreso a la institución está marcado más intensamente por una encrucijada emocional —que se evalúa retrospectivamente durante la entrevista— que por una evaluación racional de la situación; se da cuenta de ciertas emociones que condensan la vivencia en el relato:

temor, pánico, tristeza. Además, se establece la excepcionalidad de la vivencia entre el *ahora* que la determina —estar preso— y el *nunca* que forma parte del pasado que se refiere en el relato. Los internos describen la experiencia como un corte en sus vidas, signado, como lo dijimos, por su excepcionalidad y por la interrupción que establece entre un *antes* y un *después*. En este primer momento, *ahora* y *nunca* serán los sentidos que ordenarán la experiencia en términos de su irrupción ineludible en la vida de cada cual. Polaridad entre lo que *ahora* sucede y lo que *nunca* había pasado. Régimen temprano de la excepcionalidad.

> O sea, yo llegué y la verdad, yo estaba bien nervioso ¿no? porque nunca había llegado aquí [...] y pus la verdad, pus la verdad me saqué de onda ¿no? [...] la verdad pus yo cuando llegué aquí, pus no fue grato para mí ¿no? (Demetrio, 18 años).

> Pus la verdad sí me sacó de la jugada ¿no? porque nunca había estado aquí ¡chale hijo reclusorio, pero nunca he estado! O sea, no me espanto ¿no? yo sé que cometí un error y es como cualquiera ¿no? ora sí que cometí un error, pero lo tengo que pagar. Más que nada, dije antes de entrar, dije "la tengo que echar ganar", ¡ni modo que me vaya pa'bajo! (Crisóstomo, 22 años).

> Pus, cuando caí la primera vez aquí, yo me acuerdo que fue un día de visita, en la tardecita llegué aquí, yo no lo creía, y pus todo sacado de onda, ni sabía ni cómo era aquí, ni cómo se vivía aquí, porque nunca había estado en una cárcel, hasta ese día que caí (Rolando, 36 años).

Entre los internos se pueden distinguir en esta primera etapa vulnerabilidades que dependen de determinadas características. Algunas corresponden al origen social del individuo, de modo que son más vulnerables los de clase media o con mayor nivel educativo[49] por dos razones fundamentales: no responden en su apariencia ni en sus modos a las características típicas de un interno (al menos en el Distrito Federal); luego, no han sido socializados en ambientes delictivos, lo que marca una distancia experiencial definitiva con la cárcel. Otra causa puede ser la orientación sexual, expresada en un aspecto o en modos específicos;[50] es así como los

---

[49] Entre los entrevistados, Esteban y Venustiano.

[50] En las entrevistas Sara y Esther se autoidentificaron como travestis. Dado que prefirieron que los tratáramos según su apodo femenino, respetamos esta opción en los análisis.

internos que se identifican como homosexuales están expuestos a ciertas
formas de violencia que ejercen los internos o custodios y que no se limitan sólo a su ingreso, sino que permanecen como amenaza durante toda
su estadía (ésta es una de las razones institucionales por las que se les
agrupa en un anexo, que se estipula como separado y aislado del resto de
las estancias, aunque de hecho no lo es. Véase el anexo 2).

> Pues una experiencia muy, ¿cómo le podría decir?, muy fea, muy espan-
> tosa ¿no? De entrada llegar en la tarde, que te traten como cualquiera, o
> sea, todavía no sabían si uno era culpable o no de lo que lo estaban acu-
> sando y ya te estaban tratando mal [...] los custodios, los mismos civiles
> que trabajan ahí en las mesas, todos, o sea, la gente que está muy alle-
> gada a los custodios, los llamados *monstruos* de aquí, queriéndote ver la
> cara, quitarte la ropa que traías, pidiéndote dinero, si no te iban a hacer
> algo ¡puras amenazas! Pus, en el tiempo que estuve ahí fue bastante duro
> (Venustiano, 33 años).

> ¡Ah! Pues te digo, te humillan demasiado [...] Pues a nosotros es que nos
> hacen hacer que nos quitemos la ropa, que hagamos cosas, los mismos
> custodios.
> —¿Cómo que hagan cosas?
> — Pues sí ¿no?
> —¿A qué cosas te refieres?
> —Pus, a sexo cuando estás en ingreso.
> —¿Y a ti te tocó eso?
> —No, a mí nada más con los de la estancia que tenía, pero sí veía
> luego que se querían pasar de listos, abusar de su autoridad (Esther, 19
> años).

A estas dos vulnerabilidades se agrega otra por origen étnico. Quienes son identificados como indígenas, ya sea por su aspecto o por su
lengua, son abiertamente discriminados por los internos y experimentan
dificultades en su relación con la institución y la justicia en general.[51]
"Pus por mi parte, pus muy cruel, muy cruel, no te saben comprender,
no te saben entender, lo que uno necesita, ellos te tratan como un delincuente, así. Para ellos no somos nada, tanto los internos te piden, te extor-
sionan, si no los apoyas hasta te andan matando" (Fulgencio, 33 años).

---

[51] De los entrevistados, Fulgencio y Anastasio, ambos de origen mixe. Anastasio hablaba el castellano en forma muy deficiente y además era analfabeto.

Por último, hemos distinguido otra forma de vulnerabilidad que tiene su origen en el tipo de delito cometido; esto se expresa claramente en el caso de los internos acusados de violación:[52] se les golpea al llegar, una vez que se sabe el delito por el que ingresan, y se les puede violar a su vez — "pagar con la misma moneda", dicen los internos—. Uno de los entrevistados que ingresó por este delito no sufrió una agresión sexual porque era viejo. Otro, tuvo que pagar protección a un interno para evitar que sucediera. Un tercero, militar de profesión, ha sido protegido por algunos compañeros que encontró dentro del penal.

> Pus ahí también la primera noche, la primera noche que pasa uno para allá, ahí los compañeros luego lo golpean a uno, bueno le hacen a uno muchas cosas, nomás que yo, pues eso bendito sea Dios, dice ¡no, pus ya déjenlo, ya es un señor grande! Y ya no me hicieron nada, pero de hacer limpieza sí... (Adrián, 62 años).

> Yo cuando llegué aquí como llegué con el delito fuerte, un custodio, o sea lo tomé a mal ¿no?, empezó a gritarles a todos "no es que éste viene por violación", como llegó aquí la televisión y todo, "éste viene por violación" y que hijo de su quién sabe qué, los mismos compañeros se molestaban y me mandan al servicio médico y recibí una golpiza de siete compañeros ¿no? (Leandro, 30 años).

Otra forma de integración corresponde a aquellos internos que tienen algún conocido dentro del penal o que ya han estado presos con anterioridad. Ambas son formas de defensa, bien porque cuentan con un grupo que los respalda y protege, aunque sean primerizos, o porque conocen las reglas y las estrategias de supervivencia necesarias. Aquí funciona un reconocimiento más cognitivo que emocional de la situación: se tienen relaciones o se refiere una experiencia anterior que entrega saberes prácticos para la integración. Para algunos internos la cárcel es una extensión de sus vínculos familiares o vecinales; la referencia a *conocidos* o la convivencia en las colonias de la ciudad serán los principales factores de reconocimiento entre internos.

---

52 De los entrevistados, Leandro, Adrián, Esteban y Anastasio. No hubo ninguna intención específica de entrevistar a internos acusados de violación, de ahí que provinieran de distintos dormitorios.

Te digo que con suerte ahí tenía conocidos, llegué a una estancia y la verdad, unos amigos míos "¡Qué onda güey!, ¿cómo estás?" ¡Chido! "¿Eres familiar de este güey?" ¿Sí o no? ¡Sí! "¡No, pus aquí eres bien recibido, acá no hay pedo, chingón!" (Boris, 28 años).

Nos pasaron directamente a COC, afortunadamente aquí había unos compañeros [...] me echaron la mano, porque cuando yo llegué me quisieron extorsionar, inclusive me tumbaron un diente, estuvo fuerte (Esteban, 28 años).

En ingreso, pues fue algo normal, porque de hecho ya había yo estado en el 97 en el Sur y llegué a este lugar y entonces ya no fue tan fácil de que me metieran miedo, como llegas a un lugar por primera vez y llegas con temor ¿no? no conociendo (Sara, 35 años).

El encierro y la extrañeza: un proceso de adaptación

La adaptación no es un proceso que concluya con la integración paulatina a la institución y a los internos. El primer efecto de esta adaptación será lo que los internos llaman el *carcelazo*, descrito como el impacto del encierro sobre el preso. El *carcelazo* se genera por múltiples sucesos y transformaciones que ya antes describimos, pero también por una sensación de extrañamiento respecto al mundo en que se está obligado a vivir. Sobre las dimensiones físicas de la incomodidad se ciernen la soledad y la extrañeza, intensificadas por la constatación de que lo que se vive es, ante todo, *la realidad*. Realidad que conduce a la extrañeza y que adquiere vigor en los límites del sueño y la vigilia. Orden onírico de la realidad y el encierro. En esta disyuntiva se "pierde la mente" y el riesgo es el suicidio; pero la muerte, si se concreta, es precedida por esa enajenación que experimenta el interno respecto a sí mismo. Doble extrañeza: con relación al mundo y en relación con uno mismo. He aquí el *carcelazo*. Pero la palabra tiene en su propia enunciación un peso mayor que el semántico: la cárcel *cae* sobre el recién llegado, lo aplasta con el peso de su ineludibilidad y su repetición. La realidad opera como un trauma que es tanto herida como corte y que se establece en esta frontera entre los espacios. Por un lado, el encierro como ámbito real en donde se vive; por otro, el hogar o la casa, como lugar imaginario en donde se desea estar. El *carcelazo* es el enfrentamiento entre los hechos tangibles e insoslayables y los deseos. En esta disyuntiva se visualiza el horror, emergencia de lo ominoso justamente en el punto en que lo ubica Freud: lo cotidiano y lo corriente, que adquieren un signo funesto y un devenir inesperado. Ante el interno surge el espacio del encierro no sólo como un condicionamiento físico sino como un destino y como un factor que se interioriza. Eso es exactamente el *carcelazo*: signo funesto de la cárcel *interiorizado*, asumido subjetivamente, contrastado frente al deseo. En el límite que hemos descrito, se espera estar en la casa —al despertar, por ejemplo—, pero se constata el encierro.

> Aquí se le llama el carcelazo que uno le da, el encierro de que luego uno está así, presionado y dices ¡híjole! No, no sabes qué hacer, llega el momento de que pierdes la cabeza y quieres irte a horcar o haces algo ¡pierdes la mente! Pierdes la mente de que dices ¡ájala! ¿No? (Nico, 32 años).

> Pues sí, para mí es difícil, el simple hecho de dormir en un camarote pues es difícil ¿Por qué? Porque de estar acostumbrado a dormir con la esposa, sentir otro calor, otro ambiente pues, sí es difícil, es muy feo, estar dormido y estar bien relajado y despertar, y de repente sentir que uno está en su casa y ver todo el enrejado, pues sí, sí es una presión muy horrible ¿no? Pero pues estamos aquí, es la realidad, ¿no? (Leandro, 30 años).

En este sentido, el encierro es la principal causa del malestar. Encierro que se establece como lejanía de la familia y de los contextos afectivos. La familia se construye como la contraparte del encierro, su antípoda. Los internos refieren en primer término como el elemento central en su malestar las dificultades que experimentan para relacionarse y estar con sus familias. Entonces, la cárcel es un desarraigo respecto a los vínculos y los afectos. De este modo, el encierro y la lejanía conforman una experiencia traumática, tanto por el corte con la vida anterior y con las relaciones cercanas, como por lo que se encuentra y se vive en la cárcel misma. Trauma por pérdida y trauma por vivencia. Doble trauma para este doble extrañamiento. Trauma de sí mismo en el contexto del encierro; trauma de la realidad que no se puede soslayar, pero que desespera.

> ¡El encierro! El encierro, el no poder estar con mi familia, es lo más fuerte, no poder disponer de, no disponer, sino no poder, por ejemplo orita

yo tengo una hija o sea, vieras cuántas ganas me dan de, por ejemplo, orita en este momento de estar con ella, por ejemplo (Boris, 28 años).

Pues, orita, de primero pus se siente, me sentía yo rebién triste pus ¡mal o feo más bien! Pero luego, a veces hasta se pone uno a llorar, porque pues deja uno todo, la familia y trabajo y pus aquí no hace uno nada y luego que nadie te viene a ver pus pior (Adrián, 62 años).

No, pues es difícil, es difícil de adaptarte ¡ay! pues adaptarte ¡ay! pues que no eres libre, eso es muy traumático ¡Pues sí!, bueno yo llevo ya ocho meses aquí... fue terrible en el aspecto que, que me hagan cosas feas o algo así ¿no? sino que ¡ay! no sé, no estar en tu casa o con tu familia, ves muchas cosas (Esther, 19 años).

Incluso la experiencia anterior de soledad puede ser una ventaja que aminore el trauma, Rolando relata que por mucho tiempo vivió solo en hoteles y que, en ese sentido, la soledad de la cárcel no es muy distinta. Ahora bien, la misma dinámica de las relaciones en la cárcel —las visitas tienen una gran importancia— confirma la soledad que se experimenta. El desarraigo se vive, entonces, como una falta en esta ausencia generalizada que es el encierro.

Porque nunca había estado en una cárcel, hasta ese día que caí, y pus, pasó el tiempo, porque de por sí yo siempre he estado solo ¿no? así en los hoteles y acá y no sentía tanto la soledad, pero de repente sí sentía, porque luego se siente feo, muchos que tienen visita y uno no tiene visitas (Rolando, 36 años).

La adaptación será para algunos un proceso de transformación. El encierro conmina y obliga a ser de determinada forma. Es en sí mismo una ortopedia (noción que utilizaremos también en otros contextos); no tanto por lo que pretende de manera efectiva, sino por lo que supone por añadidura: la convivencia forzada, la lejanía que hemos mencionado, el riesgo permanente. Venustiano describe este proceso como de "acoplamiento": una adaptación obligada, aunque no querida, y con fines estrictamente pragmáticos y de supervivencia. La cárcel, en su funcionamiento, iguala, elimina diferencias, esgrime similitudes. Es una máquina de medidas, de ajustes: no más de lo que se *puede* ni menos de lo que se *debe*. Disyuntiva de calibración permanente de las relaciones: hay una

medida justa que evita los problemas y otra que los genera o posibilita.
Se conforma una ética que mide las palabras y los gestos, que determina
un deber y un decir precisos; una adaptación del *ser* a las circunstancias.
Una técnica de la sobrevivencia y una ética de la elusión.

> [P]ero como en todos lados, te tienes que acoplar ¿no? Lo que me ha
> costado trabajo es acoplarme en este sentido de la forma de ser de aquí y
> yo tengo una forma de ser muy diferente, y aquí tienes que sobrellevar a
> la gente, tratar de, pus ora sí, como dicen "bajarte a su nivel" ¿no? para
> sobrellevarlo, no expresar más de lo que puedes y menos de lo que debes,
> porque te puedes echar muchos enemigos encima (Venustiano, 33 años).

EL JARDÍN DE LAS ESPECIES:
CLASIFICACIÓN Y PASO A LOS DORMITORIOS

Durante la estadía de los internos en el COC se les aplican entrevistas y se
realizan estudios de personalidad que, junto con sus antecedentes y el delito que cometieron, resultan en una clasificación (véase el anexo 2 para
su distribución dentro del recinto según sus características sicosociales)
y en una distribución en los distintos dormitorios y anexos del penal.
Hay dormitorios que agrupan a los internos primerizos, otros a los que
tienen mayor educación o eran funcionarios públicos, algunos a los
reincidentes, uno reúne a los internos que estuvieron con anterioridad
en correccionales para menores (y que en el argot carcelario se conocen
como *corregendos*). En el Anexo 5 se ubica a los internos mayores de
edad, a quienes se identifican o son identificados por la institución como
homosexuales, a los discapacitados y a quienes se identifica o se autoidentifican como indígenas.

Es una topografía de la institución, pero también un mapa de referencias para los mismos internos. Cada dormitorio tendrá su particularidad:
algunos serán más habitables que otros; en unos se querrá estar, y otros
será mejor evitarlos. Distribución de peligros, de historias, de amenazas
y de virtudes. Orden social que se pliega a la clasificación institucional:
acá los de mejor origen, los más educados; allá los más pobres o los más
peligrosos. Indígenas y mestizos, heterosexuales y homosexuales, jóvenes y viejos. La vida de los mismos internos se traza en estos espacios,
se pasa de uno a otro, se sale y se regresa. En unos se estuvo mejor, en
otros se está mal.

Fue así como indígena que es uno se pasa al Anexo 5, del anexo, estuve como un año viviendo también, pero ya había estudiado, ya iba yo a la escuela, tenía yo mis constancias, aprendí la artesanía, muchas cosas, aproveché el tiempo, así como lo dije, sí lo aproveché (Fulgencio, 35 años).

Porque a nosotros como homosexuales nos tienen que mandar ahí, es el único (Esther, 19 años).

El dormitorio 13 es muy respetado, el dormitorio 13 es el más pesado porque ahí meten a puro violín y homicida (Nico, 32 años).

En el dormitorio 6 son corregendos, se les dicen corregendos porque ésos ya estuvieron en la Correccional para Menores, y vienen a cierta edad, ya traen 20, 30 años, ya pasaron por Consejo Tutelar, por el Tribunal para Menores, y ya vienen, ya vienen recorriendo cárceles (Chino, 55 años).

En un dormitorio, en población, que es el dormitorio 4, en la zona uno.
    —¿Y ahí qué tipo de gente hay?
    —Hay servidores públicos y profesionistas (Esteban, 28 años).

La llegada al dormitorio asignado es el momento definitivo de integración a la institución y al colectivo de los internos. En este sentido será crucial el lugar que se asigne, pues implicará desafíos diversos. Si el destino es un dormitorio conflictivo o más violento, entonces habrá dificultades específicas que enfrentar. Esta clasificación y la integración a los dormitorios serán otra forma de vulnerabilidad, pues quienes no dispongan de las capacidades o características adecuadas para vivir en ellos experimentarán más violencia o abusos de otros internos. La clasificación es, de este modo, un momento significativo para la experiencia posterior del interno en el penal.

    —¿Qué gente está en el dormitorio 6?
    —Corregendos o sea, de los que ya vienen de la "corre".
    —¿Y cómo es ese dormitorio?
    —No, pus está pesadote, porque luego hay chavos que se agarran a fierrazos, a trancazos, la verdad a mí no me gusta la violencia ¿no? (Demetrio, 18 años).

Bueno, estuve con ellos como seis meses ahí, en el 3, y pus les hacía
la comida ¿no? Yo hacía todo, subía agua, lavaba los trastes, este hacía la
comida, el almuerzo para ellos, y aun así, pus no, no te agradecían, sino
todo lo contrario, llegaban y a golpear, llegaban y a golpear, tirabas una
gotita de agua y también, lo mismo. No les parecía nada, de ahí pedí mi
cambio a los seis meses, vine hablar con la licenciada, tengo problemas
así y así, no soy persona de problemas y en realidad pus yo quiero re-
adaptarme y quiero estudiar, quiero seguir mis constancias, pus para mis
propios beneficios (Fulgencio, 35 años).

Asimismo, la llegada a la celda de un interno nuevo es acompañada
en muchos casos de una recepción violenta de los internos antiguos. En la
trayectoria de integración que hemos descrito, esta violencia primera es
una advertencia y una forma de vencer las posibles resistencias del interno
nuevo ante las decisiones colectivas de la celda y su orden. La violencia se
ejerce en forma colectiva: es toda la estancia la que golpea al recién llegado, y se estructura casi como un ritual en el que se debe participar aunque
no se quiera. Es una forma también primaria de intercambio: se da lo que
se ha recibido, en una secuencia histórica de recepciones y violencias, y se
dona al colectivo una disposición a respetar sus reglas y procedimientos.
Esta dimensión colectiva de la violencia se expresa, también, en la forma
en que se inmoviliza al interno: tirándole una cobija encima, que lo deja
inmóvil y, a la vez, no le permite ver quién lo golpea y quién no lo hace,
si fuera el caso. La cobija representa, en este sentido, la totalidad de los
internos: nadie golpea, todos golpean. Es, asimismo, una forma procedimental, en tanto no se pregunta quién llega, ni importan sus características
ni opiniones: se aplica de modo estándar a todo recién llegado antes de
cualquier voz, como una forma, también, de delimitar la palabra y la identidad. La violencia es una anticipada voz que le dice al interno nuevo quién
será en estas circunstancias. La cobija, entonces, representa también una
forma de ocultar al interno ante el colectivo, de cubrir su rostro velándolo
y escondiéndolo, de manera que se golpea un cuerpo sin señas, sin rasgos. Demetrio nos remite a una "lógica", que luego desarrollaremos más
extensamente, pero que estipula la naturalidad de los acontecimientos: él
asegura que es *lógico* que cuando alguien arriba a una celda se le golpee.

Como a todo, como a todo chavo que llega ahí le dan su bienvenida ¿no?
Le empiezan a pegar, pus lógico.
—¿Quién te comenzó a pegar?

—Pus la misma estancia, y pus lógico, uno se tiene que aguantar ¿no? por ser por primera vez pus [...] y sí pus llegué y pus me dieron mi bienvenida (Demetrio, 18 años).

¡No, pues a todos! Así cuando vas entrando envuelto en una cobija y entre todos te pegan.
—¿Pero en el dormitorio donde tú vives?
—¡En todos los dormitorios!
—¿Y a ti te pasó eso?
—No, porque yo llegué en la madrugada, no te digo que ya estaban durmiendo todos.
—¿Y de los que han llegado después?
—Sí (risas) sí.
—¿Y tú les has pegado?
—¡Ay, pues sí! Pues porque si me lo hacen a mí, ellos no se van a tentar el corazón y no pegarme, y aparte si no les pegas a ti te hacen también, por no haberle pegado.
—¿Y cómo queda la gente?
—¡Ay! (risas) pues se ponen a llorar.
—¿Con qué les pegan?
—Con los puños, con los pies, con lo que puedan.
—Y después de que les pegan ¿qué pasa?
—Pues ya, ya párate, tienes que hacer esto y esto (Esther, 19 años).

Cuando llegué ahí, pues, y me recibieron con golpes y todo eso, eran como 18 internos ahí, y pus me empiezan a recibir a golpes, antes de preguntarme por qué venía yo, qué había hecho, por qué había caído en la cárcel, ellos con sus marihuanos, con sus drogas y me dicen, no pus bienvenido y casi me matan, empiezan a golpear, me tiraron, me echaron una cobija y me aventaron (Fulgencio, 35 años).

LAS CELDAS, LOS CAMAROTES: CONSTRUCCIONES DEL ESPACIO

Así como el tiempo, el espacio es otro eje que organiza la experiencia en la cárcel. Lo hace de forma inmediata, distribuyendo ámbitos y lugares; y de forma simbólica, atribuyendo ciertos significados. Una dimensión y otra están plegadas: el espacio que se organiza de forma cotidiana también se ordena en sus sentidos. Y viceversa. Curiosa dinámica simbólica, apresurada ante los hechos, abarrotada como el mismo espacio de la cárcel. Si existe algo así como un nivel microfísico en un análisis es éste: pasillos, miradas, camas, obligaciones, sueños y comidas; que se interceptan y se transforman. Se obliga a ciertas dimensiones, intensamente físicas —el suelo, las puertas, los camarotes—, a sumarse a la imaginación incesante, como el rumor mismo, de cualquier comunidad humana. Todo como si fuera tan sólo lo que es y a su vez se reformulara, se recreara, y también se desplazara.

LOS ÓRDENES DEL ESPACIO

El espacio en la cárcel se construye mediante la conformación de dos órdenes y a la vez los permite; funcionan según dos pares de distinciones fundamentales: *arriba* o *abajo*, y *dentro* o *fuera*.

Arriba o abajo

Este orden se asocia al del tiempo, en tanto *arriba* se vinculará con antigüedad y *abajo* con novedad; es un punto para comprender algunas de las relaciones de poder entre los internos. La estructura es piramidal en su construcción simbólica, pero no en su dinámica. Piramidal en tanto la parte superior —*arriba*— no sólo corresponde a un lugar físico —lo es también—, sino a un espacio de acción y de vinculación que otorga privilegios y prerrogativas. *Arriba* será una posición de poder y también una ubicación física, pues la ocupación de los lugares para dormir será la experiencia que ordene estos espacios: los camarotes —*arriba*— o el suelo —*abajo*—. *Arriba* constituirá también una prerrogativa, la posibilidad de dar órdenes, de evitar algunas rutinas. Es coincidente en alguna de sus formulaciones con la simbolización de las clases sociales: los ricos están *arriba*, los pobres *abajo*; específicamente en tanto quienes tienen dinero o quienes acumulan cierto capital cultural están *arriba*; a más pobre y menos educado, más *abajo*.

Abajo será el espacio del suelo, donde se duerme al llegar, salvo que se disponga de dinero. *Abajo* en la vida carcelaria, porque se tiene una capacidad de decisión limitada y se deben obedecer las órdenes de otros. *Abajo* ante la institución y los presos, porque no se tiene experiencia en los códigos de la prisión o no se aprende de ella.

Dentro o fuera

Este orden se desenvuelve en sentido inverso al del tiempo: mientras más tiempo, más *dentro*, pero a la vez más *fuera* en tanto transcurre la condena. Mientras menos tiempo, menos *dentro*; pero también menos *fuera*, en tanto la condena se extiende casi completa. Es un orden de subjetivación, pues permite la conformación de una disposición ante sí mismo en el encierro. El *fuera* será el espacio extracarcelario, tanto de la propia historia de los individuos como de sus movimientos y de sus expectativas. Ambos términos representan una liminaridad, no sólo subjetiva, sino también social. De este modo, *dentro* no sólo es una ubicación en el interior de la cárcel, sino que entrega una densidad al espacio: se avanza desde las puertas, o los límites, hacia *dentro*, hasta los dormitorios, las celdas y los espacios de gobierno. En este sentido, la cotidianidad es un *dentro* y la excepcionalidad un *fuera* (salir de la cárcel por alguna razón y, finalmente, la libertad). Se duerme, se conversa, se come, se camina y se trabaja *dentro*.

A la vez, en la misma cárcel hay un degradé entre *dentro* y *fuera*. Como dijimos, las celdas son el punto culminante del *dentro* —física, cotidiana y culturalmente— y son el espacio de reproducción cotidiana y de convivencia permanente. Se establece un primer *fuera*: más allá de la celda; luego, otro que distingue los dormitorios, el *kilómetro*; las instalaciones donde se realizan ciertas actividades programadas, como la escuela o los talleres. Más *afuera* están las instituciones de gobierno, donde se cumple con algunos trámites y se gestionan beneficios: las oficinas de los técnicos, el refectorio para las citas con los abogados. Más *afuera*, la libertad y el mundo.

Asimismo, *dentro* y *fuera* son un punto de estructuración de la subjetividad en la cárcel: aunque se esté *dentro* en términos corporales, se puede estar *fuera* en los subjetivos. *Fuera* y *dentro* son una forma de pertenencia y de arraigo a la vida en la prisión. Si se tiene experiencia delictiva y se conoce gente en el penal, se está más *dentro*; lo mismo si ya se ha cumplido otra condena. Pero si se proviene de un contexto social distinto al habitual entre los internos, o no se tiene experiencia en la cárcel, se está *fuera*. En este plano, la distinción opera como una forma de adscripción: *dentro* es pertenencia y *fuera* extranjería, que se pliega con otro orden de claridad y de extrañeza. Este orden, que podríamos denominar "de lo mismo y lo otro", se estructura según la apariencia física del individuo, sus antecedentes, sus modos y costumbres, su estilo, su experiencia carcelaria, su lenguaje, el uso de su cuerpo. La norma corresponde a un sujeto de aspecto popular mestizo, con alguna experiencia en los ámbitos delictivos, que tiene ciertos conocidos en el penal (especialmente amigos de su colonia), que sabe comportarse según los códigos del *cabrón*: altivo, valiente, audaz (estos códigos los analizaremos más adelante), que maneja el argot carcelario y que tiene los usos corporales de los hombres populares. Mientras más distinto sea el individuo, según estos parámetros, más *fuera* estará de la cárcel y será más vulnerable, en algún sentido. Al contrario, mientras más parecido sea respecto a los mismos parámetros, más *dentro* estará en la cárcel.

A su vez estos puntos de estructuración de la subjetividad operan como estrategias de resistencia. *Fuera* y *dentro* son también coordenadas de integración a la institución, paralelas a las que ordenan la integración al colectivo de los internos. Se puede estar integrado intensamente a la vida de los internos pero estar *fuera* respecto a la institución y viceversa. No obstante, esta misma integración será un eje de disciplinamiento, pues los procedimientos para acceder a una reducción de condena exigen que los individuos estén integrados en forma consistente a la institución y se distingan de la población de internos. La integración se logrará gracias a la participación del interno en las actividades que la institución ofrece: escuela, trabajo, talleres; y la distinción se construirá mediante un *cálculo* del compromiso del individuo con la "cultura carcelaria" en un sentido inverso: cuanto menos esté integrado a esa cultura, más lo estará a los fines de la institución. Cuanto más *fuera* esté de esa cultura, más *dentro* se hallará de los parámetros institucionales.

Diremos, entonces, que existen dos formas de pertenencia en una prisión. Una, que es idiosincrásica y que implica una pertenencia al colectivo de los prisioneros, en tanto presos. Otra, que es institucional y que supone una pertenencia formal en tanto internos. En ambas operan las coordenadas de un *dentro* y un *fuera*, pues suponen espacios de inclusión y exclusión mutuos; no tajantes, sino ambivalentes y dinámicos. Estas formas de pertenencia son en sí mismas modos de subjetivación. La primera requiere que se esté *dentro* del colectivo de los presos y de sus formas de sociabilidad, lenguaje y comportamiento; pero es interceptada con una conminación a permanecer *fuera* de la institución en sus fines y procedimientos resocializadores y readaptadores. La segunda permite ubicarse *fuera* del colectivo, ya sea por marcadas diferencias sociales o experienciales, o por opción individual, pero exige estar *dentro* de la institución y cumplir con sus requisitos y demandas.

En sus resultados subjetivantes tales estrategias muestran una paradoja, pues una y otra requieren un proceso de transformación individual. No queda opción si el objetivo es la supervivencia. Lo que esta encrucijada no permite es que se esté *fuera* tanto del colectivo de los internos como de la institución. Pero optar por uno u otro producirá resultados diferentes. Mientras el *dentro* de los mismos internos es intensivo y carismático, el de la institución es procedimental y formal. Uno exige una semiótica de pertenencia, la adquisición de comportamientos, estilos y estéticas; el otro, obediencia y signos formales de adscripción. Uno reclama lenguaje, humor, corporalidad; el otro, movimientos y tiempos de acatamiento: llevar el uniforme, obedecer las órdenes, cumplir con la lista, participar en actividades.

Pero no son estados permanentes, no son tipologías de personalidad, sino estrategias. Se pertenece a la institución de forma estratégica, pues para ciertos fines conviene y es lo indicado (para reducir la condena, por ejemplo), pero no se pertenece para otros (por ejemplo, mediante la realización de conductas delictivas prohibidas por la institución, como el tráfico y la venta de drogas). Un individuo, en determinadas circunstancias y para ciertos fines, utilizará una u otra indistintamente. La única condición es no traicionar a los propios compañeros, mantener entre la institución y el colectivo de los internos ciertos procedimientos de comunicación, organizados en torno a una norma de silencio que emana del colectivo de los internos: no se habla acerca de lo que sucede entre ellos, no se denuncian los delitos que puedan suceder, no se reclama ante las autoridades. Es un régimen de las palabras —que las controla y las delimita—, y uno de las miradas —que prescribe discreción y elusión: ver sin ver, escuchar sin escuchar, saber sin saber nada—. Un sistema de desconocimiento permanente. Este régimen es, también, punitivo, pues se sostiene en una amenaza de venganza que podría concretarse en la muerte, si fuera necesario. Por lo tanto, un interno que denuncie a otro o que entregue información a las autoridades deberá quedar bajo la protección de la institución y separado del resto de la población. En tal sentido, este régimen de palabras y miradas es una frontera y un código de tránsito entre estrategias de pertenencias distintas. Esto lo analizaremos más adelante.

UNA CELDA, UN INFIERNO Y UN CAMINO.
LAS CONSTRUCCIONES DEL ESPACIO

Hemos diferenciado cuatro formas de construir el espacio en la cárcel
que se vinculan entre ellas pero se diferencian en términos discursivos.

Espacio "escatológico"

Los internos describen la cárcel como un *infierno* por las condiciones de
vida en que sobreviven, por los sucesos que acaecen, por el tipo de relaciones que se pueden establecer en este lugar. Es un *infierno*, también,
porque es un lugar de expulsión: quienes allí habitan y los que se encuentran en ese otro lugar, en el *más allá*, están, unos y otros, condenados. En
estos discursos se intercepta una escatología con una topología. Un infierno es un lugar situado en alguna parte y que habitan los condenados,
los que han perdido la gracia de Dios.[53] Una cárcel es un lugar ubicado en
algún lugar —habitualmente en la superficie de la tierra— y que habitan
los condenados que no han perdido ninguna gracia, pero que se estima
tienen una deuda que saldar.

Como lugar de expulsión, como *más allá* de la vida social, la comprensión de la cárcel como un infierno es en cierta forma escatológica,
y la constituye como un espacio de *abyección*: la cárcel como *infierno*
es un lugar de impureza. Kristeva (1989), siguiendo a Douglas (1973),
dice que la impureza permite constituir un sistema clasificatorio, pero
mediante su caída (de la propia impureza): su abyección, de *abiectio* en
latín, literalmente rechazo. Indica Kristeva que la impureza "Es aquello
que se escapa a [la] racionalidad social, a este orden lógico sobre el cual
reposa un conjunto social" (Kristeva, 1989: 89). En este sentido, en tanto infierno —*más allá*, excremento e impureza— la cárcel es un *afuera*
del sistema social mismo, pero no en términos de marginalidad, sino de
liminaridad. La impureza, explica Douglas (1973), permite el establecimiento de fronteras sociales y de límites entre grupos de una sociedad
mediante, por ejemplo, la prohibición del intercambio de sustancias cor-

---

[53] Del infierno dicen los teólogos que es un lugar que ha ubicado la imaginación ju-
deo-cristiana debajo de la tierra (así como el Hades griego). Un diccionario de teología lo
define como un "lugar de castigo a los condenados en la otra vida (del latín *infernus*, inferior, de abajo)" (Bauer, 1985: 512).

porales o la elusión del contacto. Kristeva anota que entre una sociedad y cierta naturaleza se constituyen líneas de demarcación "a partir de una simple lógica de *exclusión* de lo sucio que, promovido así al estatuto ritual de *impureza*, fundaría lo 'propio' de cada grupo social, cuando no de cada sujeto" (1989: 88).

Cuerpo de los condenados puesto aparte, como se pone aparte la impureza para permitir una racionalidad social; espacio liminar que constituye un *afuera* del sistema. Vimos que el *afuera* es un articulador del discurso de los internos: un *afuera* en este *afuera* generalizado que es la cárcel (los condenados quedan sometidos a la interdicción de ciertos derechos durante su condena, por ejemplo, al voto). Pero en este caso estamos ante una paradoja, pues lo que funda lo propio es aquello que se expulsa, en palabras de Kristeva, a la vez que los límites son formas de elusión y de lejania, según Douglas. La impureza es tanto el límite como lo expulsado; es contenido y forma, de alguna manera. El espacio social se constituye según una lógica de exclusión y aversión. Pero, ¿cómo se constituye a sí mismo aquello que se expulsa, lo caído de una cierta racionalidad y orden social? Hemos visto que el *infierno* es este lugar conformado mediante una referencia al orden social, pero que no sólo se constituye como un *afuera*, que hemos llamado "generalizado", sino que tal vez se conforme como un *no lugar*[54] en algún sentido, como un espacio que se impide a sí mismo. La escatología se intercepta con una topología, como indicamos, pero para impedir cualquier mapa posible, sea real o ficticio. Pero anotemos que la cárcel, en tanto *infierno*, resulta de una posicion subjetiva, en tanto son los "condenados" quienes la describen de este modo: están dentro, pero la miran desde fuera, se alejan de ella mediante este recurso escatológico. El lugar que se funda es un lugar discursivo, un *topos* en el lenguaje que permite cierta forma de

54 Marc Augé acuñó este término para referirse a los espacios urbanos en donde predomina el anonimato y no es posible interceptar la historia, la identidad y el vínculo. Nosotros queremos recalcar esta situación paradójica de la cárcel como un lugar no existente que se remite, de manera mítica, a un *más allá* de este mundo, como un lugar en el que nadie quiere estar y con el que nadie se identifica. En este sentido hablamos de un *no lugar*. Véase Augé, 1993. Butler menciona la existencia de no-lugares que se vinculan con la inteligibilidad subjetiva en el campo de la sexualidad e indica que se trata de no-lugares "donde una se halla a sí misma pese a una misma; se trata, sin duda, de no-lugares donde el reconocimiento, incluido el autorreconocimiento, resulta precario cuando no escurridizo, aunque hagamos nuestro mejor esfuerzo por ser sujetos en un sentido reconocible" (Butler, 2005: 10).

habitabilidad de este lugar físico, real, por así llamarlo. Pero el lenguaje de los mismos presos reproduce el proceso de exclusión y caída que hemos mencionado, en tanto la cárcel se significa como un *afuera*, incluso para quienes la habitan. Están sin estar, moran sin morar en este lugar semejante al Averno. A partir de tal exclusión generalizada del espacio carcelario ejecutada por un orden social, se genera esta otra exclusión específica y particular que realizan sus propios habitantes, quizás como una forma de evitar la contaminacion, de trazar nuevos límites y nuevas fronteras, pero esta vez en el lugar mismo, desde su *interior*. En algún sentido nadie habita la cárcel, nadie se la apropia como un lugar personal. Lo veremos luego, cuando la estadía en ella se intercepte con dos dimensiones que ya esbozamos: la muerte subjetiva y la caída identitaria.

Espacio moral

Los internos significan la cárcel como un *camino* que debe recorrerse *solo*. *Camino* es un término que intercepta, en sí, el tiempo y el espacio: es la "tierra hollada por la que se transita", dice el *Diccionario de la Real Academia Española*, y es la "jornada que toma ir de un lugar a otro". Tiene también un sentido moral (RAE, 1983: 237). El *camino* se constituye por la confluencia de un espacio —la cárcel— con un tiempo —la condena—. Una primera regla de la subjetivación en la cárcel prescribe que se experimente la prisión como un *camino* que parte de uno mismo para terminar en uno mismo. Lo importante es que el trayecto se perfila sobre la propia subjetividad. Como espacio moral, tiene un estatuto paradójico: el encierro se define como una limitación del espacio, a la vez que se construye como el momento de un aprendizaje. La condena tiene una función rehabilitante, no sólo punitiva, y supone una transformación moral y subjetiva de quienes la sufren. Nuevamente el tiempo y el espacio se interceptan en este objetivo resocializador: la cárcel debiera ser un lugar que *re-habilitara* a sus integrantes para la vida social normal y correcta en el intervalo temporal de una condena.

Por otra parte, la noción de *camino* lleva a dos operaciones subjetivas. Primero, dar una continuidad anticipada a la estancia en la cárcel, que es definida por esta trayectoria moral y pedagógica. No se vincula con los objetivos re-socializadores de la cárcel, sino con la propia experiencia obligada del encierro. De alguna forma, un camino es también una fractura y un intersticio, en tanto permite establecer durante la condena un itinerario particular definido autónomamente. Pequeñas ganancias de libertad mediante la construcción de metáforas. Ante el *camino* institucional se esboza este *camino* personal, por así decirlo, que cada interno puede trazar. Se cruza el espacio físico del encierro con el espacio subjetivo de la imaginación, que sustenta, primero, un grado de integridad y autonomía, y segundo, un proyecto desasido de la misma cárcel. El *camino* tiene cierta disposición en el tiempo, se avanza por él y se le cubre. Se sale de la cárcel, se termina la condena y se finaliza el *camino*. Ésta es la segunda operación, correlativa a la de continuidad: realizar un corte, que está marcado por esta topología metafórica. La cárcel tiene término, la condena finaliza. Pero —continuidad y corte— permanece un sí mismo, de algún modo, caminando, agente aunque sea de su propio *camino*, por aciago que éste parezca. Caminar es una forma de salir y de reducir la omnipotencia de la cárcel, pues es posible vincular el *camino* que aquí se recorre con los otros que se han seguido mediante un uso estratégico de la biografía que esboza un drama —o una tragedia—, pero que la dispone en un lugar propio y no en uno institucional. Forma estratégica, porque la cárcel, en este relato, se ubica como un punto en un mapa, que se puede esquivar o que resultará inevitable; pero no en sus términos, sino en los propios, en los de una vida narrada para sí, en los de cierta intencionalidad. Los métodos clásicos de la subjetivación —examen de sí, recriminación moral, relato de sí—[55] se utilizan para enfrentar su misma operación.

Luego, los internos dicen que la cárcel hay que *tomarla por su derecha*. Hay un lado correcto para transitar por este lugar. La *derecha* es el costado donde se soslayan los problemas, se mantienen buenas relaciones y se evita agregar pesares a la estancia. El lado derecho es un lugar, o un espacio, en el que se combinan cierta autonomía —en tanto puedo elegir el lado que me conviene y que estimo más pertinente—, y cierta sumisión —pues es el lado que se acopla mejor a las direcciones de la institución, a su propia formulación del *camino*—. Esto se vincula con otra característica que los internos destacan en el orden carcelario: los *problemas llegan solos* y no es necesario salir a buscarlos; entonces, el lado derecho representa el lugar donde los problemas llegarán de modo

---

55 Foucault llamó a estos métodos "prácticas de sí" y los analizó ampliamente en el curso que dio entre 1980 y 1981 en el Collège de France, que posteriormente fue publicado como *La hermenéutica del sujeto* (Foucault, 2002c).

inevitable, pero no provocado. La voluntad los ha esquivado con antelación, en la medida de lo posible, *tomando la derecha* en este camino.
Si se toma el lado contrario, entonces se les busca, lo que implica sumar
dos tipos de conflictos: los que necesariamente llegan, porque el orden
carcelario los trae de manera autónoma a cualquier voluntad, y los que se
eligen al optar por un camino equivocado en este contexto.

Espacio social

Está constituido por diversos lugares; la celda en primer término, luego
el dormitorio entero (compuesto por muchas celdas), los otros dormitorios, los pasillos, el *kilómetro*, los talleres, la escuela, los edificios de la
administración, la cocina, el gimnasio, las canchas de fútbol. Es un espacio, como veremos en el punto siguiente, gobernado por ciertas reglas;
por lo tanto, de él se han apropiado los internos estableciendo ciertos
usos y procedimientos. Dado esto, es un ámbito de intersección del orden institucional del espacio con su orden idiosincrásico que, a su vez,
permite interceptar los órdenes temporales que hemos analizado antes.
De este modo, el espacio y el tiempo de pertenencia corresponden a los
lugares en donde predominan los internos: todos los edificios que sirven
de habitación y para la supervivencia diaria o el esparcimiento (celdas,
dormitorios, pasillos, canchas, comedores). Luego, un espacio intermedio corresponde a los lugares en que predominan los internos, pero para
funciones institucionales: los talleres, la escuela. En cambio la pertenencia institucional se construye en los espacios administrativos o bajo el
control de los custodios (edificios administrativos, pasillos de salida, en-
fermería, refectorios).

   Dijimos que la celda conforma el espacio social por excelencia. Agre-
guemos que en el discurso de los internos se le construye como un hogar,
y al colectivo de sus integrantes como una especie de familia (goberna-
dos por una *mamá*). Orden familiar del encierro, espacio hogareño de la
celda. Luego, este espacio se organiza según dos coordenadas fundamentales: los camarotes —arriba— y el suelo —abajo—. Uno y otro son los
espacios relevantes para definir el estatus dentro de una celda, vinculado
con la novedad o antigüedad de un interno o con su poder económico,
como ya lo vimos. Si observamos, ambas coordenadas remiten a una
posición horizontal, de descanso, de inmovilidad o de sueño. No hay

una posición vertical que suponga desplazamiento, salvo el camino que hemos mencionado, pero que no tiene referente de sustentación. En este sentido, el suelo y los camarotes —lugares ambos para dormir— replican esta escatología al establecer, otra vez, un *arriba* y un *abajo*, un espacio inferior y otro superior. Sólo hay una dirección vertical en la cárcel: subir desde el suelo hasta los camarotes. *Camino* también de transformación, pues supone la acumulacón de años, experiencia, prerrogativas; supone la integración al adentro carcelario en un particular camino de purificación: ascender desde los suelos, de lo inferior a lo superior.

Espacio imaginario

En el conjunto de coordenadas físico-espaciales, de sus elaboraciones socioculturales, queda un remanente que es específicamente imaginario y que responde a las elaboraciones de cada sujeto.[56] Ante la pregunta ¿dónde estoy? las respuestas pueden ser diversas: estoy lejos de los míos, en la continuación de mi colonia, en un lugar de castigo. Más allá de la impronta objetiva de un espacio se reconstruye su propia consistencia, transformando los lugares en *topos* de deseo y de cierta autonomía: se ponen fotos, se decora, se apropian las celdas y los pasillos, se despliega una gastronomía, se intercambian objetos. La institución es apropiada mediante su uso intensivo. El espacio imaginario es una forma de habitar este mundo, de encontrar un lugar psíquico dentro de las limitaciones físicas y de construir una imagen que refleje al propio yo y favorezca una relación con los otros inmediatos. De alguna forma, la construcción de este espacio es una estrategia para escapar a la determinación estricta de la vida individual que supone la cárcel, tanto en su funcionamiento institucional como en el social. Este espacio intercepta en lo subjetivo la pertenencia con la apropiación, de modo que hace posible una forma

---

56 Laplanche y Pontalis definen el *imaginario*: *a)* como un punto de vista intrasubjetivo, que permite la relación del sujeto con su propio yo; *b)* una perspectiva intersubjetiva, en tanto relación dual sustentada en la imagen de un semejante; *c)* la prevalencia de una determinada *Gestalt* en el desencadenamiento de los comportamientos —un punto de vista etológico—; y, *d)* "en cuanto a las significaciones, un tipo de aprehensión en el que desempeñan un papel determinante factores tales como la semejanza, el homeomorfismo, lo que demuestra una especie de coalescencia entre el significante y el significado" (Laplanche y Pontalis, 1996: 191).

específica de pertenencia —sustentada en ciertas coordenadas imaginarias— y una manera particular de apropiación —mediante el uso y la transformación del espacio que se habita.

Esto se intercepta con lo que dijimos sobre la cárcel como espacio escatológico, como lugar que nadie habita. El espacio imaginario, como lo hemos llamado, es la forma específica y particular de habitar que elaboran los internos, el modo subjetivo de purgar el *infierno* con carácter subjetivo y de procurarse una vida más llevadera. Si la cárcel como *infierno* es un lugar de explusión, un espacio abyecto e impuro, para confrontar esta dimensión los internos *salen* de ella discursivamente, creando una doble distancia: de ellos respecto a la cárcel, transformándola en un *no lugar*, pero a la vez habitándola según sus propios modos e intereses: construyendo un espacio propio que los distancia del espacio mismo en que moran. Dos límites: uno ético, que se traza sobre la institución desmintiéndola; otro estético, que se dibuja sobre su concreción física, transformándola. Apropiarse de un espacio como éste, infernal como lo hemos visto, es ante todo crear un lugar subjetivo, que estas dos operaciones permiten: un *topos* discursivo de expulsión, de inhabitabilidad, y un gesto subjetivo de recreación del espacio obligatorio y conminatorio.

Inferno, celda, *camino* e imaginario se unen en este punto, pues la construcción del espacio se vincula de algún modo con la conformación y el ejercicio de cierta autonomía subjetiva mediante la creación de un espacio fundamental para la vida humana: el espacio propio, un *cuarto propio* como habría dicho Virginia Woolf, aunque dicho cuarto sea un mapa en la imaginación, lugares por donde se camina, una foto en la pared o unas mantas en el suelo. Luego veremos cómo se concreta esto en el caso de las *cabañas* y la construcción de espacios de intimidad y privacidad.

LAS REGLAS DE USO

Hemos determinado tres reglas para el uso del espacio y su distribución en la cárcel. Se vinculan estrechamente con lo que hemos expuesto sobre la construcción de los espacios, pero se refieren a una forma procedimental. La regla atiende no sólo a la significación sino al empleo, y por tanto a la práctica mediante la que se conforma un espacio. Son reglas que norman la utilización de un espacio extremadamente pequeño y saturado, así como cotidiano y permanente, según dos polaridades fundamentales: viejo o nuevo y arriba o abajo.

Regla de la antigüedad

La antigüedad de un interno determina la cantidad de espacio del que dispone y el poder que tiene sobre las áreas comunes de una celda. Esto se vincula con lo que hemos dicho antes sobre las prerrogativas de los *viejos* sobre los *nuevos*. Asimismo, en la celda el espacio al que se atribuye mayor valor son los camarotes; los más antiguos duermen en ellos —lo que supone mayor comodidad— y pueden poner unas mantas y conseguir cierta privacidad en el espacio. Quien es más antiguo tiene mayor poder y está "arriba", física y simbólicamente; quien es más nuevo está "abajo", también de manera física y simbólica.

Regla de la verticalidad

El acceso al espacio con mayor valor —los camarotes— es vertical: se sube desde el suelo hasta los camarotes. Y este ascenso es concomitante con la atribución de un mayor poder: los camarotes son un *arriba* simbólico a la vez que físico, y el suelo un *abajo* en las dos dimensiones. He aquí cierta materialidad del poder: el suelo, los camarotes; "arriba", "abajo". El paso del tiempo va a permitir que se *suba* en esta división de los espacios. Conforme se acumulen meses y años, y algunos de los habitantes de la celda salgan en libertad, es más probable que se alcance un camarote. Un camarote no es sólo un lugar que ofrece, en términos relativos, mayor comodidad para dormir; es ante todo un lugar en determinadas relaciones. Es signo de antigüedad y de cierto poder. Es casi el único territorio *privado* que se puede tener en este orden de los espacios. Si a un interno lo cambian de celda, entonces puede perder tanto el camarote como la antigüedad y todo vuelve a empezar. No existe, por tanto, una regla horizontal que determine que el trasladarse de una celda a otra mejore la posición en ciertas relaciones de poder. Todo vuelve a empezar y es específico de cada celda; si alguien se traslada, el intervalo vertical que había ganado mediante la acumulación de años se pierde.

Regla de la administración

La celda es la unidad básica de pertenencia y de supervivencia dentro de la cárcel, lo hemos dicho ya. Si bien se pueden tener múltiples relaciones con internos en otras celdas, la cotidianidad obligada de la convivencia en la celda exige el establecimiento de ciertos vínculos y ciertas reciprocidades. Buena parte del bienestar o el malestar que se pueda conseguir en la cárcel dependerá de las relaciones que se establezcan con las personas que viven en la misma celda. Se produce una intersección entre el espacio que se habita y la solidaridad que se puede conseguir en un penal. Aun considerando las jerarquías, esta regla dicta que todos deben participar de alguna forma en la manutención de la celda. Las tareas están divididas —lo veremos— según antigüedad, pero nadie puede desentenderse del destino de la celda, que incluye su limpieza, pero también su vigilancia —los robos entre los mismos internos son sucesos frecuentes— y cierta coordinación de las acciones que permita la convivencia: el uso del baño, la utilización del suelo para dormir, alguna forma de evitar los conflictos permanentes. Si alguien no quiere participar de esta regla, se margina de la celda y debe permanecer fuera de ella todo el día, hasta la hora de la lista y el momento de su cierre.

MONSTRUOS Y MAMÁS: LAS POSICIONES

La vida en el interior del penal se organiza en torno a algunas posiciones centrales, que explican gran parte de las relaciones cotidianas de poder y la distribución del trabajo y de las prerrogativas. Hablamos de posiciones porque lo primero que nos sorprendió fue la falta de identidad y la variabilidad de estos puntos de organización de las relaciones sociales en la cárcel. No hay algo así como un "personaje", que sedimente características o deba mostrar determinadas cualidades. De este modo, las únicas posiciones que hemos encontrado en la investigación, a saber, la *mamá* y el *monstruo*, son extremas en un orden de distribución del poder y del trabajo cotidiano de supervivencia; ambas resultan de la organización de los mismos internos, no de una atribución institucional; los nombres provienen del argot carcelario. Asimismo consideramos que no constituyen una jerarquía, pues aunque suponen poderes diferenciales y una gradiente en las prerrogativas, las detentan los internos en ciertos momentos de su trayectoria temporal dentro del penal, sustentada en la acumulación paulatina de antigüedad. Además, tampoco suponen una distribución general del poder en la prisión y advierten, más bien, sobre la forma en que está compartimentada, según los espacios sociales donde se configura. De modo que el poder que se ejerce en la celda no traspasa su radio y no implica su distribución en conglomerados y relaciones sociales mayores —como los dormitorios y el penal completo o el conjunto de los internos—; fuera de ella las relaciones podrían ser otras, distintas. La posicionalidad de la que hablamos favorece cierta fijeza en las trayectorias de los internos dentro de la población carcelaria, organiza de determinada forma las relaciones cotidianas en las celdas, y además permite una gran flexibilidad en las relaciones, según los espacios y los grados de agregación que se estipulen.

De modo general, cualquier interno puede ser *monstruo* o *mamá*, dependiendo del tiempo que lleve preso: un *monstruo* es siempre un interno recién llegado y la *mamá* es el interno más antiguo de una celda. Uno y otro responden, principalmente, a formas de organización de la convivencia en el interior de las celdas y de las tareas cotidianas de manutención. De esta forma, *mamá* y *monstruo* representan una división "sexual" del trabajo que pese a ser *sui generis* es efectiva y operante, en tanto el *monstruo* realiza todas las labores de limpieza, aseo, preparación de los alimentos y cuidado de las que se encargan las mujeres habitualmente; de modo inverso, la *mamá* funge como jefe de hogar: es quien organiza la distribución de las tareas, resuelve los conflictos y dirime la organización del espacio en la celda.

DUEÑO Y SEÑOR: LAS *MAMÁS*

Como referimos, la *mamá* es el interno más antiguo en una celda y quien organiza la vida dentro de ella. Cuando los internos hablan de la *mamá*, mencionan dos rasgos: es el más viejo y es quien manda. Así como se le atribuye el máximo poder, se indica que tiene capacidad para dictar las normas que rigen la convivencia en una celda. La legalidad que permite esta posición es general en el ordenamiento de las relaciones entre los internos. Las normas que puede dictar en su celda dependen de esta normativa mayor, que posiciona al interno más antiguo como *mamá* en ese espacio. Por lo tanto, si bien el ejercicio del poder es *local* y específico, la legalidad es *global* y general. Las relaciones de poder, en este sentido, aparecen sancionadas procedimental, pero no expresivamente: determinan quién pero no cómo. La legalidad, esta pequeña normativa de la convivencia, de las tareas y de los recursos, funciona como un diagrama, que esboza con precisión ciertos aspectos en determinados espacios —tales como quién debe ser *mamá* o *monstruo* y cómo se realiza la sucesión en una u otra posiciones— y deja indeterminados muchos otros, sujetos a acuerdos específicos y a regímenes diferentes.

> Tiene el poder, se puede decir que ¡es el máximo poder en la celda, porque es el más viejo! o sea, yo llevo tantos años aquí, entonces, todo lo que está, todo cómo se maneja la celda, todas esas normas yo las he puesto, todas esas reglas yo las he puesto, entonces tienes que acatar las cosas, tú como vas llegando, tú no me puedes decir qué vamos hacer, o sea, tú no puedes poner condiciones en una celda. ¡Tú vas llegando! ¡Al contrario! Debes de acatar y ganarte a la gente (Boris, 28 años).

> La mamá es el que organiza todo, la que organiza toda la estancia, respecto de que "¿Sabes qué? Mira tú vas a hacer eso, tú vas hacer lo otro" (Leandro, 30 años).

> ¡Ah, ésas son las mamás! Los más viejos de las celdas, así se les dicen aquí, los más viejos de las celdas.
> —¿Pero qué características tiene una mamá?
> —Es el que manda, es el que manda, es el que dice quién hace el cantón, quién acarrea el agua (Rolando, 36 años).

Por otro lado, la *mamá* detenta una cierta capacidad de decisión y de gestión y combina las atribuciones de un jefe de familia con las de un propietario. De este modo, no sólo organiza la vida cotidiana en lo referente a las funciones y las tareas de los habitantes de una celda, sino que es "dueño" de la celda como espacio físico y puede vender los camarotes y rentar los artefactos. También puede vender antigüedad, de modo que si algún interno nuevo quiere evitar ser *monstruo* compra una exención a la *mamá*. Si bien un interno asegura que "la cárcel no es de nadie", se forma cierto régimen de propiedad sustentado en la antigüedad. La *mamá*, de este modo, es "jefe" de hogar porque es "dueño" de casa. De esta manera, la celda se constituye en una especie de familia, con una "madre" que hace de "padre", con un jefe de familia y un dueño de casa. Hogar en tanto espacio de convivencia cotidiana; familia en tanto organización de las relaciones. Una "madre" y sus subordinados. Una familia y sus *monstruos*.

> —¿Cuáles son sus atribuciones?
> —Pues él se encarga de todo, lo que se le tiene que dar a él, bueno, si rentas una televisión se le tiene que dar a él lo de la renta de una televisión (Esther, 19 años).

La *mamá* resulta de una acumulación de tiempo, y el tiempo es una forma de acumular prestigio. Poder y tiempo, en este orden, se encuentran vinculados. A más tiempo, más poder. Poder impuesto, resultado de determinada organización social que estipula la antigüedad como fundamento de las prerrogativas, pero poder también consensual y modificable. Ser más antiguo no significa, en este sentido, acumular superioridad sobre los otros internos; es una característica contingente y también variable en la medida en que otros elementos pueden entrar en liza para modificar el orden, por ejemplo, mediante el uso de la fuerza y el dinero, como ya lo expusimos.

> Por ejemplo, eres nuevo, tienes que acatar las reglas que hay en cada celda ¿no? Cada celda, cada dormitorio tiene sus normas, sus reglas. Por ejemplo, tú en tu celda, por la antigüedad que llevas, aquí lo manejan así, haz de cuenta tú llevas "¿cuánto llevas, cuánto tiempo llevas aquí en la celda?" "¡No pus yo llevo cuatro años!" "¿Eres el más viejo?" "¡Sí!" Entonces por lo tal como lo manejan aquí, eres la mamá del cantón, de la celda, o sea, eres el que da las órdenes. Realmente la prisión no es de nadie, la prisión no es de nadie, pero se ha creado una idea de que el más viejo es el bueno del cantón (Boris, 28 años).

> La mamá es el más viejo de la celda. Él no hace nada ahí, él es el que manda todo, ése es el que manda a todos.
> —¿Y por qué puede mandar a todos?
> —Porque él es el de más tiempo, por eso se le llama, se le dice madre o mamá ¿no?
> —¿Sólo porque tiene más tiempo?
> —Sí, sí pus, al del tiempo se le respeta porque casi, aquí en todas las canas, por su tiempo nomás, pero quizá uno puede ser más que él, que le pone en la madre a todos y es el mero, mero ahí ¿no? Por eso, porque se

ha visto, yo en las celdas que he estado, bueno que convivo, no que he estado, que convivo, yo he visto que llegan nuevecitos y le dan en la madre hasta la mamá y ¡pum! pus se quedan los chavos de mero, mero ¿no? (Nico, 32 años).

Se distingue, así, una polaridad en las relaciones de poder y en las atribuciones éticas; por una parte, el *mero mero* es quien puede imponer su voluntad a los internos en una celda (tal como lo veremos más adelante con el *cabrón*) mediante la fuerza si es necesario, y puede trastornar el orden de sucesión temporal y de jerarquías contingentes. Por otra parte, la *mamá*, en tanto interno más antiguo, es el "bueno" de la celda, no por virtuoso, sino por su poder de decisión y gestión. El *mero mero*, esta reiteración performativa de un poder no cuestionable ni enfrentable, y la *bondad* de la *mamá* (bondad de su poder) se interceptan en tanto formas de construir determinadas relaciones de poder entre los internos. Nico dice, no obstante, que el *mero mero* le puede *dar en la madre* a la *mamá* de una celda, destituyéndola mediante lo que le es propio: su maternidad social, que obliga a sus protegidos a obedecerle. Le *da* a la *mamá en su madre*. Otra reiteración del poder, pero para una operación inversa: destituir a la *mamá* de su posición y permitir al *mero mero* ocuparla en su remplazo. Lo que tenemos es una nueva *mamá*; la reiteración del poder empieza donde termina, generando los mismos resultados.

Ya dijimos que la *mamá* puede vender una exención a un interno nuevo y evitar que cumpla las funciones de *monstruo*. Pero puede venderla porque es prerrogativa suya instaurar a un interno —o a varios— como *monstruo*s. Esto sucede en un momento específico, cuando un interno acaba de llegar a una celda, sea porque ingresó a la cárcel poco antes o porque lo cambiaron de celda. En este sentido, como lo anotamos, para ubicarse en una posición o en otra todos los procesos de acumulación funcionan sólo dentro de cada celda y no son traspasables a las demás. Podría suceder que un interno antiguo en una celda fuera trasladado a otra, cuyos habitantes tendrían más antigüedad que él, y así fungiría como *monstruo*. O que en una celda llegaran constantemente internos nuevos o salieran en libertad los antiguos. No obstante las posiciones son fijas; quienes cambiarían permanentemente serían los individuos que las ocupan y su ubicación en el diagrama de posiciones.

Cuando llega ahí, pus es el que los manda, "¿sabes qué?, tú vas a lavar la taza y tú te vas a poner a barrer y tú te vas a poner a lavar los trastes" ¡y ya! Nada más, dos, dos días diario, digo, dos veces diario, lavar los trastos, los trastes son tres veces, en la mañana y a mediodía y en la tarde, y el otro pus, nomás lavar la taza, y a barrer, que esté limpio, la celdita, donde ora sí donde vivimos, nada más (Adrián, 62 años).

—¿Y por qué tenías que hacer tú las cosas en el dormitorio, en el cantón al que llegaste?
—Porque pus, como le digo, siempre el más nuevo hace las cosas.
—¿Y quién te dijo que tenías que hacerlas?
El chavo que ya lleva el mayor tiempo ahí.
—¿Por qué él?
—O sea, porque, haga de cuenta, en un dormitorio, en una estancia, siempre hay uno que ya lleva más tiempo y ahí dicen que es la mamá del cantón, el que tiene que ordenar a los demás, entonces él fue el que me empezó a decir eso y si no lo hacía pus me pegaban o me castigaban.
—¿Cómo te castigaban?
—Toda la noche parado.
—¿Cuántos había en ese dormitorio?
—14 (Demetrio, 18 años).

Así también, tanto como una familia, la celda es un pequeño feudo. Existen señores y sirvientes. También hay un orden de sucesión que se organiza, otra vez, según el tiempo: si una *mamá* sale libre le sucede quien sigue en el orden de antigüedad. De este modo, a cualquier interno le puede tocar ser *mamá*, basta con que acumule años y se despeje el camino. La sucesión está resuelta por el respeto a la temporalidad acumulativa de la que hemos hablado. Funciona según sus reglas y permite mantener ambas posiciones de modo permanente y resolver la organización de la celda. La sucesión confirma y sostiene la *legalidad* propia de los internos a la que nos referimos antes. Entonces, así como hay posiciones, hay normas para su asunción y su desempeño. Una pequeña burocracia en el encierro, un orden funcionarial para el hacinamiento. Podríamos comprender cada posición también como cargos en determinada organización del trabajo —feudal, como expusimos— que dispone para algunos la exacción completa de su fuerza de trabajo —el *monstruo* como *sirviente*— y la disposición total de otro sobre dicha fuerza —la *mamá* como *señor*—. No obstante, esto sólo funciona en el espacio de la celda, pues no hay algo así como la casta de las *mamás*; una vez que el interno transita a espacios mayores se enfrenta con otros regímenes de poder y otros "sistemas económicos". Por ejemplo, en el espacio mayor del penal existe uno de tipo *capitalista*, basado en la venta permanente de drogas, que instaura a algunos como *padrinos* —los dueños del tráfico— y genera una red intensa de vendedores y consumidores asiduos, un sistema de préstamo, de intereses y de pago. Es distinto y funciona de modo independiente del que hemos descrito para las celdas.

—Y cuando se fue libre ¿qué pasó?
—Pus se queda el que le sigue, haz de cuenta que usted, un suponer, que usted es la mamá que lleva más años ¿no? y luego yo le sigo, que vengo atrasito de él, usted se va yo me quedo como mamá, y es igualito como usted que nos trató, que "tú vas hacer esto", que, así bueno, así yo también los trato.
—¿A usted no le ha tocado ser mamá?
—No, no, porque había otros que llevaban más tiempo y que tenían más sentencia más grandes que yo (Rolando, 36 años).

—Y la mamá de tu cantón ¿cuánto tiempo lleva?
—Cinco años, ya está por irse en agosto.
—¿Y qué pasa cuando ella se vaya?
—Cuando ella se vaya, la segunda persona que queda en su lugar, pues de hecho sigo yo, de hecho sigo yo.
—¿Te va tocar ser mamá?
—Según sí, aquí, sí claro.
—¿Cómo te parece eso?
—Pues es algo ya este, más grande, es algo que tienes que ver, porque de hecho también aquí los custodios saben o sea, quién lleva la batuta de cada cantón ¿no? o sea, quién es el más viejo de cada cantón, y aquí las reglas se respetan y se siguen, de hecho, y ya yéndose ella, pues yo me quedaría a cargo de la estancia y viendo de que la estancia siga igual de tranquila como hasta orita, eso es en lo que me cae a mí, de que siga igual (Sara, 35 años).

No obstante, puede suceder que una celda se organice de modos distintos. Esto lo encontramos especialmente en las celdas que agrupan a internos de clase media, quienes eligen formas más igualitarias de distribución del poder e incluso rechazan el uso de los términos del argot carcelario —*mamá* y *monstruo*—. En una celda la *mamá* no quiere que la llamen así, según el relato de un interno, y se remite a las relaciones de parentesco para decir que "no es *mamá* de nadie". Si no hay *mamá*, no hay hijos, y cada cual debe asumir un papel adulto y autónomo. En vez de familia, se constituye un colectivo de iguales, en términos relativos. En otra celda, si bien no hay *mamá*, se mantiene la ascendencia del tiempo en la organización de las tareas, común a las otras celdas.

—¿Y uno de ellos es la mamá?

—Sí, se le menciona así como la mamá, pero a él no le gusta pues, no le gusta que le digan la mamá, porque él dice que él no es mamá de nadie, que todos somos seres humanos, todos pensamos, razonamos o sea, no tiene por qué estarle diciendo a la gente ¡qué hacer y qué no hacer! (Venustiano, 33 años).

—¿No hay mamá?

—No hay mamá, con nosotros no, pero siempre está el más viejo (Esteban, 28 años).

Otra posibilidad es que la igualdad resulte de un equilibrio de poder entre los internos que habitan una celda y de relaciones anteriores al encierro. En este caso, tal equilibrio y tal conocimiento previo favorecen una organización igualitaria de las tareas y de las prerrogativas. En contraste, las posiciones de *mamá* y *monstruo* resuelven la convivencia entre sujetos desconocidos que no necesariamente quieren estar juntos, y para ello dispone de un orden obligatorio y no evitable.

—¿Pero tú eres la mamá ahí?

—No, no ¿cómo te lo diré? no por querer, no por no querer decir sí ¡no! En mi celda, todos nos organizamos ¿sí lo entiendes? Y todos cooperamos para lo mismo o sea, hasta han llegado los custodios ¿quién es la mamá de aquí? ¡No, pus aquí no hay ninguna mamá! Aquí todos hacemos por igual las cosas.

—¿Y por qué no tienen mamá?

—¿Por qué? porque más que nada todos los que vivimos en mi celda, es un punto a tocar ¿no? no te lo dije pero los que vivimos en mi celda somos personas que nos conocemos de la calle, por coincidencia llegaron a la celda ¿no? unos amigos que son de la colonia Argentina, que nos conocemos, hay unos amigos que son de la siguiente calle donde yo vivía, o sea, somos conocidos no de aquí, sino que nos conocemos del exterior, de la calle y entonces, por tal razón convivimos bien, yo por ejemplo si veo sucia mi celda, yo he agarrado la escoba y me pongo a limpiar, veo afuera de mi celda que hay trastes, los meto en el bote de los trastes, o sea, vaya que todos, todos organizamos la celda (Boris, 28 años).

LIMPIAR Y OBEDECER: LOS *MONSTRUOS*

Debemos anotar que este análisis se conforma con relatos y versiones elaborados por internos que se encuentran en distintas posiciones en las relaciones de poder y la distribución de los trabajos que hemos descrito antes. Si bien ninguno reconoció abiertamente que fuera la *mamá* de una celda, algunos de los entrevistados eran los más antiguos y les correspondía ocupar dicha posición dentro de la legalidad y las formas de sucesión analizadas. A la inversa, varios de los entrevistados cumplían con las labores asignadas al *monstruo* en este contexto y lo declararon abiertamente. Para analizar esta última posición hemos comparado las versiones de internos que ocupan —sea efectiva o simbólicamente— la posición de *mamá* con las de los *monstruos*. En muchos puntos los relatos son semejantes a los anteriores y dicen cosas parecidas; el énfasis, no obstante, está en la especificidad que otorga al discurso elaborado la posición que se ocupa.

El *monstruo* se instaura apenas llega a una celda un interno nuevo. Es un resultado inmediato y macizo de la "novedad" de un interno entre la población. La recepción, además de la violencia que referimos en puntos anteriores, está signada por una orientación instructiva. Los otros internos, y específicamente la *mamá*, le dicen al nuevo lo que *debe* hacer. Resalta en este punto que la *mamá* ejerce un poder consentido por los otros internos de una celda; en la medida en que "representa" los intereses de la celda, los otros se suman a sus decisiones y las apoyan. En este sentido se puede decir que el *monstruo* es una creación colectiva y una imposición de los internos más antiguos en su conjunto sobre los más nuevos. Vimos que este cariz colectivo también era propio de la violencia que se ejercía contra un interno que acababa de llegar a una celda.

Acá cuando me pasaron para el dormitorio, ahí sí ya no me golpearon ¡me regañaron! Pero y luego, luego me pusieron hacer algo que hiciera yo, lavar trastes, lavar el cuartito, ahí on'tamos.

—¿Y quién lo puso a hacer eso?

—Pues el que ya tiene más tiempo ahí, que le dicen la mamá o sea, el que, suponemos el que ya tiene más tiempo, unos 4, 3 años, 5 años, ése es el que manda ahí, los manda a todos (Adrián, 62 años).

—¿Y qué pasó cuando llegaste al cantón donde estás, cómo te recibieron?

—¡Ah, no pus! Bueno, cuando yo llegué me recibieron bien ¿no? me dijeron "¿de qué barrio eres y de dónde eres?" Ya le empecé a decir, dice "no ¡ya te la sabes!" "¿No? pus, ¿de qué se trata o qué?", "hay que mantener limpio el cantón, cubetas llenas y todo llenas y trastes limpios, cantón limpio" ¡órale! "Mañana te va decir el chavo que hacía todo esto para que", entons el chavo ya me empieza a decir, esto va así y esto va acá, y esto se lava y esto no se lava y esto se acomoda y esto ¡órale! Empiezo ya al siguiente día, al tercer día sin que me digan ellos, entons yo ya sé lo que tengo que hacer ¿no? (Crisóstomo, 22 años).

Un interno que es *mamá* de su celda dice que la instauración del *monstruo* corresponde a un "bautizo". Adquiere la forma de un ritual de paso, que adentra al interno nuevo en el mundo al que ha llegado, posicionándolo de una manera específica durante un tiempo; especie de periodo de transición entre el ingreso y la integración consistente al colectivo de los internos. Curiosamente el "bautizo" se resuelve en agua: lavar la ropa, las cobijas; añadir limpieza —y pureza, como en todo bautizo— a la suciedad previa.[57] "Por nuevo, como decimos 'es el bautizo', es tienes que lavar las cobijas de todos, tienes que lavar la ropa de todos, y eso nada más lo vas hacer durante un mes, dos meses" (Chino, 55 años).

Si bien existen formas para evitar ser *monstruo* (según la voluntad de la *mamá* de una celda) que permiten ciertos márgenes de negociación, cuando éstas no funcionan o el interno nuevo no las puede gestionar (pagando, por ejemplo), la imposición de los que se encuentran ya en la cel-

---

57 Como dijimos, citando a Douglas, nuevamente se trata de situaciones liminares y se requieren ciertos procedimientos para sancionarlas y transformarlas. Otra vez se juega la impureza mediante el juego entre el *agua* y el *bautizo*. Si la cárcel es un *infierno*, y contiene en sí misma un potencial de abyección que se debe resolver, el *monstruo* es una especificación de este cariz avernal. Tal vez una primera respuesta a la pregunta sobre el nombre que se le impone —*monstruo*— esté relacionada con esta escatología y teratología del espacio carcelario. Por otra parte, la monstruosidad del *monstruo* puede radicar en alguna medida en su distancia respecto al orden carcelario, al que se debe integrar obligatoriamente. La monstruosidad es una estrategia del mismo orden para reclamar su hegemonía y su dominio. Véase Braidotti, 1996.

da y de la *mamá* sobre quien ocupe la posición de *monstruo* se sustenta, en último término, en la violencia. No obstante, el interno puede aceptar de forma voluntaria hacer lo que se le ordena; casi no tiene la opción de elegir otra cosa. Es una elección relativa y que se sustenta, más bien, en formas de remplazar la obligación o de comprarla. Pero la voluntad que dispone a un interno como *monstruo* no es personal, sino colectiva, y forma parte de la legalidad que hemos referido; sobre quien se niegue se yergue la amenaza del castigo que ejecutarán la *mamá* y otros internos de la misma celda. Podría suceder que fuera expulsado de allí, lo que no altera la legalidad, sino que la exime de resolver una confrontación específica. La ley sigue imperando: acatamiento, compra o expulsión son sus resoluciones.

—¿Y por qué ha tenido que hacer usted la comida y la estancia?
—Porque, ellos dicen que no estoy ahí todo el día, que tengo que recuperar su día, "no estás todo el día, te haces la comida, lavas los trastes, subes algunos botes", y pus yo no les digo nada, no les contesto, está bien.
—¿Y por qué no lo hacen ellos?
—Pus porque dicen que, pus aquí se les llama mamá a los que ya tienen antigüedad, que ya tienen años aquí y se les respeta, pus no se les dice nada ni se les contesta.
—¿Y por qué se les respeta?
—Pus porque si uno les contesta te agarran a golpes, o sea, te hacen cualquier cosa, nunca te tratan bien.
—¿Cómo cualquier cosa?
—Pus ya te avientan el agua, te queman, pus está uno descuidado, está uno lavando los trastes, por atrás te llegan te empiezan a prender una servilleta y te empiezas a quemar, entons, uno por no tener problemas yo digo ¿qué me cuesta hacerlo? y ya lo hago, ponen la mesa, comen tranquilos y ellos están comiendo bien y uno está ahí calentando las tortillas (Fulgencio, 35 años).

Ora sí, como dicen los chavos ¿no? dicen que estamos en la cárcel ¿no? pussss, es lógico unos golpes o si no, o sabes qué, si no quieres hacer nada, búscale, búscale otra estancia donde te acomodes.
—¿Y a ti te golpearon?
—No, no, porque cuando me dijeron "¡sabes qué tienes que hacer esto y esto y esto va aquí y esto va acá y esto se lava y esto no se lava y esto se limpia y acá y allá!" y vieron ellos mismos, sin que ellos me

dijeran, al siguiente día me levanté, agarré, ahora sí que agarré mi desayuno, llegué, lavé los trastes, lavé el cantón, limpié y acá lavé cobijas y
ropa y vieron ellos que acá y ¡al contrario! Me dijeron, "mira ¡vientos
por ti cabrón! Ahí luego, luego se ve que tienes empeño" (Crisóstomo,
22 años).

Quien es conminado a ocupar una posición puede aceptarla e incluso
asumir la tarea según un derrotero ético: el *bien* de la celda. De alguna
forma, la posición se establece mediante un contrato, que no siendo estrictamente voluntario, sí está signado por la legalidad referida y una
cierta adhesión entre los "contrayentes". Si bien la violencia es un método para lograr el acatamiento, la posición se sustenta, ante todo, en las
palabras que se pronuncian, que así como distribuyen las tareas, otorgan
cierta densidad a las relaciones y a los destinos dentro de la cárcel. In-
sisto: el punto es marcar que las posiciones no se pueden sustentar sólo
en la violencia y que existe, en alguna medida, una forma ritual para es-
tablecerlas y conminarlas. Como en un matrimonio, el marido puede ser
violento, pero no es la violencia la que sustenta el contrato. Asimismo,
como uno de los entrevistados reconoce: "finalmente, esto es una cárcel".
El contexto determina el contrato que se puede establecer. En la celda se
produce una intersección de los significados y prácticas que remiten al
espacio familiar con otras que provienen de formas políticas de asocia-
ción: un vínculo cotidiano de supervivencia y un contrato que ordena las
relaciones. Violencia y palabra; gesto y destino. De este modo, una posición es la cristalización y especificación de una trama y una red de relaciones de poder que no pertenecen ni se limitan a un individuo particular,
sino que *pasan* por él, con un énfasis colectivo y anónimo. Un individuo,
ocupe la posición que ocupe, será sólo un nodo en estas relaciones.

Como se menciona en otra cita, se apela a una *lógica* del sistema
que es en sí misma incuestionable, y que es *lógica* en tanto natural y
evidente. Si algo que es estrictamente social en su construcción aparece
como natural en su justificación, entonces estamos ante una ideología o
ante cierta operación ideológica. Una ideología de la cárcel, que desglo-
sa posiciones y legitimaciones y que es recursiva en sus aseveraciones:
una cárcel es una cárcel, así como el *mero* es *mero*. La recursividad es
un proceso de naturalización. La cárcel es cárcel y, por lo tanto, violencia, insultos, fajinas, deberes... El *mero* es *mero*: la identidad precede
a la acción y la constriñe. Identidad de la cárcel consigo misma y del

mero consigo mismo. Vemos que el poder opera mediante la recursividad y la identidad, afirmando lo que sostiene, anticipando una aseveración ante cualquier descripción posible. Esta lógica esgrime la "novedad" del *monstruo* como una deuda con el colectivo, que se paga mediante trabajo doméstico e identifica al orden señalado como un acreedor generalizado para cualquier posición y destino (no sólo el *monstruo* sino también la *mamá*). Orden social que se pliega sobre sí para surgir denso y compacto entre sus propias formulaciones, lógico en sus formas y relaciones, causa de todos sus efectos. Todos le deben su suerte y sus avatares.

El *monstruo*, lo hemos visto en muchas citas, realiza diversas labores dentro de la celda, todas relacionadas con la reproducción cotidiana y la supervivencia. Es lo que hemos entendido como una forma específica de división "sexual" del trabajo. Una división sexual, pero sin sexo, sólo con posiciones creadas performativamente. Si tiene sentido mencionar dicha división y su carácter sexual es porque replica otra exterior y mayor que sucede en torno a la reproducción social, que destina ciertas labores a las mujeres y otras a los hombres —"comen tranquilos y ellos están comiendo bien y uno está ahí calentando las tortillas"—, y que, ante todo, es una forma de distribuir el poder mediante el mando y el acatamiento. El *monstruo* lava, cocina, tiende, ordena, carga, acarrea, sacude, desinfecta... Curiosamente, los internos dicen que le *toca hacer las cosas*, frente a las palabras pronunciadas: un hacer frente a un decir, palabras ante cosas, voluntad ante trabajo. Las órdenes se emiten, las cosas se hacen. El poder sigue este derrotero parlanchín en su operación, pero los resultados son muy concretos: camas que se tienden, pisos que se trapean, comidas que se preparan.

Ahora bien, también encontramos un orden de sucesión para los *monstruos*. Orden inverso respecto al que rige para las *mamás*. Si las *mamás* se conforman por antigüedad, el *monstruo* lo hace por novedad. En una celda, así como llegan internos nuevos unos dejan de ser *monstruos* y otros comienzan a serlo. Sin embargo, quien era *monstruo* asume una labor de enseñanza sobre quien lo remplaza. Un interno dice *corregir*. El *monstruo* nuevo hereda una ortopedia para su labor y una pragmática para sus tareas. Porque la posición del *monstruo* es de carácter correctivo y disciplinario: debe acatar, pero también debe aprender a obedecer las órdenes; se le pide un modelamiento ante el régimen de la celda, una adscripción que supera la mera realización de ciertas labores. Los mandatos se traspasan de *monstruo* a *monstruo*. Otro interno dice que cuando la sucesión ocurre, quien era *monstruo* "escapa y descansa". Se establece una pequeña cárcel dentro de la cárcel, formas concéntricas de internamiento y de encierro; grados consecutivos de libertad vinculados con el tiempo de permanencia.

—¿Y qué pasa si llega alguien nuevo a la celda?
—¡Ah, no pus me quitan a mí de los deberes que se deben de hacer!, entons, me toca a mí corregirlo al chavo.
—¿Cómo corregirlo?
—Sí, sí de decirle, por ejemplo, que no está haciendo bien el aseo. "No estás haciendo bien el aseo, esto se hace así y así, esto y con esto se lava los trastes y con este bote se usa" ¿no? ya le empiezo a decir todo eso (Crisóstomo, 22 años).

Y pues, y ora sí que a como van llegando, pus, si yo llegué primero, yo soy el que lo voy a ordenar lo que van hacer, llega otro, lo mismo, pero si llega otro, ya entons ya, ya cuando ya son tres, entons van cambiando a como va llegando, lo van poniendo, entons el otro ya se escapa, ya descansa (Adrián, 62 años).

Pero también se habla de una pasión: Rolando dice que cuando llega otro más nuevo, entonces el *monstruo* que lo precede *se desafana de la fajina*. Tenemos la corrección de un *monstruo* por otro, pero también pasión —afecto— en el trabajo, que finaliza cuando ocurre la sucesión entre los *monstruos*. Una virtud, como lo hemos mencionado, que se despliega como voluntad ante un orden ineludible; una corrección que sustenta la continuidad del orden —la secuencia de los mandatos y del control, como refiere Sara— y una pasión que vincula al sujeto con sus acciones —la *fajina*— y que otorga al hacer una densidad emocional, un afán. Las palabras se unen con las cosas según estos modos: virtud de la voluntad, corrección de las conductas y pasión de las acciones.

Si desglosamos los términos tenemos: virtud, corrección y pasión, así como voluntad, conductas y acciones. Una ética y una pragmática; en la intersección de ambas, la subjetivación que, como lo vimos antes, sucede engarzada con la sujeción. En este sentido la ortopedia del *monstruo*: su designación colectiva y su entrenamiento individual son dos artefactos subjetivantes, dos operaciones que esbozan una subjetividad específica —virtud y pasión— mediante un dispositivo de poder —corrección— para delinear aspectos subjetivos y corporales: voluntad, conductas, acción. Vimos antes que las disciplinas son técnicas; es así como el ordenamiento carcelario crea un *monstruo*: técnica e individualmente. Esta tecnología del trabajo impone esfuerzos y tareas a algunos, y a otros ocio. Tal vez éste sea un matiz inesperado para un dispositivo disciplinario: producir utilidad, pero también descanso, maximizar el trabajo para reducir las cargas. Lo que con una mano se da con la otra se quita. Específicamente, entre los internos no se trata sólo de un régimen de producción de beneficios, sino de excepciones y de facilidades. La disciplina busca, en este sentido, que unos hagan lo que otros no quieren hacer. La pasión, la voluntad y la virtud se encuentran distribuidas entre ambos segmentos, o se concretan de modos particulares según de quien se trate: para la *mamá*, no hacer nada y ordenarlo todo, para el *monstruo* obedecer y hacerlo todo. La virtud del otro, su voluntad y su pasión, son el negativo de los propios: *mamás* ante *monstruos*. Pero, nuevamente, los individuos sólo son nodos en estas relaciones, no las determinan.

—¿Y eso porque eres nuevo?
—Porque soy nuevo, sí, nada más, llegando otra persona nueva a la que, o sea, a mí que ya me había tocado haber hecho eso, ya a mí me toca mandar a la que va llegando, o sea, decirle cómo es el control de ahí, cómo se hacen las cosas para que no haya errores y nada más.
—¿Y quién te leyó el cartel?
—Otro, otro gay antes que yo, otra persona igual antes que yo, cuando yo llegué, o sea, que había llegado anteriormente que yo, sí, nada más.
—Y ahora, en el año que ha pasado, ¿ha llegado gente nueva?
—¡Claro de que sí! tanto han llegado como se han ido, pero sí, yo ya no tengo que hacer nada.
—¿Quién lo hace?
—El más nuevo, por supuesto, sí (Sara, 35 años).

—¿Y cómo se organizan dentro del dormitorio las tareas, las cosas que hay que hacer, las fajinas?
—Bueno, cuando llegas aquí de COC a dormitorio, son tres meses de fajinas, todos los nuevos, ya cumpliendo tus tres meses sales y los que van llegando van haciendo la fajina; ahí en mi celda uno tiene que hacer el cantón, tiene que lavar los trastes, acarrear agua para dentro allá de la celda, y también de tanto tiempo como van llegando también los nuevos ahí en la celda, vas, como quien dice, desafanando la fajina (Rolando, 36 años).

En el interior de la celda se conforma un orden que sustenta la sucesión. Existe sucesión si alguien "está más abajo" de quien, hasta ese momento, fungía como *monstruo*. Como dijimos antes, dicho orden sólo estipula quién debe hacer qué cosa. La "virtud" del *monstruo* está asegurada por la misma legalidad que lo crea, pues el orden se presenta como necesario y preestablecido. Nadie es *monstruo* por voluntad, en primer término, sino porque así lo prescribe el ordenamiento de los propios internos; por lo tanto, es una experiencia común a cualquier interno, dado que en algún momento ha sido nuevo. A su vez, la legalidad mencionada establece una temporalidad para dicha posición, un lapso específico de duración avalado por las formas de sucesión. No obstante, cuando en una celda el orden de las antigüedades cambia por la salida de alguno o algunos de sus integrantes, dicho orden opera sobre antigüedades relativas y determina que el más *nuevo* en la celda ocupe la posición de *monstruo*. Entonces, la *novedad* que hace al *monstruo* no es estricta sino relativa; es una novedad dependiente del orden de antigüedades que hemos mencionado. Lo que siempre se mantiene es esta designación, basada en el tiempo de estadía acumulado en la cárcel, para establecer quién hace las cosas en una celda.

> —¿Todavía te toca hacer las cosas?
> —Orita no, hay gente abajo de mí que hace las cosas, si se llegan a ir libre sí ya me tocaría hacer otra vez las cosas, pero ya no es como al principio, porque ya me pasó, el año pasado que se fueron varios libres, yo quedé como último de la estancia; de 11 que llegamos a ser bajamos hasta 7, y yo quedé como último en la estancia, entonces me tocaban a mí hacer las cosas [...] orita que ya hay gente nueva, pus ya son los que se encargan de hacer la limpieza y todo lo de los trastes y todo eso, pero se llegan a ir libres, otra vez me va a tocar a mí (Venustiano, 33 años).

Los fragmentos que hemos citado en el acápite sobre los *monstruos* corresponden todos a internos que eran o recientemente habían sido *monstruos* en el momento de la entrevista. Ahora queremos utilizar fragmentos de quienes estarían en una posición de *mamá* en sus celdas o que, al menos, tienen la antigüedad suficiente para hablar desde otro lugar —específicamente uno de mando— sobre los *monstruos*.

A un interno, que es *mamá*, le preguntamos sobre la distribución de las tareas en su celda y él relata la forma en que se posiciona a alguien como *monstruo*. Compara al interno a quien le toca hacer la *fajina* con

la *mamá*, que es el "mero mero" de la celda. El contraste, lo hemos visto
con insistencia, consiste en que al *monstruo* —el interno reconoce que
así le llaman— le toca hacer las cosas, "acarrear el agua". Dice, por un
lado, que al *monstruo* le toca *todo* el trabajo, en contraste con la ausencia
de deberes para la *mamá*, quien, no obstante, es el "mero mero" de la celda. Ante el trabajo, los internos ordenan las categorías a partir de quien
no hace "nada" hasta quien lo hace "todo". El mérito es no hacer *nada*.
Virtud del "mero mero", como ya dijimos.

> —¿Usted dice que los mandó?
> —"La fajina" se le llama.
> —¿Por qué?
> —Porque van llegando.
> —¿Y tienen algún nombre ellos?
> —No, ¡ah, bueno! Sí, se les dicen "los monstros".
> —¿Y por qué monstruos?
> —Porque son los que tienen que hacer toda la fajina, así se les dice:
> los monstros, a la mamá es el mero mero, los monstros son los que pus
> andan acarreando el agua ¿no? (Nico, 32 años).

Relacionemos esto con lo que hemos dicho sobre la ideología y cons-
tataremos que tal mérito es, también, una forma progresiva de naturalización y de recursividad. El *mero mero* no hace nada —doble negación
o negación recursiva del hacer—. Entonces, por un lado el poder es una
forma de diferenciación progresiva de los deberes y un abandono parcial
del *hacer* en pos del *decir* —dar órdenes—; por otro, el trayecto de la
misma cárcel, que empieza con la virtud de la voluntad, la corrección de
las conductas y la pasión de las acciones, termina por introducir la *nada*
como destino final de cualquier poder. ¿Poder de qué? Poder de nada,
pero poder de *nada* en tanto poder de *todo*. Implosión nihilista del poder
que colapsa por saturación e instauración de este vacío en el que *todo* es
nada y en el que *hacer* es *no hacer*.

Éste es un modo de construir los méritos estrictamente opuesto a
lo que la cárcel promueve entre sus fines rehabilitatorios, sustentados
en parte en el trabajo de los internos. Antes vimos que al *monstruo* que
deja de serlo le toca corregir al que empieza. Entre los internos el orden
correctivo funciona de modo inverso al que sostiene la institución: a más
tiempo menos deberes, a menos tiempo más tareas. La corrección de
los propios internos opera como un castigo a la novedad de un recluso

y va disolviéndose en tanto pasa el tiempo. Un preso antiguo es menos "corregible", en este orden, que uno nuevo. La disciplina —en su sentido lato— funciona como una forma de capturar mano de obra gratuita que asegure la manutención de la celda; en su sentido estrictamente foucaultiano, opera como una forma de maximizar el rendimiento de los individuos en el trabajo —régimen específico de adiestramiento de la economía capitalista—. En la cárcel la disciplina, en ambos sentidos, funciona como una forma de disponer de una fuerza de trabajo que se dedique a las tareas de reproducción, pero invierte el funcionamiento disciplinario y correctivo de la cárcel como institución: dispone la disciplina en el inicio y ordena una correctividad menor y difusa con la acumulación de años. En este sentido, un interno nuevo estaría mejor engarzado con el régimen disciplinario de la cárcel —al menos, el que se esboza en sus pronunciamientos formales— que uno antiguo, pero mediante la acción misma de los internos antiguos. Los más *viejos*, quienes son menos corregibles según su propio ordenamiento, corrigen a los más *nuevos* para convertirlos, finalmente —dada la legalidad y el orden de la temporalidad de los mismos internos—, en "incorregibles". Vemos un funcionamiento fantasmal de la disciplina, que en tanto se ejerce comienza a disiparse y a modificarse. Por una parte, el colectivo de los internos asume la disciplina para sus propios fines, y por otra, ellos mismos la disgregan con el transcurso del tiempo. Es como si los años disolvieran a la cárcel como institución.

Por otra parte, las *mamás* atribuyen a los *monstruos* una voluntad de serlo, como antes vimos que se les pedía voluntad para cumplir y realizar las labores que se les ordenaban. El origen impuesto, que encontramos en otros relatos, aparece aquí invertido. No hay "creación" del *monstruo* por parte de la *mamá*, sino *petición* de un interno para constituirse en *monstruo*. "Haz de cuenta que, por ejemplo, fíjate, los más nuevos saben, ellos hasta saben o sea, llegan y, 'pus la verdad, sí quiero quedarme en tu celda y pus dime qué es lo que se tiene que hacer'" (Boris, 28 años).

Asimismo hay un saber que soluciona estos trances: los más nuevos *saben* —conocen la legalidad de los internos— y ellos mismos asumen dicho saber como un deber y como un destino —"quiero quedarme"—. Es un saber positivo, que permite comprender la legalidad carcelaria y las posiciones que dispone. Veremos que en el caso de la prostitución se produce una inversión de esta relación entre saber y poder, de modo que para quien es prostituido se estipula un no-saber que lo hace sexualmente atractivo. Pero, en ambas operaciones, es siempre un sujeto ubicado en un lugar hegemónico quien establece esta gradiente de saberes. No hay un saber definitivo, sino estipulaciones específicas: en ciertas circunstancias se estipula saber y en otras no. Pero en una y otra el saber permite una relación de poder y el poder exige un saber (o lo contrario). En este caso, cuando se pide saber, cuando el saber se supone y se estima previo a cualquier poder, es el mismo poder el que dispone su positividad, así como en el caso de la prostitución estipula su negatividad. Si el sujeto que enuncia Althusser es previamente interpelado y es, por tanto, sujeto por esa misma anticipación de la interpelación, el sujeto carcelario, dada esta positividad del saber, es previamente interpelado por la cárcel misma. Es como si estuviera preso antes de estarlo, de modo que se le puede exigir lo que no necesariamente conoce, saber lo que no tendría por qué saber.

De este modo, si un interno nuevo no se asumiera como *monstruo* por *motu proprio*, lo que se le impone es la legalidad *dura* del encierro. Un interno asegura que es "obligación" de los internos nuevos *hacer las cosas*, quiéranlo o no, y que dicha obligación ha de imponerse mediante la violencia si es necesario —la violencia, entonces, aparece como un mecanismo consensualmente aceptado para posicionar a un interno nuevo como *monstruo*, lo dijimos antes—. No obstante, el mismo interno observa que "debe" existir una voluntad del interno nuevo para acatar la legalidad que rige la vida de la celda y para realizar las tareas sin que se le golpee. Habla asimismo de un saber previo que informa a los recién llegados acerca de sus deberes; pero exige, también, la "bondad" de ellos para cumplir sus tareas. Otro matiz de la disciplina que no funciona obligando en primer lugar, sino que espera un convencimiento "interior", una "bondad", del sujeto para hacerla operar en sí mismo y sobre sí. Se entrecruzan un razonamiento "legal" y otro pragmático: la voluntad del interno nuevo para realizar las tareas coopera con el bienestar general de la celda, y específicamente con el suyo propio, mediante la consecución de la higiene del recinto. La celda se dispone como una especie de cuerpo inerte que tiene "animales" y plagas, y que debe ser aseada y mantenida. Pero, otra vez, el espacio que sirve como referente es el *hogar*: nadie puede llegar a su casa a sentarse y no hacer nada. De esta forma, el acatamiento corre por parte del *monstruo*, que podría negarse a realizar lo que se le encomienda, pero que recibiría como respuesta una golpiza. Voluntad y bondad contra los puntapiés posibles.

Porque muchas veces hay individuos que se pasan de listos, llegan de nuevos y dicen: "no pues yo no hago nada", entonces no te dejan otra cosa más que aquí hay una obligación, cuando tú llegas, tienes que hacer ciertos quehaceres de larga distancia, y si tú te niegas, pues te obligan o los obligan a que te golpeen ¿no? ¿Por qué? porque son obligaciones que tú como nuevo tienes que hacerlas [...] Entonces, tiene que ser también una persona que sea limpia, sea aseada y tenga también la buena voluntad de obedecer.

— ¿Cómo la buena voluntad?

—Digamos tu comportamiento de ser positivo, digamos, yo sé que voy a llegar de nuevo aquí, ya sé de antemano, desde que vengo de ingreso, ya sé de antemano lo que hay allá adentro, que hay que acarrear agua, que hay que lavar la celda, que hay que mantener una higiene ¿Por qué? porque me voy a dormir en el suelo, entonces, si tú sabes, ya vienes con eso y obedeces y te mantienes a la voluntad de esa, por un tiempo, que es por un tiempo, no es por siempre ¡pues lo haces! Pero si no tienes esa bondad y eres agresivo, eres peleonero, como decimos ahora aquí también y se dice "como eres muy león", entonces lo único que provocas es que te den en la madre, lo único que provocas es que te lleves una patiza y no de uno, de dos o tres, porque no quieres hacer nada, es como si tú llegas a tu casa y siempre llegas aventando la chamarra, te echas en el sofá ¡pues qué vida de rey! (Chino, 55 años).

Otra vez, el orden se naturaliza mediante las referencias a una familia o un hogar, a las relaciones cotidianas *normales* y esperables y que se supone cualquiera conoce: Chino dice que si "llegas a tu casa y avientas la chamarra y no haces nada" —otra vez el no hacer nada—, tienes "una vida de rey", pero que este tipo de vida no se puede llevar en la cárcel. Un rey, como la *mamá* y el *mero mero*, no hace nada, y ése es su mérito: sostenerse en las palabras para evitar siempre cualquier hacer (feudalismo del lenguaje). Las palabras y las cosas que vimos interceptarse, en el caso del *monstruo*, mediante la positividad de un saber y un cierto emocionar, se cruzan, en el caso de la *mamá* y el *rey*, de forma negativa: sólo no haciendo nada se pueden sostener ciertas palabras —órdenes, mandatos—. Entonces, en la escena de la performatividad se requiere esta pregunta: ¿quién puede hacer *cosas* con *palabras*, en ciertas circunstancias? No cualquiera, sin duda, lo hemos visto insistentemente. Pero no es un atributo de quien se ubica en determinada posición el que se puedan decir ciertas palabras y hacer algunas cosas —o no hacerlas—; sino que la posición misma es performativa, de modo que no puede estudiarse la performatividad del lenguaje sin estudiar la performatividad del poder, imbricada en y con ella. Otra vez el orden en su especificación performativa, distribuyendo cosas y palabras, sitúa a los individuos como nodos y no como agentes, por así decirlo; el orden pronuncia ciertas órdenes antes de que cualquiera las diga, así como los internos estaban "presos" antes del encierro mismo. Todo está ordenado con antelación y la performatividad, tanto del lenguaje como del poder, se fundamenta en ciertas convenciones que son actualizadas por determinados individuos, pero que los anteceden. De alguna manera, sólo se puede ordenar lo que se puede ordenar y decir lo que se puede decir. Como advierten Delueze y Guattari, el lenguaje va de lo que se dice a lo dicho y estipula un conjunto de *consignas* que se engarzan al devenir de los individuos.

No obstante, cualquier orden en la cárcel está lleno de excepciones. Ésta es, más bien, la regla: disponer salidas para todos los mandatos, especificidades para todas las normas. De este modo, existen algunas formas que permiten a un interno nuevo no ser *monstruo* en su celda —válidas para su celda, exclusivamente—. Primero, pagando por que se le exima de los deberes: un interno asegura que así como es una *ley* asumir las tareas cotidianas, una ley que se aplica a todo el que llega sin importar quién sea, para quien paga la ley deja de funcionar. O más bien, la misma ley incluye una excepción sustentada en el dinero. Se le puede pagar a la *mamá*, que eximirá de los deberes, o se le puede pagar a otro interno para que los asuma en vez del recién llegado.

—¿Y tú eres nuevo en el cantón?
—No, pues nadie me dice nada, no hago nada, no lavo trastes, no acarreo agua, nada, nadie me dice nada.
—¿Por qué?
—Pues ya pasé por ahí, más bien llegué yo y pues la verdad, "sabes qué no voy hacer esto, esto, esto ni esto", "¡ah sí, pues sabes qué, pues es tanto!", "Sí, no hay bronca", 300 pesos me pidieron, "sí ahí están".
—¿Quién te pidió eso?
—El más viejo del cantón "¡sabes qué ¡son 300 pesos!", ahí están y háganse bolas, pero yo no hago nada, llego a la hora que quiero, me duermo a la hora que quiero, tengo mi camarote, tengo ahí una televisioncita chiquita o sea, llego a la hora que sea y no me dicen nada, nada de nada. Pus ora sí que es, ya es una como una ley aquí de la cárcel, algo que se tiene, lo tiene que hacer de una u otra forma, si no lo quiere

hacer, pus que pague y ya que no lo haga. Es una ley, una norma de la estancia.

—¿No importa por qué venga, por qué delito, ni quién sea?

—No, no importa, nada, solamente si es el presidente, pues más gacho que pague una lana ¿no?

—¿Y pagando?

—No hace nada (Aníbal, 25 años).

—¿Y qué pasaba si tú no querías hacerlo?

—Pues, pagaba dinero y ya lo hacía otra persona.

—¿A ti te toca hacer la fajina?

—Me tocaba.

—¿Por qué ya no?

—Porque han llegado muchos después de ocho meses que llevo aquí, pues ya llegaron.

—¿Y cuánto tiempo te toco?

—Como dos meses.

—¿Y cómo fue hacer todo eso?

—No, pues yo pagaba para que lo hicieran.

—¿A quién le pagabas?

—A una de ahí que no tiene visitas y ella lo hacía, pues para tener dinero, porque se tiene que pagar la lista (Esther, 19 años).

Otra posibilidad es que se llegue a un acuerdo, que resulta en la expulsión de la celda, cotidiana y consistente del interno nuevo hasta la hora en que ésta se cierra. Se indica que dicho interno se va de *candado*, en referencia al momento en el que debe regresar: cuando se pone *candado* a la celda. Es una forma en que se excluye al interno nuevo de la vida cotidiana de la celda que se le asignó; él debe resolver por sus propios medios todo lo relativo a su supervivencia en la cárcel. No hace nada, pero tampoco recibe nada. Esta alternativa está disponible para los presos que ya tienen un conocimiento de la vida en el interior del penal y pueden resolver su manutención. Un primerizo sin conocimientos no podría optar por este acuerdo, pues se pondría en un riesgo permanente ante el ataque de otros internos y tendría fuertes dificultades para su alimentación; quedaría fuera de los sistemas de intercambios entre trabajo, espacio para habitar, protección y medios de supervivencia. De forma semejante, tener conocidos en la cárcel puede ser una manera de evitar ser *monstruo*; los conocidos representan una antigüedad que se dona al recién llegado y lo avala. En contraste, la posición de *monstruo* es una forma de reconocer a quien llega, al cual se desconoce; es un modo de calibrar sus comportamientos y costumbres y de estimar su potencial de conflicto para la celda. Atendamos a que el intervalo entre la salida de un interno de su celda, dado que no quiere participar en su reproducción cotidiana, y su regreso es llamado *candado*: el momento en que se cierran las celdas. La prisión correspondería, para este interno, a ese preciso instante; pero cuenta con un espacio intermedio en el que podría disponer de su tiempo y de sus actividades en forma relativa.

—¿Le ha tocado obedecer?
—Obedecer, sí, me ha tocado obedecer.
—¿Y qué pasa si había pleito?
—Pus, haga de cuenta que, que usted es la mamá y me decía: "aquí haz algo" y no, nunca no quería, pus todos platicaban: "¿sabes qué?, mejor hay que sacarlo, que llegue al candado y que se vaya al candado si no quiere hacer nada".
—¿Cómo que se vaya al candado?
—A la hora que nos despertaban, que nos abrían la celda, en la mañanita, te salías y volvías a entrar hasta que apagaban otra vez en la noche, porque no querías hacer nada (Rolando, 36 años).

Cuando llegué yo, ya me tocó las dos cosas, lavar los trastes, subir el agua y así, y bueno llegó otro, nomás que a él lo sacaron o sea, le dijeron, tú nada más duermes aquí, no vas hacer nada, te vas por ahí y llegas hasta la noche, y él no hacía nada, sino que nomás dormía ahí y se iba a bañar y se iba todo el día, dónde iba quién sabe, llegaba hasta la noche, mientras yo estaba ahí recibiendo los golpes por él (Fulgencio, 35 años).

El silencio y la muerte: coordenadas de un orden social

Lo que hemos analizado hasta ahora nos indica que la institución carcelaria que estudiamos se conforma de manera muy distinta a la que Foucault describe en sus análisis. Casi nada coincide con los rasgos que describió; no obstante participa de sus intuiciones. El punto no es ante todo teórico, es más bien metodológico, pues el camino que hemos realizado es inverso al de Foucault: empezamos —y terminamos— en los sujetos institucionalizados, en sus relatos y experiencias. Hemos encontrado la institución entre ellos a partir de sus propias producciones discursivas, determinadas en alguna medida por la misma institución y sus tecnologías, pero que también la recrean, la desplazan y la transforman.

Es así como el orden social que los mismos internos han creado (mediante una acción cotidiana, y también producto de un sedimento histórico) tiene dos características centrales: es circular e ineludible. Es circular porque todo da vueltas en él y ninguna posición está asegurada, y es ineludible porque funciona según una ley —la *Ley de Herodes*— que dictamina que de algún modo se cobran las deudas de cualquier tipo que se contraen, y que el pago no se puede evitar. La circularidad y la inevitabilidad de este orden se sustentan, por un lado, en un régimen de silencio que obliga a los internos a no delatar ante la institución lo que sucede que entre ellos; y por otro, vinculada de manera estrecha con este régimen, en la muerte como modo final de pago y de cobro de cualquier tipo de deuda, y como forma de castigo y advertencia.

Esto nos permite aproximarnos a una configuración de la disciplina distinta de la descrita por Foucault. Si bien la institución funciona con una disciplina más bien lata, que "deja hacer" a los internos y no interviene de modo sistemático en su vida cotidiana, ellos organizan un régimen disciplinario específico que se sustenta en esta obligación del silencio y en la muerte como garantía final de su ordenamiento. Ya lo comenzamos a esbozar cuando examinamos las posiciones que organizan la convivencia y la reproducción social en el interior de cada celda.

Un régimen de silencio: la *borrega*

De este modo podemos afirmar que si bien existen tecnologías institucionales, también hay otras creadas por los mismos internos. Una de ellas, y es la que nos interesa aquí, corresponde a cierto régimen de habla y de silencio que los internos instauran y administran. Tiene una figura central, que permite su operación y que los presos llaman *la borrega*. Una *borrega* es un interno que denuncia a otro —cualquiera que sea el motivo— ante las autoridades. Los castigos que se disponen para él son la muerte o el maltrato físico grave.

—¿Qué es una borrega?

—Es una persona que es, vamos a decir para que me entiendas ¡chismoso! ¿no? que yo te golpeo a ti, tú vas a decir que yo te golpié, es un chismoso ¿no? O sea que vas de puto, como decimos aquí ¿no? Es que tenemos un léxico muy variado, aquí decimos vas de puto, a chivatear con el pinche custodio y dice que le dijiste que te pegué, que te golpié.

—¿Qué puede pasar con alguien que sea borrega?

—Pues se puede morir, se puede morir, y si tardan tiempo, pero sí llega, ya sea aquí, ya sea en otro penal (Chino, 55 años).

Una vez andaba con un chavo vendiendo dulces y andaba tras de él o sea, lo chinearon y yo nada más dije ¡qué transa! Y pus o sea, lo empezaron a trasculcar, le quitaron sus cosas y yo pus ya no dije nada.

—¿Por qué no dijiste nada tú?

—O sea, más que nada por el miedo ¿no? o sea, porque ahí a los que van con los custodios les dicen los borrega.

—¿Y qué pasa?

—Y o sea, y a mí me dijeron, como yo vi todo, a mí me dijeron "vas con el mono a decir y te vamos a dar en la madre saliendo del castigo y te vamos a tener que ver" o sea x cosa ¿no?

—¿Qué es borrega?

—O sea, haz de cuenta, ves alguien que están robando ¿no? y tú ves toda la acción y todo eso y piensan ¿no? pus orita voy y le digo al custodio quiénes son: a ésos dicen que se les llama borrega, a ellos (Demetrio, 18 años).

Se ven cosas o suceden cosas de las que no se debe hablar, sobre las que se impone un silencio. Si la institución funciona como un panóptico, que procede no sólo por miradas sino también por comentarios y denuncias, por una captura del habla que entrega información y permite la vigilancia,[58] la *borrega* —su castigo y su estigma— representa una forma de velar dicho panóptico, de entorpecer su funcionamiento. Ante el panóptico se conforman estos laberintos que reproducen, en el habla y el discurso, la trama enrevesada de pasillos y estancias del edificio carcelario, como si se pretendiera que ciertas palabras se perdieran en sus meandros permitiendo el establecimiento de un campo de habla particular para los presos, delimitado por esta figura liminar de la *borrega* y por los usos específicos de un argot y una gestualidad. Lenguaje soterrado del encierro. Tras el balido de la *borrega* se esboza un intento

---

58 Foucault (2003) expone que el panóptico induce en el detenido "un estado consciente y permanente de visibilidad que garantiza el funcionamiento automático del poder" (204). El panóptico pretende independizar el poder de los sujetos que lo ejercen, de modo que sean los mismos detenidos los "portadores" del poder.

por cercar el habla y disponer de muros tras los muros, un encierro lingüístico tras los encierros materiales. La *borrega* es una figura liminar, pues en su denuncia no sólo desmorona el orden que en alguna medida es propio y autónomo de los internos, sino que también impugna una ética que reclama una distancia táctica respecto a la institución y sus procedimientos. La denuncia que transforma a un interno en *borrega* —su balido, digamos— no sólo lo convierte en un traidor ante sus propios compañeros, sino que lo expulsa de su ámbito de pertenencia y de sus relaciones sociales. Ante el habla de alguien, lo que se impone es el silencio de otros. Balido y ostracismo.

Vemos que lo que se juega en la conformación y el mantenimiento de un régimen de comunicaciones, que interpone entre los presos y la institución —y sus autoridades— una obligación de silencio, y que permite en su operación la constitución de un campo autónomo de habla, es la posibilidad de cierta libertad, sustentada en el lenguaje y sus usos. Por eso emerge la muerte como castigo, porque es la forma de imponer un silencio absoluto y radical, pero un silencio que permite un habla mediante su coacción. Este silencio obligatorio es un *agujero* en el cuerpo disciplinario de la institución, pues interrumpe sus estrategias de escucha y de auscultación y favorece la constitución de un espacio propio.

El castigo de la *borrega*, su muerte o su maltrato, se sostienen en un orden ético que enseña que todo *da vueltas*, que todo *camina*, y que los acontecimientos pueden cambiar de signo en cualquier momento, sólo hay que saber *esperar*. Chino dice que la institución misma, y el sistema legal, enseñan a esperar, y que esta lección se aplica para conseguir el castigo de la *borrega*, la venganza por su habla y su denuncia. Como si el tiempo mismo —su espera— trajera en su seno la venganza. Al tiempo, dice Chino, hay que saber esperarlo. Su espera —la espera *del* tiempo *en* el tiempo mismo— permite y trae la justicia, la que interesa en estos casos: una justicia cuerpo a cuerpo, por así decirlo. Orden circular de los acontecimientos, que parten de sí mismos para llegar a sí mismos. Si hay justicia en estos casos no es por mérito individual, sino por un orden que, en su circularidad, vuelve a repetirlo todo en algún momento; pone a unos frente a otros tal como lo estuvieron algún día y permite que esta memoria de la venganza y el encono se actualice y cobre sus deudas.

[C]omo decimos todos: al tiempo hay que saber esperar, aquí te enseñan a esperar muchas cosas, desde el primer momento que te enseñan a espe-

rar el proceso, te enseñan a esperar los años, te enseñan a esperar a quien
te la hizo, en cierto momento, aquí decimos, aquí hay muchas frases que
dicen ¡todo da vueltas! ¡todo camina! hay que esperar, saber esperar al
tiempo, entonces, llega el momento en que aquel tú lo vas a encontrar en
ciertas circunstancias, en cierto momento y en cierto lugar, donde tú lo
vas a poder tumbar (Chino, 55 años).

Todo da vuelta, dice Chino, enunciando un orden que no es lineal
ni progresivo, sino circular y recursivo. Todo da vuelta porque todo, de
algún modo, tiene que ser de-*vuelto*: las ofensas, las injurias, los sinsa-
bores, las deudas y los castigos. Intercambio ininterrumpido. *Saber esperar*; esa actitud que Chino enuncia ante los acontecimientos es una
forma de participar de este orden recursivo sumándose a su repetición
inevitable. Pero si todo da vuelta, y la circularidad es la "dirección" de
un orden, entonces, estrictamente, no sucede nada, no hay tiempo, salvo
el que regresa a sí mismo y que se sabrá esperar.

Cuando describimos este régimen de silencio estamos, en última instancia, refiriéndonos a un orden performativo que opera sobre el lenguaje
mismo, permitiendo ciertos enunciados y castigando otros. En este caso
se entrecruzan dos normativas, por así llamarlas: una, la institucional,
promueve la denuncia de conductas consideradas delictivas; y otra, la
generada por los mismos internos, castiga la delación ante las autoridades. Del cruce de ambas, de su operación vinculada de subordinación y
subjetivación, surge esta figura liminar de la *borrega*, exactamente como
torsión en un sistema de reglas. En el apartado sobre la performatividad
vimos que un individuo —Austin lo menciona en un ejemplo— puede
negarse a participar en un juego, o que cada uno de los dos sujetos que
se hallan en una isla desierta no está obligado a obedecer las órdenes del
otro —al contrario de dos sujetos vinculados por una jerarquía en una
institución determinada—; son casos infortunados en los que el performativo fracasa. Ahora tenemos un ejemplo de lo contrario: de participar
sin querer hacerlo, de estar involucrado sin la voluntad de estarlo. La
borrega es liminar exactamente porque surge del contacto *entre* los dos
órdenes performativos: el institucional y el idiosincrásico. Surge como
un sujeto que no se pliega a uno ni al otro, sino que permanece *entre* los
dos. No es autoridad, es interno; pero tampoco pertenece al colectivo de
los presos, porque lo traiciona.

Deleuze y Guattari (1988) aseguran que el lenguaje sólo se puede
definir por los presupuestos implícitos, o actos de palabra, "que están en

curso [...] en un momento determinado" (84). Consideran que toda la teoría de la performatividad debe entenderse como la producción social de enunciados, de forma tal que "ciertos enunciados están socialmente consagrados a la ejecución de ciertas acciones". El lenguaje, dicen, es un conjunto de consignas insertas en convenciones, moduladas por reglas; es este entramado de mandatos el que permite la subjetivación, que emerge de la sujeción misma a la autoridad que el lenguaje despliega y actúa: "el lenguaje ni siquiera está hecho para que se crea en él, sino para obedecer y hacer que se le obedezca" (*ibid.*: 81). Puntualizan: no hay *significancia* independiente de las significaciones dominantes, y "no hay subjetivación independiente de un orden establecido de sujeción" (*ibid.*: 85).

Llegamos a este punto para exponer lo siguiente: tiene sentido hablar de *disciplina*, porque supera una visión binaria del poder que dispone de un lado a los *disciplinados* y de otro a los *disciplinantes*; causas y efectos, dominantes y subordinados. La disciplina permite pensar en el poder según su carácter fluido. Vemos que estos dos órdenes performativos, relacionados con lo que se puede decir o no en la cárcel, son ambos disciplinarios y ambos subjetivantes —en tanto suponen sujeción a una norma—. La *borrega* es un producto de las relaciones de poder que los mismos internos construyen y establecen. Como ya anotamos, Foucault observa que "[E]l individuo, con sus características, su identidad, en su hilvanado consigo mismo, es el producto de una relación de poder que se ejerce sobre los cuerpos, las multiplicidades, los movimientos, los deseos, las fuerzas" (Foucault, 1987: 120). Esa relación productiva del poder es lo que llama "disciplina", pero considera su ocurrencia sobre el habla misma y desde el lenguaje, tal como lo indican Deleuze y Guattari, y no sólo sobre los cuerpos. "Métodos —dice— que permiten el control minucioso de las operaciones del cuerpo, que garantizan la sujeción constante de sus fuerzas y las imponen en una relación de docilidad-utilidad" (Foucault, 2003: 141). Métodos que imponen un control minucioso sobre el habla, diremos nosotros. Lenguaje que es en sí mismo disciplinario, y que opera por una redundancia, vinculada a la circularidad del orden que ya hemos mencionado. Parte de sí mismo para llegar a sí mismo, "el lenguaje no se establece entre algo visto (o percibido) y algo dicho, sino que va siempre de algo dicho a algo que se dice" (Deleuze y Guattari, 1988: 82).

Tal vez debiéramos distinguir las disciplinas institucionales de las sociales o relacionales, o las *endodisciplinas* de las *exodisciplinas*; pero nos importa destacar que su operación no parte de un punto determinable y permanente, sino desde muchos, específicos y cambiantes. No sólo van de la institución hacia los sujetos, sino de los sujetos hacia ellos mismos, porque finalmente habrán generado el *hilvanado de los sujetos consigo mismos*, habrán conseguido el grado más intenso del poder: desaparecer detrás de la voluntad aparente de los individuos, actuar no actuando.[59] Hilvanado que será tanto de sujeción como de subjetivación. Un sujeto: un hilvanado, un trazo.

Pero si como indicamos antes, las disciplinas operan como aglutinadoras de multiplicidades hilvanando lo que no necesariamente está imbricado y estableciendo identidades, entonces la *borrega* opera como una forma de condensación, por así llamarla. Condensa ambos regímenes en su *boca*, en su habla: el institucional y el idiosincrático. Los dos requieren este trazo liminar que los conforma. El hilvanado y la identidad de los regímenes son permitidos por esta frontera que la *borrega* misma representa. La *borrega* es el punto en el que se renuevan la circularidad y la inevitabilidad de los órdenes en la cárcel.

Entonces, es producto al mismo tiempo que vector de un orden; si antes dijimos que condensa en su *boca* los hilvanados que se trazan sobre su habla y que permiten los dos sistemas de comunicación referidos, ahora diremos que sólo es un punto o un nodo, tal como las *mamás* y los *monstruos*, en tramas de relaciones de poder y de relaciones semióticas, que necesitan generar un punto de especificación —la *borrega* misma— porque disponen elementos dispares, somenten fuerzas distintas, hilvanan características y dimensiones diversas. Es, eminentemente, una figura genealógica, una máscara conformada por palabras, inscrita en el lenguaje mismo y sus ordenamientos. Indica tanto la persistencia de un orden como su fantasmalidad, tanto su unidad como su eclosión. Y como máscara, permite a la institución y a los internos enmascararse en sus propios órdenes; situarse en un punto de este mapa parlanchín.

A su vez, lo ha dicho Chino, la *borrega* es también *puto*[60] porque delata a sus compañeros. Si tenemos un orden performativo sostenido en

---

59 Foucault lo dice muy claramente en *Vigilar y castigar* (2003): "La eficacia del poder ha pasado al otro lado —al lado de su superficie de aplicación—. El que está sometido a un campo de visibilidad y que lo sabe, reproduce por su cuenta las coacciones del poder; las hace jugar espontáneamente sobre sí mismo; inscribe en sí mismo la relación de poder [...], se convierte en principio de su propio sometimiento" (206).

60 En este punto utilizo las denominaciones de que se valen los mismos internos para delimitar las posiciones de las que hablamos. Considero que al introducir un término más

su habla y una trama de relaciones de poder aglutinada en su boca, también tenemos un orden genérico, una especificación de las identidades. Subjetivación y sujeción, subjetivación del habla y sujeción del cuerpo. La *borrega* va de *puto* porque rechaza ambos procesos y los desmiente. Pero anuncia otra liminaridad, tal vez más radical que la suya. Se dice que la *borrega* va de *puto*; no necesariamente que lo sea. De pronto actúa de cierto modo y se le asigna una cualidad: lo *puto*. Cuando cruza el límite entre los regímenes de habla institucionales e idiosincráticos, acción que es constitutiva de su identidad y su posicionalidad, atraviesa también un orden de género que estipula silencio y fidelidad para los hombres y delación para los *putos*. La *borrega va de puto*, avanza sobre los límites de estos regímenes, contrariando los mandatos y las prerrogativas, para llegar a un deslinde: hombre o *puto*, silencio o delación, pertenencia o ajenitud, fidelidad o traición. Vemos que se despliega un mapa ético sobre estas fronteras, pero que emerge de un orden genérico. Antes estuvo la identidad; primero fue ella y luego se esbozaron los valores. Primero se fue hombre y después se actuó como tal. Primero se fue *puto*, luego surgió la *borrega*, su boca torcida, su cuerpo expuesto, sus palabras fallidas.

LA LEY DE HERODES: LA MUERTE COMO UNA DOBLE FRONTERA

La muerte es una experiencia cotidiana en la cárcel: todos nuestros entrevistados hablaron de algún episodio en el que alguien murió durante su permanencia en el penal. Asimismo, constituye una frontera doble. Por un lado, es un límite para la propia experiencia subjetiva, una forma de terminar con lo que se considera insoportable. Resolución tajante que resta el cuerpo, como último espacio de alguna libertad posible. Salir de la cárcel aunque sea mediante la muerte. Primera prenda de la institución: el cuerpo; última propiedad del interno: su cuerpo. *Anatomopolítica* de la muerte que se decide en los pasillos, en los lugares solitarios dentro de una institución atestada, en los arrebatos o en la desesperación profunda. La institución tiene el deber de conservar al interno con vida; en un sentido estricto, ése es el castigo: la duración de la pena, la inter-

---

neutro —como homosexual— se le resta densidad a la construcción que describimos. No obstante, se debe entender como una denominación que se utiliza analíticamente, pero que no supone un acuerdo del autor con ella ni menos su avenencia con su utilización insultante o discriminatoria.

dicción del cuerpo entre los muros.[61] El suicidio es una *contrapena*, una forma de acomodar el tiempo a la propia subjetividad, de disponer de cierto espacio de autonomía. No obstante, para terminarlo todo, para poner fin a todo. Inmolación deseante: ante el *deseo* de la institución de que se permanezca por años vivo, el deseo del propio interno de inmolarse contra él.

—¿A usted le ha tocado ver?
—Pues, luego hay veces cuando va uno a la escuela, no que ahí fulano ya está colgado (Chino, 55 años).

Porque hay muchas cosas ¿no? que ¡pum! ya está ahorcado allá en la escuela, que ya se ahorcó en el patio.
—¿Por qué se ahorcan?
—Pus le digo, le vuelvo a repetir, muchas veces uno pierde la mente y yo he tratado de hacer eso, yo he tratado, yo el otro día, entons yo el día que tuve el problema con mi esposa y todo, pus iba bien, iba yo caminando bien, pero de repente se me metió algo en la cabeza y me quería meter por ahí, dije ¡ah! voy ir a buscar ahorcarme y si no es por un muchacho ahí sentado y me dice ¡adónde vas! y me quedo así, dije, no a ningún lado, yo le doy las gracias a ese muchacho porque de repente perdí yo todo, me metí en otro mundo de que ya quería irme ahorcar, porque es muy duro esto ¿no? (Nico, 32 años).

Mencionamos ya que la muerte es cotidiana en la cárcel. No es excepción, sino regla. Chino lo corrobora, y dice que responde a una *ley*. He aquí la segunda frontera que la muerte pliega y despliega. Frontera para cualquier relación y para todo vínculo. Ley fundamental que organiza las conductas y las intenciones: *Herodes*, dice Chino, es la *Ley de Herodes*. No existe otra *ley* más importante que ésta: *pagas o pagas*. Dijimos que el lenguaje, para ser performativo, es convencional y recursivo dentro del orden circular que distribuye las experiencias, los valores y los destinos. *Pagas o pagas*: recursividad del mandato, no hay alternativa; por lo tanto, la muerte sucede primero en el lenguaje, que interrumpe su

---

61 Plantea Foucault que "[A]llí donde ha desaparecido el cuerpo marcado, quemado, aniquilado del suplicio ha aparecido el cuerpo del preso, aumentado con la individualidad del delincuente, la pequeña alma del criminal que el aparato mismo del castigo ha fabricado como punto de aplicación del poder de castigar y como objeto de lo que todavía se llama ciencia penitenciaria" (2003: 258).

circulación y su sintagma para regresar sobre sí mismo insistiendo en lo ya dicho. Muerte performativamente estipulada también, como promesa que se eleva ante la *borrega* —si hablas te mato— y ante los deudores —si no pagas te asesino—. Primero palabras, luego gestos. Entre uno y otro, el cuerpo; como frontera, como punto de articulación entre las palabras y las cosas —*dos fierrazos en el cuerpo, te avientan una cobija y te apuñalan.*

> Aquí sí ¡cómo no! hace 15 días un chavo aquí, sí aquí en la escuela, atrás de la escuela, colgado, con todas las venas, hay otro muerto en el dormitorio, en la visita, llega el que se la debe y ¡pum, pum! lo mata a puñaladas, es cotidiano. Aquí no existe otra ley más que la Ley de Herodes ¿no? aquí pagas o pagas. Aquí no es de que ¡espérate tantito! Y ya cuando se pagan en la misma visita, pasando, pasando, ya con dos fierrazos en el cuerpo pus está difícil que te salves ¿no? o entras a un dormitorio donde traes problemas, pues te avientan una cobija y te empiezan apuñalar ¿quién fue? ¡quién sabe! Es un sistema de cárcel ¿no? siempre ha existido en la cárcel ¿no? el que la hace la paga aquí adentro, no tienes pa dónde correr, si debes algo no te puedes esconder abajo de las piedras porque te encuentran (Chino, 55 años).

La cárcel es un *sistema*, dice Chino. Hermosa definición. La muerte participa de la circularidad del sistema estableciendo su ley fundamental: "pagas o pagas". Por lo tanto, también renueva dicha circularidad. Por eso toda muerte en la cárcel es sacrificial: inaugura y renueva un sistema mediante la violencia, en palabras de Girard (1983). La muerte, luego, dispone de un espacio de visibilidad total: *no te puedes esconder debajo de las piedras.* ¿Dónde te guarecerás si te buscan para matarte? No hay escapatoria, no hay escondite. Incluso, reconozcámoslo, si pides protección,[62] dada la circularidad del orden, que asegura que tarde o temprano te encontrarás con tu ofensor o deudor, no hay escapatoria. La muerte es una frontera y un destino inexpugnable.

Anotemos que esta legalidad, sostenida en la muerte, opera de modo anónimo. Si bien las deudas se contraen con alguien y los deudores son identificables, una vez que la ley entra en funcionamiento —*pagas o pa-*

---

62 La protección es una medida que toma la autoridad carcelaria a petición de un interno, dada una amenaza o un riesgo inminente sobre su vida. Implica su traslado a una zona específica del penal —D-10, véase anexo 2—, que garantiza su aislamiento de la población general.

gas— todos pierden sus identidades y sólo se disciernen la voluntad de
venganza y el peligro: *¿Quién fue? ¡Quién sabe!*, dice Chino. Doble negación, otra vez, porque nadie fue y nadie sabe. No hay sujeto que ejerza
la ley, sino un derecho que se aplica de modo anónimo (recordemos lo
que sucede con quienes denuncian, las *borregas* del apartado anterior).
Pero si el poder se expresa de ese modo extremo, no genera ni necesita
un saber: ¡quién sabe! Si nadie sabe, entonces, ¿quién fue? La respuesta
es una: nadie; entonces sólo la ley que mencionamos, su rigor y sus prerrogativas. Como la violencia con la que se recibía a un interno recién
llegado y que no tenía sino un autor colectivo, la muerte que resulta de la
aplicación de una ley sólo se ejerce de modo incógnito y secreto.

La muerte como una doble frontera, lo mencionamos antes, tiene
aquí un matiz, puesto que detrás del anonimato debemos suponer una
intención; si alguien se quiere cobrar sus deudas debe tener la voluntad
de hacerlo, pero al momento de ejecutar su cobro, desaparece y se difumina en esta legalidad descrita. Doble frontera y doble negación. ¿Qué
tenemos? Una operación paradójica que sólo identifica como responsable de una muerte a quien se suicida, pero a nadie más. Dijimos que la
muerte es una frontera para la experiencia subjetiva, pero en este caso,
no como la desesperación del suicida sino como el temor del deudor.
Luego, frontera para cualquier relación, incluso con uno mismo. Modo
de pago y garantía del funcionamiento de una ley implacable (¿podría no
serlo?). En esta segunda frontera se aplica la doble negación: nadie fue,
nadie sabe. Sólo se sabe que quien se suicidó lo hizo. Del resto de las
muertes no se sabe. La muerte es siempre una incógnita en la cárcel, los
gestos siempre son colectivos. Por eso tenemos estos pliegues, que corresponden a relaciones sociales. El lenguaje capturado de la *borrega* se
intercepta aquí con el vacío anticipado de la muerte. Nunca hay sujeto
de las palabras, ni de las cosas, ni de lo que se hace, ni de lo que se deja de
hacer. Hay avatares, circunstancias, desvaríos. En el fondo, un sistema
circular y recursivo y su legalidad fantasmal y anónima. El silencio es el
gran escenario de las muertes; por eso es siempre un lenguaje, así sea en
su obliteración, el que las sostiene.

Se colgaron, sí se mataron.
    —¿Y por qué, qué se comentaba?
    —Pues que debían dinero, es que aquí son, si debes dinero es ¡Ay
no! aquí es, te cobran bien feo.

—¿Cómo te cobran?

—Haz de cuenta que si no pagas te cobran réditos, pero réditos del 200%, 100% que tienes que pagar, si no pagas el día que quedaste, o sea, el doble o lo triple al otro, y si no te pegan, te pican o ¡ay no, te hacen muchas cosas!

—¿Le ha pasado a gente en tu anexo?

—Sí, por cinco pesos, seis pesos ¡ay, pues te pican con el fierro!

—¿Y qué ha pasado con esa gente, la han matado?

—Pues no, y pues sí, bueno pero unos se matan ellos solitos, no sé, yo creo que ¡ay no sé! pues se sienten tan mal que deben dinero no sé, también al igual el paniqueado, pues terminan matándose (Esther, 19 años).

Todo da vuelta, el propio Chino lo ha dicho antes. Él mismo dice: "el que la hace la paga", la muerte es el dispositivo que vuelve a juntar las palabras con las cosas, el hacer con el decir, asegurando tanto la circularidad como la recursividad. Modo final de cobro, la muerte garantiza toda la economía carcelaria y el funcionamiento del orden. *Pagas o pagas* no sólo remite a deudas monetarias, sino a todas las que se puedan adquirir en la misma cárcel: relacionales, simbólicas, afectivas, sexuales.

LO QUE SIEMPRE HA EXISTIDO: LA CÁRCEL COMO MITO

El orden que comenzamos a esbozar se sustenta, por tanto, en un acatamiento y una gestión colectiva de sus mandatos, así como en el anonimato de su funcionamiento. A esto se suman la recursividad del orden y su naturalidad sostenida ideológicamente. El trasfondo lo conforma una referencia a la cárcel no sólo como lugar físico, sino como determinación de un orden que no necesita particularidades para funcionar, cuya operación se sustenta en su propia primacía y antelación. La cárcel, como la ideología, se vincula con el tiempo en su justificación y explicación según un decurso *eterno*: está allí desde siempre, sólida en sus características y en sus antecedentes —*siempre ha existido*—; previa a cualquier intención y a cualquier historia; deshistorizada, por así decirlo, tal como Althusser describe la ideología; inmune a la acción de los individuos que la habitan.

Mitificada en muchos sentidos, *la cárcel es una cárcel*, así como un dios es un dios; sólo funciona como antecedente y no amerita explicación ni justificación. Barthes aclara que el mito "tiene a su cargo fundamentar, como naturaleza, lo que es intención histórica; como eternidad, lo que es contingencia" (2002: 237); agrega que si el mundo entra al lenguaje "como una relación dialéctica, de actos humanos; sale del mito como un cuadro armonioso de esencias" (238). Asimismo, especifica que la función del mito es "eliminar lo real" mediante una operación que "trastoca lo real, lo vacía de historia y lo llena de naturaleza, despoja de su sentido humano a las cosas de modo tal, que las hace significar que no tienen significado humano" (*idem*). En este sentido la cárcel, en tanto mito, es un tipo de metaorden:[63] un orden que justifica todos los que existen en su interior, otorgándoles un "fondo naturalizado".

La escena de la interpelación de Althusser es también, en muchos sentidos, mítica. Alguien es llamado por un policía y responde a su clamor. Un origen teórico para lo que no puede tener origen. Lo mismo podríamos decir sobre la supuesta vuelta que el sujeto realiza sobre sí para subjetivarse. No hay tal vuelta, en términos efectivos; como tampoco hay *alguien* que llame. Son escenas que se construyen para arribar a explicaciones posibles o aproximadas. Los internos hacen lo mismo. El mito, dice Barthes, es un habla; pero más aún, dice que "si el mito es un habla, todo lo que justifique un discurso puede ser mito" (2002: 199). *Todo lo que justifique un discurso*: un origen supuesto para el sujeto, una vuelta inaugural o un orden recursivo e inevitable. Una cárcel que siempre ha existido.

Pero queda un remanente en este mito. Hemos visto que la legalidad carcelaria, tanto en su organización detallada de las posiciones, los deberes y los privilegios, como en la delimitación de una inevitabilidad que la refrenda como legalidad, tiene como su presa final al cuerpo. Traza enunciados para llegar finalmente al cuerpo mismo y capturarlo: el cuerpo del *monstruo* para que trabaje y el del deudor para que pague. Por otra parte, el orden mismo, su recursividad, su signo colectivo y anónimo se asientan sobre el cuerpo, en tanto la muerte se expresa sobre él y en él, así como los regímenes de habla lo hacían en la boca de la *borrega*. Observamos que el cuerpo es tanto una garantía —esto lo veremos con más detalle luego— como un remanente. Está dentro del orden y de la legalidad permitiéndolos; pero, a la vez, está fuera de ellos como un elemento que se debe capturar. Por eso hemos mencionado a Barthes, quien afirma

---

63 Así como el mito sería un *metalenguaje*, en palabras de Barthes (*idem*).

que el mito "trastoca lo real, lo vacía de historia y lo llena de naturaleza". La naturaleza que sale por una justificación entra por un cuerpo. La historia se vacía en el cuerpo mismo. La operación ideológica fundamental aquí es situar al cuerpo fuera del orden social y fuera de las relaciones de poder, para ir a capturarlo ahí: en su naturalidad, en su lejanía, en su ahistoricidad radical.

Pero al mito se le debe aplicar un método genealógico, ya lo hemos consignado. Foucault observa que se piensa que el cuerpo "no tiene más que leyes de su fisiología y que escapa a la historia"; no obstante, la genealogía muestra el craso error en el que se incurre: "el cuerpo está aprisionado en una serie de regímenes que lo atraviesan" (1987: 20). Como la *borrega*, que tal vez no exista como sujeto pero sí como posición, el cuerpo surge como vector de un orden naturalizado, mediante su propia naturalización y su deshistorización consistente. No sólo está atravesado por ciertos regímenes, sino que él mismo los distribuye: llegan hasta él para conformarse. El cuerpo, en este sentido, construido como soma, como pura materia maleable, opera como una máscara, tal como la *borrega*. Incluso cuando hablamos de la muerte el cuerpo sólo es superficie para determinadas intenciones y para algunos intercambios: sólo forma, como califica Barthes al mito. Pero forma que esconde, en su operación, que los contenidos no existen o que no son más reales que ella. Vemos escaparse a la historia, a la contingencia y a la realidad, en el punto más histórico, más contingente y más real, que sería el cuerpo mismo.[64]

Mito y cuerpo, ¿qué tiene que ver uno con el otro? La cárcel como un espacio sin historia, como un lugar siempre existente. Su orden recursivo y naturalizado mediante la circularidad de sus axiomas. Su legalidad anónima y mortífera. Máscaras y anonimatos. Secretos y desvíos. Fronteras, negaciones, cuerpos muertos, amenazas. Piezas diversas de lo que podría ser una novela policial. El mito sólo es forma, y el cuerpo, en este contexto, es sólo materia. Superficies ambos. Mito y cuerpo, creemos, se topan en un punto significativo: el mito opera mediante las máscaras y favorece un régimen de desconocimiento y de anonimato. El cuerpo es su

---

[64] Refiere Merleau-Ponty que la tradición cartesiana define al cuerpo "como una suma de partes" y al alma "como un ser presente a sí mismo sin distancia". Agrega que estas definiciones correlativas "establecen la claridad en nosotros mismos y fuera de nosotros: transparencia de un objeto sin repliegues, transparencia de un sujeto que no es otra cosa sino lo que piensa ser". El objeto, considera el autor, "es objeto de punta a cabo y la conciencia, conciencia de punta a cabo" (Merleau-Ponty, 1957: 218).

resultado desnudo, la máscara caída o imposible. Todos se esconden detrás de todos para dejar sólo al cuerpo —ninguno en particular, todos en específico—, expuesto como la baza final del poder, como su presa y su garante. Dijimos que el cuerpo era una máscara, pero debiéramos decir: la única máscara que se muestra como tal, una máscara desnuda, por así decirlo. Si el mito tiene como función, en palabras de Barthes, eliminar lo real, en este caso, cuando hablamos de la cárcel como un mito, tiene como función presentificar lo real, exponerlo y exponenciarlo mediante el cuerpo, pero no como naturaleza, sino como prenda, como vestigio.[65] Un cuerpo muerto es, tal vez, el más social de todos los cuerpos. Lo vimos antes. Luego, un cuerpo esclavizado, otro sometido, uno herido, otro ahorcado. Cuerpos que exponen sus dolores y el dolor generalizado que los circunda.

---

[65] El genealogista, dice Foucault, debe "mostrar al cuerpo impregnado de historia, y a la historia como destructora del cuerpo" (1987: 15). "Volumen en perpetuo derrumbamiento", llama al cuerpo en ese mismo escrito. En otra parte advierte que "se trata de hacerlo aparecer [al cuerpo] en un análisis donde lo biológico y lo histórico no se sucederían [...] sino que se ligarían con arreglo a una complejidad creciente" para poder asirlos en lo que tienen "de más material y viviente" (1989: 184).

III. *ALMAS DÓCILES*:
CONFIGURACIÓN DE LA MASCULINIDAD

Este capítulo lo dedicamos al análisis de lo que dijeron los internos de manera específica y directa sobre la masculinidad en los tres ámbitos sobre los que preguntamos: *1)* los significados de ser hombre, *2)* los "efectos" que el encierro ha tenido sobre dichos significados y *3)* las nociones de masculinidad propias de los internos, específicas del espacio y la sociabilidad carcelarios. Digamos que fuimos avanzando en círculos concéntricos que paradójicamente se ordenan al revés, de modo tal que la primera referencia fue la personal, que resultó ser la más lejana respecto a las construcciones de la masculinidad particulares de la cárcel; luego, un punto intermedio que intercepta los significados enunciados y la experiencia en prisión; y en tercer lugar, la forma en que los *otros* conforman la masculinidad.

De esta manera, la masculinidad se organizaba según una gradiente de extrañamiento que parte desde los sujetos, en su menor nivel de extrañamiento, por así decirlo, hasta llegar a los *otros*, su máximo nivel si continuamos con esta figura. Un punto intermedio lo constituye la experiencia, que intercepta un ámbito subjetivo con otro contextual, generando ese terreno difuso, pero denso, que es lo vivido. Se va de "dentro" hacia "afuera" a la vez que se parte desde lo que se considera válido, y en lo que cada cual se reconoce, hasta lo que se verifica en los colectivos y en los otros sujetos con los que se convive, pero que se estima ajeno.

La masculinidad responderá, en este sentido, a un orden de lo *propio* y lo *ajeno* que estimamos central para comprender la subjetivación en la cárcel. El *sí mismo* será un punto de diferencia respecto a *los otros* en este contexto específico, aunque responda, al menos en sus definiciones y en sus operaciones identitarias, a saberes y prácticas culturales más amplios, y tal vez hegemónicos en el espacio exterior (por llamar así a lo que está fuera de la cárcel). La diferencia que mencionamos es relevante porque

139

permite construir una distancia entre lo que se estima *propio* y lo que se juzga *ajeno*, así como entre lo que se considera permanente para sí mismo y lo que es contingente. Entre estas distancias se inserta la experiencia como un ámbito que no puede ser resuelto con la aquiescencia ni con la resistencia en tanto supone múltiples relaciones, diversas exigencias y dinámicas intensamente contextuales y particulares que si bien no se pueden soslayar, tampoco ameritan generar "contenidos" nuevos. Los "contenidos" son los *propios* y *permanentes* en este juego de distancias que tratamos de dilucidar, y son el vector que permite leer la experiencia y adaptarse a ella de modo táctico y estratégico; contenidos aglutinados y condensados en el sí mismo —punto en esta topografía.

MÍNIMA MASCULINIDAD: SIGNIFICADOS DE SER HOMBRE

Las respuestas a la pregunta sobre el significado de ser hombre fueron *clásicas*:[66] ser trabajador, tener una familia, ser honesto y responsable, tener cierto poder. Un dechado de virtudes y una actitud correcta y productiva. Cuando les preguntamos por un significado, nos respondieron con atributos. La pregunta fue contestada con una descripción de lo que ellos eran *allá fuera*, de lo que habían sido alguna vez, o de lo que debieron o deberían ser; también, con las expectativas de lo que quisieran ser cuando salieran libres. Masculinidad desplazada, por definición, del espacio y del contexto en el que se responde la pregunta. Especie de cofre mágico en el que se guardan los contenidos valiosos, las aspiraciones sentidas, las esperanzas secretas, los buenos recuerdos, los afectos. La pregunta y sus respuestas son un *agujero* que atraviesa la institución para declarar que nada de lo que ella concita y permite se considera valioso. Lo que se valora está *fuera*, supone libertad, reclama salir de la cárcel. Masculinidad que opera, nuevamente, por extrañamiento: masculinidad que no pertenece ni se identifica con el contexto y que reclama un *afuera*, una distancia. Tenemos ya dos puntos parecidos: el sí mismo y la masculinidad. Luego veremos cómo se articulan.

---

66 Entendemos por "clásicas" las respuestas que coinciden con las que arrojan otros estudios empíricos sobre masculinidad en México y América Latina (Fachel Leal, 1998; Fuller, 1997 y 1998; Gutmann, 1997 y 1996; Olavarría, Benavente y Mellado, 1998; Valdés y Olavarría, 1998; Viveros, 1998).

¿Ser hombre? Pus yo creo que ser hombre es ser responsable ¿no? dedicarse al cien por ciento a la familia, bueno cuando uno está casado, tratar a la mujer con respeto [...] o sea yo siento que orientando a mi familia es ser hombre. No andar golpeando, no andar matando, no andar haciendo nada, yo creo que ése es mi concepto de ser hombre (Leandro, 30 años).

Pues, aquí uno no es hombre casi aquí, un hombre de estar allá fuera y trabajar para vivir bien con la familia, hay que trabajar para comer con toda la familia, y pues sobrellevarla y respetar la mujer o los hijos y tiene que trabajar uno para sostener la mujer y los hijos [...] ora sí que un trabajador, pus nomás (Adrián, 62 años).

Eh, pus ser responsable ¿no? en la vida, ser responsable en cuanto a la familia, en cuanto al trabajo, pus eso, ser responsable (Fulgencio, 35 años).

¿Para mí qué significa ser hombre? Pues, para mí qué significaría ser hombre, pues una persona que pues sí mantiene a su familia ¿no?, una persona que sí pues realmente, pues quiere estar bien ¿no? una persona que se anda drogando y se anda destruyendo él solo es porque no se quiere, pero sí, yo me imagino que para mí una persona que sí es hombre es alguien que sí ve por su familia (Aníbal, 25 años).

Definición mínima de la masculinidad: algunos deberes, ciertas relaciones, determinadas virtudes; nada más. Luego, un contraste: la responsabilidad ante la vagancia, el cuidado frente a los golpes, el amor por sí mismo ante la autodestrucción. Se genera casi un orden de equivalencias: masculinidad igual a trabajo, a familia, a responsabilidad. Casi como si uno fuera lo otro. Tal vez debiéramos decir que la masculinidad no significa *nada* independientemente de sus atributos y sus mandatos. No es un contenido, sino una forma que vincula diversas posiciones, conductas e intenciones.

Ahora bien, en la dinámica que hemos mencionado, entre intimidad y extrañamiento, el significado que interrogaba la intimidad —*¿qué significa para usted?*— fue construido como una exterioridad, como una forma de extrañamiento. La pregunta misma podía producir cierto desconcierto. Boris se detiene y se sorprende. Dice que no sabe qué contestar. Repite la pregunta, se la formula a él mismo y esboza un esquema sobre la división sexual del trabajo, la igualdad y el poder. Hombres y mujeres son iguales, salvo que ellos tienen más poder en algunas cosas.

¡Híjole! [silencio] ¿para mí qué significa ser hombre? Híjole, hombre, hombre ¡te lo juro, que nunca me habían preguntado eso! ¡híjole! ¿Cómo podría explicar para mí qué significa ser hombre? No sé, no sé, no sé cómo responderte, no sé. O sea, ser hombre o mujeres o sea, yo soy hombre porque pus me tocó ser hombre, y aparte pues ¿cómo te diré? pues sí me gusta ser hombre [...] son casos distintos, pero a final de cuentas todos hacemos, el hombre o la mujer llega ser lo mismo ¿no? o sea, por ejemplo un hombre trabaja, una mujer también trabaja, entonces, pues no sé, la preferencia de ser hombre es de que, pus tienes, no sé, tienes más poder en algunas cosas (Boris, 28 años).

Para responder, Boris realiza una operación que será develadora, y que consideramos aclara lo escueto de las respuestas: debe posicionarse a sí mismo como objeto de sí, trazar una distancia *en* lo que estaba plegado y junto, atisbar un *entre* que no se consideraba. La pregunta genera una escisión donde no la había y obliga a las *palabras* a coincidir con las *cosas*. Žižek asegura que esta operación es un *desatino* "[al] sacar a la luz lo que debe permanecer tácito, para que conserve su consistencia la red intersubjetiva existente" (2003: 25). De este modo, con la pregunta propiciamos una fisura que requiere del interpelado un fino corte sobre sí para separarse y mirarse. Provocamos, también, la peor de las posiciones para la subjetividad masculina: transformarse en *objeto*, sea de los otros o de sí mismo. La pregunta es una estrategia de objetualización que la masculinidad repele con ahínco. Digamos, la masculinidad oblitera la interpelación de su campo, no responde al llamado cuando se le convoca a ella misma. Y nosotros, citando la escena althusseriana, la revertimos: ahora es el sujeto el que llama al policía (la masculinidad): ¡eh, usted!

También por eso Esteban debe proceder por alejamiento. Responde sin contestar. No permite que lo *interpelemos* y nos contesta con una descripción que no lo compromete: se objetualiza para finalizar como sujeto —*cabeza de su familia, el que lleva el dinero...*—. Habla de la raza humana y sus ramificaciones, una antropología de los deberes y las tareas. Opera por desglose: primero la humanidad y sus particularidades; luego, las diferencias de la raza humana, después, la sociedad y su lugar en ella; por último, la familia y su posición: la *cabeza*. Empieza por una referencia a la humanidad y termina con la delimitación de sus deberes y su lugar. Como una muñeca rusa, cada definición contiene otra más pequeña, pero semejante.

Tiene muchos sentidos. Número uno, para ser hombre, ser hombre es un ser humano más, que es parte de la humanidad, que es uno de los sexos de la raza humana que es el que lleva a cabo algunas tareas, el que es parte de una familia y que dependiendo varias culturas se le da o tiene ciertas tareas, te estoy hablando muy general.

—¿Y personalmente?

—Ser hombre personalmente, ser hombre personalmente para mí es ser un buen ser humano, tener mis responsabilidades, saber cuáles son mis responsabilidades, cumplir con mis obligaciones, llevar a cabo las metas, ser parte de una sociedad.

—¿Como qué puede ser?

—Como tener mi familia, ser la cabeza de la familia, llevar los alimentos y el dinero a una familia, tener mi trabajo, eso es lo que para mí es ser hombre (Esteban, 28 años).

La definición normativa indica que a un hombre lo acompañan su esposa y sus hijos; no está solo: tiene familia. Curioso contraste, porque en la cárcel se nos ha dicho que cada cual hace su camino *solo*: la soledad y la individualidad ante las dificultades y la desgracia se reclaman como las posiciones subjetivas y éticas que un hombre debe sostener en la cárcel. Si un hombre tiene compañía será la de su familia, no la de otros hombres, ni la de sus pares. Con ellos está en competencia y ante ellos está solo y no dispone sino de sí mismo. Por otra parte, la masculinidad se construye como una ilusión que se debe alcanzar: mujer hermosa, hijos, buena posición económica. La masculinidad pertenece, pero también se obtiene; está *más allá* de uno mismo, clamando porque se la alcance. Es, además, una posición moral o una dirección en la conducta: el hombre va siempre hacia *delante*, tanto para conquistar la ilusión que lo reclama, como para enfrentar los problemas que se le presentan —"no se echa para atrás"—. Es un cuerpo sólido en una trayectoria, una condensación de virtudes en el marasmo, que atraviesa su propio destino con decisión y con valor. Vemos que la masculinidad se distancia de sí misma como ilusión —ante el futuro— o como actitud —frente al presente—. Se distancia de sí para confirmarse, para restablecerse. Busca lo que ya es.

¿Ser hombre? Pus para mí ser hombre es, ¿cómo le puedo decir?, pus el que manda ahí en la casa ¿no? el que tiene que dar este gasto, llevar, ahora sí, el mando de la casa ¿no? tener autoridad y ver de su esposa, de sus hijos, de ser un hombre, ser, como dicen, ser cumplido de sus cosas, de su esposa, de sus hijos y enseñarle lo mejor a sus hijos ¿no? Es ser hombre, no ser como uno fue ¿no? ser hombre, bueno eso para mí es ser hombre (Rolando, 36 años).

Una persona responsable, una persona que desde pequeño tienes la ilusión de ser papá, de tener una mujer hermosa, una mujer que te comprenda [...] una compañera digna para toda tu vida, y lo que decía como hombre, es que todo lo que trates tú de hacer te resulte bueno, y como hombre, la ilusión de todo hombre es tener posición económica buena, vivir pues tranquilo ¿verdad? para dar tranquilidad a los que te rodean, eso es lo que significa para mí ser hombre (Chino, 55 años).

¿Para mí ser hombre? ¡No, pus decir la verdad! O sea, honesto más que nada ¿no? ser honesto y sincero, ser hombre y no echarse pa' tras también ¿no?
—No echarse pa' tras ¿cuándo?
—Cuando uno tiene problemas de que diga "¡chale ya la regué y ora qué voy hacer!" ¿No? Sino al contrario, "no pus ya la regué le tengo que echar pa' delante, salir de ese problema" (Crisóstomo, 22 años).

Nico dice que si él *fuera un hombre...* Es varón, sí, pero no cumple con los requisitos para ser un hombre: estudiar, trabajar, estar lúcido, ser responsable. El hombre, el que Nico refiere, es un ideal, y como ideal indica una distancia *entre* lo que se quisiera ser y lo que se es (Rolando ha dicho: "no ser como uno fue"). Venustiano anuncia que el ideal ha *caído*, al menos en su caso, y menciona una *falla* de su parte. Diferencia dos polos, uno en el que priman la *animalidad* y la *irracionalidad*, sostenidas en una definición *machista* del ser hombre: tener muchas mujeres, golpear, beber; en el otro prevalecen la cordura, los valores, la responsabilidad y la congruencia: un hombre es quien sabe ser siempre él mismo.

¿Cómo le diré? Hombre para mí, si yo fuera un hombre, un hombre, porque, bueno soy varón, pero para mí un hombre ser, pus cumplir con sus obligaciones ¿no? cómo le diré más, cumplir con sus obligaciones.
—¿Qué obligaciones?
—De uno mismo, de estudiar, trabajar, estar con sus padres, si tienes hijos con sus hijos, familiar, su trabajo, vivir la vida bien, estar consciente, no enviciarse, irse a pasear, estar con los niños, con los familiares, estar un rato bien divirtiendo, eso es ser una persona, un hombre que conviva bien (Nico, 32 años).

Por un camino o por el otro, la masculinidad es siempre un régimen de recursividad, se es *machista* en tanto hombre y se es hombre en tanto sí mismo. Está al principio y al final y cubre todo el espacio de la subjetividad y el devenir. Los entrevistados han dicho, a fin de cuentas, que un *hombre es un hombre*, así como la Ley de Herodes manifiesta que *pagas o pagas*. Pero, ya lo mencionamos, no contestaron a la pregunta con señas de identidad ni de intimidad; las respuestas remiten a una presentación externa y relacional de la masculinidad. Como dijimos, preguntamos por significados y respondieron con atributos; pero esta respuesta se sustenta en la recursividad que mencionamos: la identidad está plegada sobre sí y coincide con ella misma; el principio es el final. La masculinidad forma parte de lo obvio, de lo que no se pregunta ni se interroga, de lo que permanece igual a sí mismo, porque tampoco se *quita*, como lo veremos. Demetrio lo establece: ser hombre es *ser normal*, nada más.

Estamos ante un procedimiento paradójico, porque así como las respuestas remiten a una exterioridad de sí, a un extrañamiento en atributos, su posición subjetiva corresponde a la intimidad más intensa, aquella que ni siquiera puede ser develada ni mencionada. Identidad que, en tanto intimidad, está plegada sobre sí, pero cuyos contenidos remiten todos a una exterioridad primera. Ambos, y tal vez esto aclare la paradoja, se fundamentan en la recursividad y circularidad de la masculinidad misma: es lo que es y lo que debe ser; se busca porque ya se encontró.

¿Para mí que significa ser hombre? Nunca me he hecho esa pregunta, para mí sería ser hombre, ser alguien que tiene bien cimentados sus valores, sus principios y que sabe responder ¿no? En mi caso pus estoy casado, pus ya orita se puede decir que le fallé a mi esposa, estoy aquí [...] o sea, ya en este caso mi hija cuando nació y tengo que cumplir [...] sin llegar al machismo, a mí los machismos son, o los que dicen ser muy hombres porque tienen muchas mujeres, toman, golpean, para mí eso no es ser hombre, para mí eso es ser un animal irracional. Para mí hombre es eso, cumplir con sus obligaciones, tener unos valores, unos principios y siempre ir de acuerdo a tu forma de pensar, no desviarte por el qué dirán, siempre ser tú mismo (Venustiano, 33 años).

¿Hombre? Pus, un ser normal ¿no? un ser normal, que anda en la calle, que no tiene conflictos, que no anda en drogas, que no anda en malos pasos, eso es ser hombre (Demetrio, 18 años).

Pero, si el ideal es un intervalo entre lo que se *es* y lo que se *debe ser*, tenemos dos distancias: ésta y la que mencionamos entre el sí mismo y la cárcel. En este caso, la distancia se constituye con relación al sí mismo, *dentro* de los sujetos, por así decirlo. Por lo tanto, el extrañamiento no es sólo respecto a la *realidad* o al *exterior*, sino con relación al *interior* y al *yo*. La posición de doble extrañamiento es la única que permite la intimidad, construida, lo hemos visto, como extrañeza. Si definimos la subjetivación como una vuelta sobre sí del sujeto, que es fundante del sujeto mismo (Butler, 2001b) —en la vuelta que da sobre sí—, entonces aquí tenemos una vuelta sobre la vuelta, doble salto mortal que nos pone a salvo del extrañamiento radical que significa la cárcel y que le permite a los internos sostener un sí mismo, aunque todo lo desmienta o lo desbarate. Parapeto reflexivo, distancias tácticas que construyen un espesor defensivo sobre la subjetividad, que traza laberintos sobre sí misma.

Asimismo, las extrañezas que hemos mencionado son ambas panópticas: muestran al sujeto como individuo en el sistema carcelario y al sí mismo como contenido en la experiencia del encierro. Pero, a la vez, interponen un laberinto —las distancias a que nos referimos— que interrumpe el panóptico, como el silencio impuesto a las *borregas*. Cada cual extiende sobre sí los velos del extrañamiento para fundar una intimidad, que será siempre extrañamiento por eso mismo. Los velos suponen una mirada, y aunque la desvían, también la requieren. La mirada es constitutiva, fundante, por así llamarla. Por eso, tal vez, detrás de los contenidos enunciados no hay nada, un lugar vacío. Žižek asegura que la verdad del sujeto es siempre "la verdad del 'gran Otro' simbólico; no se produce en la *intimidad* de mi experiencia interior, sino que resulta del modo en que mi actividad se inscribe en el campo 'público' de las relaciones intersubjetivas" (2003: 102; las cursivas son nuestras).

Pero esta doble extrañeza es, también, un doble fracaso. Porque cuando se instaura la distancia entre la cárcel y el sí mismo, lo que se espera es que el *sí mismo* permanezca como un punto de intimidad y pertenencia. No sucede así, la segunda extrañeza desmiente ese punto y, entonces, el sí mismo es extraño a sí mismo en la distancia entre el ideal y el yo que se sitúa *dentro* del sujeto. Pero la masculinidad será el principal parapeto para desconocer tanto el doble extrañamiento como el doble fracaso, porque los velará con atributos, se mantendrá junto a sí misma (separándose), aglutinará una posición que desmienta su objetualidad. Pero para desconocer es necesario saber por anticipado (lo veremos luego en el tema de la seducción).

HOMBRE VIVO, HOMBRE MUERTO. MASCULINIDAD Y ENCIERRO

Mencionamos antes que la masculinidad en su definición se construye como un antagonismo con la cárcel y, a veces, con la propia biografía. Luego de la pregunta sobre el significado, a partir de las respuestas de los mismos entrevistados interrogamos sobre el *impacto* de la prisión en la masculinidad. Una vez reconstruido el itinerario, constatamos que la construcción de la masculinidad que realizan los internos esboza, por un lado, un *yo*, que condensa los significados que expusimos en la sección anterior y, por otro, un *ellos*, que analizaremos en la siguiente. La masculinidad correcta, virtuosa, cargada de futuro y de responsabilidades, familiar, laboral y normal, ésa es la masculinidad del *yo*. La otra será violenta, arbitraria, defectuosa y sangrante; y es la masculinidad de los *otros*, de los internos, la que impera en la cárcel y que se presenta como el *contra-ide*al de la masculinidad que hemos analizado. Entre una y otra, en el trazo mismo de esta distancia que se explicita de manera clara e insistente, encontramos una torsión que, como lo vimos, es en sí misma subjetivante: torsión entre el ideal que se formula y que en algún sentido orienta, y las posibilidades contextuales en que se puede desplegar o alcanzar aquél. No obstante, mencionamos que el ideal, para ser tal, debe pertenecer a una esfera distinta a la del yo, debe representar un *afuera* subjetivo que amerite ser alcanzado, que cómo se construye como una distancia: *eso es lo que debería ser, pero que no soy o que no puedo ser*. De alguna forma, lo que se enuncia como masculinidad del yo, en contraste con la de los otros, es la masculinidad del ideal, nunca la actual —distancia de la distancia, extrañamiento del extrañamiento—. Ahora analizamos los vínculos entre ese ideal y la experiencia de la cárcel.

Tal vez sea Leandro quien mejor entienda de subjetivación; sin duda más que nosotros y nuestros autores. Habla de varias *personas* que él mismo representa según las circunstancias, lados de su subjetividad a los que recurre para sobrevivir. Menciona rostros vivos y muertos que se alternan, caras que se traslapan entre la vida y la muerte. "Mi cara por enfrente es una persona viva y atrás es una persona muerta", dice. Dos caras para un mismo rostro, una persona múltiple para una sola vida. Su brazo derecho es un *roble* porque está *plantado*: principio de la realidad corporal, especie de conexión obligada con lo real y con el contexto —*aquí uno está plantado*, dice (en este huerto amargo que es la cárcel), *y así tengo que bajar*, agrega, *a recibir a mi familia durante las visitas—*. Un árbol aciago que camina por la prisión, plantado sobre sí mismo en su desventura. Un brazo izquierdo que es una *golondrina*, que desea *volar*. Principio del placer, volátil y ansioso. Dice que se siente una *persona muerta* que no puede hacer lo que le gustaría ni estar con quien desea. *Esto no es vida*, asegura. ¿Se puede estar muerto estando vivo? Sí, al menos en la cárcel. Tenemos un duelo permanente, una institución mortuoria y sus *restos*. Las *partes* que hemos mencionado antes, de manera insistente, explotan dentro del sujeto mismo: un laberinto en penumbras, trozos de lo que se desearía ser y de lo que se es, fragmentos de la realidad y del deseo. Un brazo y otro; una y otra caras. Un rostro sombrío por la muerte, un saber tácito sobre la vida. Bajar, subir, esperar.

> Yo oí en un libro que decía: "Mi brazo derecho es un roble, mi brazo izquierdo es una golondrina. Mi cara por enfrente es una persona viva y por atrás es una persona muerta". Yo creo que es así ¿no? un roble, porque aquí uno está plantado y no se puede... porque yo quisiera volar y no puedo, si estoy aquí y soy una persona viva por enfrente.
> —¿Por qué?
> —Porque tengo que poner ese tipo de cara enfrente de mi familia, tengo que bajar así, tengo que bajar bien y por atrás soy una persona muerta, porque pues me siento así ¿no? porque no puedo hacer nada de lo que quisiera hacer, entonces yo me siento así como ese pensamiento que yo leí en un libro que dice así.
> —¿Y cómo es que se siente como una persona muerta?
> —Porque esto no es vida o sea el simple hecho de estar encerrado aquí no es vida ¿no? a sabiendas de que yo pudiera, como quien dice, hacer algo, o sea allá afuera, estar trabajando y sacar adelante a mi familia y aquí no [...] entonces yo me siento así como una persona muerta (Leandro, 30 años).

Leandro ubicó esta disyunción entre muerte y vida en sí mismo. Una persona muerta tras una persona viva. Fulgencio, *monstruo* en su celda e indígena en la cárcel, habla del *infierno*, de este lugar de muerte en vida. Aún más, dice el *infierno del purgatorio*. La muerte no es, entonces, una frontera, sino que delimita el espacio en el que se habita: el *infierno*. En la *cara* de Leandro se esbozan dos lados para la subjetividad, que la fragmentan y la suspenden, en algún sentido; Fulgencio los transforma en lugares colectivos que reúnen a multitudes de individuos. "Pus yo digo que si éste es el mismo infierno del purgatorio o sea, este sí es un infierno en vida" (Fulgencio, 35 años).

Esboza una topografía de las relaciones humanas y de los espacios sociales y refiere un *adentro* infernal, que es consecutivo al traslape de la muerte en la propia subjetividad de Leandro. Sus dos personas, la viva y la muerta, son flancos de estos lados sociales que delimita el *infierno*. En ambos el gesto es semejante: situar la muerte como una experiencia de la vida misma y durante la vida misma; no como un *más allá*, sino como un *aquí* y un *ahora*. Ésta es una tercera forma de muerte, que se agrega a las dos que mencionamos antes: muerte suspendida y que se administra sobre sí mismo en vida —no es un suicidio—. Forma de borronear todos los límites y cualquier orden, borrándose a sí mismo en la operación. Indefinición radical de la subjetividad. Diremos que ésta es una muerte subjetiva.

Lo veremos luego con mayor detalle, pero consideramos que Leandro se seduce a sí mismo entre estas dos *personas* que menciona —la viva y la muerta—. Para hacerlo, realiza la operación que Boris y Esteban negaban o rechazaban: se fragmenta a sí mismo y se duplica —dos caras, dos personas, dos miradas—. Un juego de alternancias: baja la persona viva y sube la muerta. Dos brazos: un *árbol* y una *golondrina*. La realidad y el deseo. Y él mismo se revierte a sí mismo, viviendo y muriendo a la vez, volando y plantándose en un mismo gesto, sobre un mismo cuerpo.[67]

Esta conformación de los lados en uno mismo —y sobre uno mismo— puede suceder de modos diversos. Venustiano dice que él se ha adaptado al *sistema* y actúa como éste exige que se actúe. Dice que se adaptó a la *forma de ser*, aunque no la comparte ni es la suya. Adaptación táctica, que es subjetivante en sí misma. Antes, dice, era muy pacífico, ahora si me gritan respondo. Venustiano puede leer esta disyunción a partir de un punto de permanencia y de aglutinación, por así llamarlo, que corresponde a sus principios y la valoración de sí mismo; así como para Leandro lo era una nostalgia de la vida anterior que esperaba recobrar. La cárcel es un *interantanto* y la adaptación es una estrategia que aplica sobre sí, transformando su *modo de ser* para sobrevivir en ella. A su modo, Venustiano

---

[67] Pero quizás estemos ante múltiples cuerpos y no *uno*, como damos por descontado. Lo veremos también en el caso de la Paz, que analizaremos más adelante.

también *es* dos personas al *mismo* tiempo: una adaptada que grita, la otra pacífica y suspendida por ahora.

—¿Y el llegar a la cárcel afectó esa definición para ti?
—Pues yo aquí me he llegado a adaptar, yo me adapté a lo que es el sistema penitenciario.
—¿En qué sentido te adaptaste?
—En tener que hablar como hablan aquí, aquí no es de ¡hola amigo! No, nada, aquí te dicen "carnal, vale ¿qué onda? guarro" o sea, muchos seudónimos. Me tuve que adaptar, me adapté a la forma de ser o sea, te digo, yo soy una persona muy pacífica y aquí me tuve que adaptar a que si te gritan, tú también tienes que gritar más fuerte ¿sí? eso sería en lo único en lo que me han cambiado [...] Porque yo sigo guardando mis mismos principios, para mí uno de mis principios es valorarme a mí mismo, yo me valoro aquí aunque esté donde estoy, para mí ¡yo valgo mucho, para mí! (Venustiano, 33 años).

Mencionamos antes que una polaridad sobre la que se construía la masculinidad disponía de razón e irracionalidad. Chino relata que los cambios que han acaecido en su carácter lo han vuelto *agresivo*, pese a que antes era una *persona razonable* y con criterio. Los lados se construyen, en este caso, sobre el tiempo y la biografía. Si Leandro está vivo y muerto en el presente, Chino es agresivo *ahora*, así como *antes* fue razonable. La torsión sucede en un intervalo de vida, transformación mediante, y se sedimenta en un *carácter* (otra forma de aglutinar la subjetividad). La masculinidad para Chino se extiende en un tiempo de fracaso vinculado estrechamente con la edad y con la condena. Dice que el tiempo ha *pasado sobre su vida* como un tropel, como un flujo que no se controla, pero que se padece. La memoria opera aquí como dispositivo de subjetivación, en tanto habla de dos *personas*: la que se *fue* —y que se puede recordar— y la que se *es* —y que se padece—. Chino emite un juicio sobre sí, y así como Leandro, se escinde en dos personas. Al parecer, la subjetividad requiere siempre de, al menos, *dos* para expresarse.

Sí, sí, me ha afectado bastante porque mi carácter ha cambiado.
—¿En qué sentido ha cambiado su carácter?
—En que mi carácter, era una persona razonable, una persona con un criterio, si no amplio, al menos con un buen criterio de los demás hacia el modo de vivir, el modo de ser y ahora yo juzgo y creo que he sido y soy tan agresivo para juzgar que no admito un error y se me ha

llevado a un camino donde posiblemente pienso que la vida ya tiene muy pocas oportunidades a la edad o al tiempo que ha pasado sobre mi vida (Chino, 55 años).

Adrián indica que en la cárcel *no se es hombre* porque no se puede trabajar. *Contraideal* masculino, cotidiano y permanente. Asegura que aquí, en la cárcel, se está de *huevón*, sin *hacer nada*. La cárcel opera un *olvido*, dice, una vez que transcurre el tiempo: *hasta de trabajar uno se olvida*, afirma. Si el gesto de Chino es uno de memoria, que lo lleva a condensarse a sí mismo en un recuerdo específico acerca de quien fue, para Adrián el presente se traga la memoria, la colapsa, en su repetición permanente. Esta vez la circularidad —*paseas para allá y para acá*— es un modo de suspensión de la subjetividad. La repetición imposibilita las distinciones temporales y subjetivas que el trabajo propicia; distinciones vinculadas, profundamente, con la masculinidad y su conformación. Atendamos a que el trabajo permite que la masculinidad se aglutine, porque dispone tanto de sus atributos como de un *tempo* subjetivo y social, que además otorga justificación y sentido. En la triada familia/trabajo/poder que se ha enunciado antes, el trabajo es el vector que permite vincular a la familia con el poder, posibilitando una posición subjetiva masculina. Si se le quita, dice Adrián, no se es *nada* y sólo cabe el *olvido*.

—¿Y por qué dice que acá en la cárcel casi no se es hombre?
—No aquí, pero aquí ¡qué hombre se siente uno aquí! Aquí en la cárcel, yo digo que aquí no es hombre uno, porque no hace uno nada aquí [...] aquí en unos dos o tres años hasta el trabajo lo olvidas y te vuelves güevón aquí.
—¿Por qué?
—Porque nunca hace uno, ya no trabaja como trabajaba uno allá afuera, aquí nomás te paseas pa'lla y te paseas para acá y nomás anda uno de güevón, porque aquí no hace uno nada (Adrián, 62 años).

En cierto sentido también lo dice Esteban: la cárcel somete la *voluntad*, por lo tanto colapsa la disposición subjetiva que se esgrime como central para la masculinidad: ser responsable, proveer, mandar, producir. Masculinidad *caída*, diremos; Esteban refiere que *muchas cosas se caen* en la cárcel (Venustiano también habló de *caída*). Habla de una *mente débil*: ¿podría estar en otra parte la masculinidad si no en la mente misma? No, por eso se quebranta la voluntad en la cárcel, mediante el *carcelazo* del que nos habló Nico al comienzo de estos análisis. *Carce-lazo*, quebranto: *perder la mente*, nos dijeron. Perder la mente: perder la masculinidad. Estos entrevistados nos dicen que lo hombre lo tienen en su *mente* y que lo pierden en su cuerpo, quebranto mediante. Olvido. No se es hombre en la cárcel, aseguró Adrián. Pero no se es hombre en su definición ideal y pragmática: lo que se debe ser y lo que se debe hacer. El mismo Nico dice que sigue siendo *varón* (como lo veremos, si le dijeran lo contrario no tardaría en reaccionar), pero que no es *hombre*. Debiéramos escribirlo con mayúscula: no es Hombre, no satisface el ideal que ordena la identidad.

—¿Y estar en la cárcel ha afectado eso?
—Me afectó, porque algunas veces se siente uno traicionado, desmoralizado y que se caen muchas cosas. Yo en la calle decía: "en la cárcel, va la gente mala, y la gente que necesita una readaptación" [...] Hay muchos que yo he visto que tienen una mente débil.
—¿Débil en qué aspecto?
—En que sus voluntades se quebrantan, pues, ya estoy aquí en la cárcel, pus ni modo que diga que nunca probé nada en la cárcel, la voluntad se le quebranta (Esteban, 28 años).

Entonces, la misma masculinidad se escinde entre su definición ideal y su concreción real. Vemos que no es más que este espacio *entre* ambos, entre sus insignias y aspiraciones y la experiencia cotidiana y biográfica. Pero esta operación requiere que la masculinidad se objetualice: se le observa en su fracaso y en su *caída*. Ellos lo están diciendo: sólo una vez que hemos *caído* podemos observar y estimar lo que somos y lo que fuimos. Esto permite diferenciar entre la posición de Boris y la de estos otros entrevistados: Boris estima que no hay traspié ni discontinuidad; está asido a su masculinidad porque no la considera *caída*. Los otros, ya *caídos*, la observan —mediante la memoria, el olvido, la escisión o la adaptación—, distantes de sí mismos por esta imposibilidad del ideal que los constriñe. De algún modo, veámoslo, la caída es siempre interior, es íntima: dirime entre quién se es y quién se fue, entre lo que se anhelaba y lo que efectivamente se hizo. Finalmente, entre la vida tal cual se puede juzgar y evaluar y los contenidos ideales que orientaban su decurso. Para Boris la masculinidad está en sí mismo, adherida a sí, por lo que no puede siquiera observarla ni mencionarla como tema; para ellos, en cambio, la masculinidad está en otra parte, lejos de sí.

Tenemos, al final del trayecto, dos *personas* —reiteradas en las citas— y dos sí mismos, que se alternan. Pero unos y otros hablan de un mismo tiempo: el de la reflexividad de sí mismos sobre sí mismos, sea *ahora* o *antes*. Es el tiempo de una vuelta, en la que una *persona* se encontró con la *otra*, en la que ambas se "fundaron" para escindirse y bifurcarse. Pero es una separación que evita que la masculinidad se convierta en objeto, porque, finalmente, las dos *personas* siempre reivindican un estatuto de sujeto. Duplicación en algún sentido táctica para sostener dicho estatuto, elusión consistente de la *objetualidad* de lo masculino.

LO MORADO SE QUITA... MASCULINIDAD EN LA CÁRCEL

¿Qué significa ser hombre en la cárcel? Aquí comenzamos a adentrarnos en la masculinidad de los *otros*, según la topografía que expusimos antes. Sara nos dice que en la cárcel opera un *régimen machista agresivo*. Explica que dicho régimen se fundamenta en un orden de exclusividad: *en un reclusorio varonil hay puros varones*, dice. Entonces, la masculinidad de la cárcel, la que los internos dicen que los *otros* construyen en este espacio es, primero, un régimen de recursividad, como ya indicamos antes. En un *reclusorio de varones* sólo hay *varones*. En la definición se intercepta dicha recursividad con la circularidad del orden social que referimos y se establece un régimen que parte de sí mismo para terminar en sí mismo. El machismo, notémoslo, califica el vínculo entre hombres, y debe leerse como esta circularidad y recursividad autopoiética de lo masculino. "Es un régimen machista, agresivo" "—¿Por qué un régimen machista?" "Pues porque estamos en un reclusorio varonil, exclusivo para puros varones" (Sara, 35 años).

Si entre *puros* hombres se va, en sí mismo, de lo hombre a lo hombre, entonces la cárcel no te puede *comer*. Desde uno mismo, dice Rolando, en tanto hombre, se debe salir adelante, pero hasta *lo hombre*. La circularidad no nos abandona. Todo sucede sobre lo ya sucedido. Hay dos alternativas claras: o eres *hombre* o eres *maricón*, dice. Eres uno u otro, pero no ambos. Como las dos caras de Leandro, aquí tenemos los dos rostros masculinos, los únicos posibles: hombre o *puto*. Ante la soledad que algunos enfrentan, explica, comienzan a *tristear*, a cavilar, a sufrir; dice que se ponen la *corbata*, lo que en el argot carcelario significa que piensan en el suicidio (*corbata* como soga con la que alguien se podría ahorcar). Increpación: si allá afuera fuiste suficientemente *hom-bre*, debes serlo aquí dentro, también. Ya lo vimos, la masculinidad es un régimen moral, sobre todo, repleto de atributos y mandatos. Es una dirección para la conducta y el destino: señala un *adelante* permanente y generalizado que se debe seguir ante cualquier circunstancia. Frente a la idea de la muerte —*corbatearse*, en palabras de Rolando—, la hombría es la decisión de vivir, de superar las adversidades y de continuar en la dirección mencionada.

> —Pus ser hombre aquí, valerse por sí mismo, salir adelante por uno mismo.
> —Salir adelante ¿en qué sentido?
> —Que no te coma la cárcel; muchas veces luego, aquí en la cárcel, te llega una presión muy fuerte.
> —¿Presión por qué?
> —Luego ya te encuentras muy solo, la soledad, porque he visto muchas personas que vienen a verlo y de repente lo dejan de ver y se vienen abajo así, y pus ora sí, sea hombre o no seas maricón. Nada más andan pensando, andan tristeando, se quedan pensando más, en una forma, aquí como dicen "ya te estás corbateando", ya aquí le dicen "no te estés corbateando" no te quedes corbateando, mejor sea hombre, échale adelante (Rolando, 36 años).

O eres *hombre* o eres *puto*. No hay alternativa, pero la elección es permanente. Los internos dicen: *lo morado se quita, lo puto no*. Inscripción corporal de la masculinidad, su ventura definitiva. Si lo *morado* se *quita*, entonces el cuerpo es el espacio de negociación de la masculinidad, el tablero sobre el que se trazan su consistencia o su difuminación. Lo *puto* no se quita, pero se adquiere; por lo tanto, la masculinidad requiere su demostración permanente, esa coloración *morada* sobre la piel que da pruebas de la hombría defendida y conservada.

> Aquí en la cárcel ¡ay no! pues no es que aquí si no te avientas un tiro, eres puto ¿eh? aquí tu palabra de que dicen "¡lo morado se quita, pero lo puto ya no!" y sí es cierto, lo morado se quita, pero lo puto no, entonces por eso es que dicen ¡no, pus un tiro y acá! ¡no que no! ¡No pus eres puto! (Aníbal, 25 años).

Es cierto, dice Aníbal, lo *morado* se quita; entonces no hay escape posible a esta agónica masculina, que juega con lo que se adquiere y con lo que permanece. Lo *morado* se quita porque se borra; con lo *hombre* y lo *puto* no sucede lo mismo. Pero si lo *puto* se puede adquirir —al elegírsele en vez de lo *morado*—, entonces lo que se puede *quitar* es la hombría. Una piel o un deseo. Sólo lo *puto* no se quita, el resto sí; y tanto lo *morado* como la hombría se *quitan*: uno por valentía —*te avientas unos tiros*—, la otra por retracción — *¡no, pus, eres puto!*

Tenemos un doble régimen de inscripción: inscripción de la hombría en la carne como no extirpable, e inscripción de lo *puto* en la misma carne como conseguible. Pero, consecutivamente, si lo *puto* se consigue, lo *hombre* se extirpa. Entonces lo único definitivo sería lo *puto*, como lo que no se *quita* nunca. Pero la hombría se *quita* en sí misma, no en el cuerpo, no en la anatomía, sino en la identidad, en sus atributos. Lo *puto*, que parecía lo único no *quitable*, surge como un punto en estas vueltas: entre lo hombre y lo hombre, entre lo morado y lo quitable. Lo *puto* es un *resto*, lo *caído* por definición, el *afuera* del ideal que hemos analizado. Estamos ante un razonamiento semejante al de *pagas o pagas*: o eres hombre o eres hombre. Otra vez los dobles. Masculinidad de la masculinidad, debiéramos decir; la recursividad que hemos descrito ordena sus atributos.

Porque, lo dice Rolando, si no te avientas, si te retractas o te retraes, entonces *ni hombre eres*. Dicen exactamente: "eres puto, hasta ni hombre eres cabrón". Léase: eres *puto*, no eres *nada*. *Lo hombre* es lo primero que hay que ser, pero también lo que se debe ser hasta el final. Después de todo, lo peor es no ser *ni hombre*. No ser nada, insistimos. Si la masculinidad es un conjunto de atributos y, a la vez, una disposición moral ante el destino, que orienta hacia adelante, entonces *lo hombre* es el primero y el último de sus atributos y la condición misma de su dirección. Nótese que antes de que se impugne la hombría ha acaecido una retractación —*no te avientas, no la haces*—, que se lee como un cambio en esa dirección: se va de lo hombre hacia lo hombre, *hasta* lo hombre, y siempre es un *delante* de sí lo que hay que conquistar, tanto como mantener. Nueva paradoja: está adelante, pero ya es. No se llega, se permanece. Direccionalidad moral que se demuestra mediante la disposición del cuerpo; a través de un cuerpo a cuerpo de la masculinidad consigo misma.

Porque muchas veces luego tienen sus broncas y muchos te dicen "¡ya échale, pus vete!" Pero muchas veces no la haces, porque pa' no tener problemas es cuando dicen "eres puto, hasta ni hombre eres cabrón", por eso muchas veces mejor aguantamos el coraje, es cuando dicen "qué, porque no eres hombre" (Rolando, 36 años).

Crisóstomo dice que él no es un *cabrón*, pero sí *cabroncito*. Es un *cabrón* en pequeño, porque no es del *otro bando*, pero no le gusta enfrentarse cuando lo desafían. No elige lo *morado* ni lo *puto*, pero se diminutiza: *cabroncito*. Le da *gracias a Dios* por serlo: ¿quién podría garantizar la hombría si no Él? Y luego esboza una gradiente en el cuerpo para esta agónica de la masculinidad: primero, dice, está la *boca*, para hablar como la gente; luego los golpes, que son una forma de *hablar*, pero con otros órganos. Lo *cabroncito* es una cualidad demostrable, Crisóstomo nos desafía durante la entrevista. El relato no puede reproducir la escena, pero cuando le preguntamos "—¿cómo sabes que eres cabrón?", él se levanta de su silla y hace un gesto como de bajarse los pantalones y mostrar los genitales; hace el gesto y luego se vuelve a sentar. Ésa es la demostración final de la hombría, se pasa de las palabras al cuerpo, porque si pedimos saber "¿cómo sabes que...?" se nos responde con el cuerpo mismo, con la inscripción anatómica de cualquier saber y de toda identidad discernible. Como lo morado que se quita, Crisóstomo actúa la inscripción corporal de la masculinidad, la devela y la muestra. Él mismo está dispuesto a desnudarse para demostrar que es un *cabrón*, para aplacar cualquier desafío y toda duda. Rompe el sintagma con su gesto. Nos dice que nos callemos, porque ante nosotros tenemos las pruebas, las evidencias de lo que dice. Evidencia carnal y discreta. Verdad reluciente. El sexo verdadero que antes mencionamos encuentra aquí otro gesto. Ya no de auscultación, sino de develación. En la anatomía encontraremos la verdad del sexo y la seña precisa de la identidad. Crisóstomo no es muy distinto que Herculine. Él sabe que su cuerpo contiene la verdad por la que se pregunta, sabe que mostrar es herir cualquier pregunta y una forma de suspender una interrogación de por sí insoportable. Ante él nosotros exponemos la nada que hemos mencionado, ese espacio vacío y abyecto del que todos huyen (de diversas formas) y en el que no sólo no se tiene identidad, sino tampoco cuerpo: "lo morado se quita...".

—Pus gracias a Dios, soy cabroncito ¿no?
   —¿Cómo cabroncito?
   —O sea que, no soy del otro bando, o sea que ¡qué onda y acá! ¿No?
[se ríe] por qué no, no, no.

—¿Y cómo sabes que eres cabrón?) [se ríe]
—O sea ¡si quieres te lo demuestro! [se ríe].
—¿Tú lo dices?
—¡Ah, no sí! O sea, cabrón, cabrón, cabrón no soy, sí o sea, que no me meto en problemas o sea que estoy "picudeando" al otro y "¡qué, qué te quieres aventar un tiro y tú me caes gordo y acá!" No, no, no, o sea, gente pacífica y rela, rela, claro que si te buscan problemas y acá ¡Vámonos recio! Claro, primero se habla como la gente ¿no? por eso tenemos boca ¿no? primero se habla (Crisóstomo, 22 años).

Tenemos, entonces, un color para la masculinidad —morado—, una agónica —te avientas— y un saber —te lo demuestro—. Un régimen de inscripción y otro de mutación. Inscripción en la carne y en el cuerpo y mutación de las identidades. Crisóstomo le da gracias a Dios, eleva su suerte hasta el cielo para demostrar gratitud. Agradece que él no sea nada y que todo sea demostrable. Agradece, de algún modo, su cuerpo. Entonces, en este *mantra* soterrado que se extiende por la cárcel, la hombría es también un atributo teológico o escatológico. De ahí, desde ese lugar de "arriba" proviene la verdad sobre sí mismo. Crisóstomo mira al cielo y luego baja la mirada y pretende mostrar su carne. Luego de mirar a Dios, de invocarlo mediante sus gracias, él se mira a sí mismo y se expone. Subjetivación: vuelta sobre sí. Relación de sujeción. Crisóstomo primero se sujeta a Dios, agradeciéndole, y luego se torna sobre sí, exponiéndose. Es como si hubiera una conexión sagrada entre Dios, garantía final de la identidad, y la carne, blasón último de la subjetividad. El gesto es semejante: agradecer y mostrar. Tornar la cabeza y saltar de la silla. Otra vez la agónica, esa lucha constante contra cualquier impugnación o duda, esa lid con los desafíos y con las pruebas. "Lo morado se quita pero lo puto *ya no*", ha dicho Aníbal. Vemos que se despliega una delgada línea ante nosotros, que vemos cruzar gramaticalmente a los entrevistados: *ya no*. Punto de no regreso y final del camino. De algún modo, el *adelante* del que hablaba Rolando tiene aquí su término. Delgada línea que se traza sobre el cuerpo mismo, en sus gestos y en sus disposiciones. *Ya no* que también alude a la muerte. Como Leandro que está vivo y muerto, los hombres en la cárcel experimentan una agonía identitaria semejante: ahora sí, pero luego *ya no*. Se alternan las posiciones ontológicas: soy —hombre—, luego *ya no* —soy *puto*—. Esta agónica no es conceptual; se dirime en palabras, sí, pero se despliega sobre el cuerpo. Si la verdad del sexo tiene su garantía última en la anatomía: ¿dónde, si no en el cuerpo, podrían suceder su pugna, su defensa y su comprobación? No es una agónica conceptual, sino emocional: golpes, desafíos, respuestas. Rolando, que prefiere a veces evitar los desafíos, anuncia el *coraje*: "lo aguantamos", dice. Anuncia un aguante colectivo de la rabia, una suspensión de la respuesta, a la vez que el nacimiento de una emoción: el coraje.

Porque también la hombría dirime casi toda la vivencia en el encierro. El coraje que se aguanta es consecuente con una serie de acontecimientos y desafíos, fundamentalmente con el *guardar un lugar* en la trama de relaciones sociales, mantener una posición, darse un respeto. Si no eres agresivo, dice Sara, *te hacen de lo peor*. Hay una transición entre lo que se es para sí mismo y lo que se es para los otros. Aquí estamos en este terreno demostrativo y locuaz. Chino sostiene que "ser hombre" es ser agresivo y hacerse respetar por medio de la violencia. Atendamos a que si no lo eres, entonces te *denigras*, dice Chino, *pierdes los valores*. La violencia inaugura y permite una ética: aquí están los valores de la hombría en la cárcel, su demostración. Tenemos otro matiz en la agónica que analizamos: si es una batalla sobre el cuerpo, pero por la identidad, no obstante, en último término sustenta ciertos valores. Los valores evitan la caída, la denigración posible. Pero en este caso la ética y los golpes se interceptan. Cuando se deja de golpear se pierden los valores, cuando se responde se confirma una ética específica. El resultado de esta intercepción, de su colapso, es un *paria*. En este orden de *castas*, violento y agresivo, la parte superior la ocupan los *cabrones* y la inferior los *putos* y los *parias*; y su mapa se traspone y se construye en el cuerpo mismo, en tanto lo que determinará la posición será la capacidad para ejercer violencia y agredir. El que más grita, el que más pega, dice Venustiano. La boca otra vez; las manos.

—¿Y es importante acá adentro ser así agresivo?
—Pues yo pienso que para ellos sí, porque ahí supuestamente se guardan, se dan un respeto, se ganan su lugar, el ser machista.
—Y si no eres así ¿qué pasa?
—Pues te pegan, te hacen de, te humillan, te hacen de lo peor aquí (Sara, 35 años).

Aquí dentro de la cárcel se entiende por ser hombre una persona que se sabe defender, que es muy cabrón.

—¿Qué es ser cabrón?

—Ser cabrón, en sí muy ¿cómo se dice?, muy fuerte, muy agresivo, que se hace respetar por medio de la violencia.

—¿Y alguien que no?

—Y alguien que no es un hombre aquí es una persona que se denigra perdiendo todos sus valores [...] tiende a ser una, un paria (Chino, 55 años).

Para ellos el que sea más fuerte es el más hombre, entonces, para mí no, para aquí en la cárcel sí, el que más grita, el que más pega (Venustiano, 33 años).

Tenemos una ortopedia masculina para establecer hombres totales: *aquí te vas a enseñar a ser hombrecito*, dice Fulgencio, golpes y violencia de por medio. Ortopedia que se aplica sobre sí mismo —*te vas a enseñar*—, pero conminado por los otros —sus gritos, sus golpes—. La operación para establecer la masculinidad es metonímica (la parte por el todo), tal como lo veremos luego, cuando se conformen *mujeres parciales* en el caso de la prostitución. Esteban refiere que los hombres en la cárcel dicen: "lo que mis pantalones digan". Pantalones parlantes, que representan a la masculinidad toda en sus enunciados y que establecen un régimen performativo para la masculinidad: *lo que el hombre dice es lo que se hace*. Los pantalones que Crisóstomo estuvo dispuesto a bajarse para demostrar que era un cabrón, aquí dan órdenes. Por eso decimos: los golpes son una forma específica de habla sin *palabras*, sólo con *cosas*, pero con resultados performativos, con la consecución de un *hacer*.

Ortopedia que se conforma en un gradiente, entre el *más* que aglutina los gritos y los golpes, y el *menos* de quien los recibe. Este ordenamiento es correlativo al del espacio; tal vez le dé un sentido más acabado, pues *arriba* y *abajo*, que eran las formas de organizar fáctica y simbólicamente los espacios, son consecutivas a *más* y a *menos* en el orden social. Pero asimismo vimos que al organizar las posiciones dentro de las celdas y establecerse una división sexual del trabajo se constituía un *menos* paradójico, pues el mérito era no hacer nada. El que *más* grita y el que *más* pega, *menos* hace; y a la inversa: el que *menos* pega y *menos* grita, *más* hace. La ortopedia se entrecruza con una forma de acumulación de prerrogativas, con una forma de organizar gradientes de poder vinculados directamente con el ejercicio de la violencia. En algún momento lo vimos cuando analizamos las formas en que se construye un *monstruo*: depende, en último término, de la violencia que se ejerza o que se anuncie como amenaza; pero dicha violencia se leía como una disposición *interior* del *monstruo* para cumplir con las tareas que se le encargaban. Era una violencia a la vez que una ortopedia, pero se diferenciaban y se distinguían. Tenemos la misma operación en este caso: se aprenderá a ser hombre mediante golpes y gritos, pero el aprendizaje se atribuirá a una disposición *interior* del aprendiz.

> Para ellos ser hombre es ser maldad más que nada, ser duro con la gente y así te dicen: "aquí te vas enseñar a ser hombrecito" quién sabe qué, te empiezan a golpear, cualquier interno (Fulgencio, 35 años).

> —¿Por ser hombre? Hay muchos que dicen ¡yo soy el sexo fuerte! lo que mis pantalones digan.
> —Cómo lo que mis pantalones digan?
> —Sí, lo que el hombre dice es lo que se hace (Esteban, 28 años).

Venustiano nos enseña cómo se aprende y se ejerce esta ortopedia y cómo se consigue un lugar en el régimen performativo. Dice que una vez *le llegó el momento* y se cansó de aguantar los desafíos de un compañero, que lo incitaba a pelear y lo insultaba. Se cansó y se trenzó a golpes con él. Venustiano refiere que le decía *cosas y cosas*, y le tuvo que responder con golpes. Le lanzaba *palabras* como *cosas* que ameritaban ser contestadas con *cosas* como *palabras*. Lo que se debía enunciar era: soy *cabrón*. La escena que relata Venustiano es ante todo demostrativa; no se trataba de establecer quién podía golpear más o menos —"en los hechos habría perdido", dice—, sino de manifestar que sí podía pelear y que estaba dispuesto a defenderse. Se trataba de demostrar que era hombre. Para ocupar un lugar, Venustiano tenía que desplegar una identidad gestual ante los otros; hacer *cosas* para conseguir una posición en las *palabras*: eres hombre. Se establece una escena entre él y su contrincante: la pelea sucede delante de otros, ante sus ojos. Ambos ponían su masculinidad en escena, la exhibían. Venustiano dice que un cálculo de su contrincante lo hizo suspender la pelea: "podía darle un golpe que lo noqueara y quedar mal ante los otros". Después de la demostración, Venustiano tiene un lugar entre las *palabras*: lo saluda su contendiente y algunos que antes no lo hacían. Recompensa. Consiguió "un poco más de respeto", asegura, porque demostró que era *hombre*. Hemos dicho que la ética en la cárcel empieza con la violencia, que el respeto se gana a golpes; he aquí la demostración de lo dicho:

> Como te dije hace rato, a todos cuando llegue el momento todos vamos a caer. Ya me pasó a mí, por muy tranquilo que soy, ya me pasó una vez, o sea, llegó el momento en que dije: "ok ¡basta, quieres pleito! ¡pus vamos a pelearnos!" Fue tanta la insistencia que me estaba buscando este tipo [...] me decía de cosas y me decía de cosas y me decía de cosas y me decía de cosas, hasta que un día le digo: "¡bueno, qué traes!", "¡No es que me caes mal!" Le digo: "porque te caigo mal estás jode y jode ¿qué es lo que realmente quieres?" Dice: "¡pues romperte la madre!", "¿Quieres romperte la madre conmigo? ¡Pus vamos a rompérnosla!". Pero así nos empezamos a trenzar a golpes, él es un poco más alto que yo y más largo y pues obviamente iba ganando, de hecho si nos vamos al box él hubiera ganado, la verdad él hubiera ganado, pero no sé si con los golpes que me dio desquitó su coraje o sintió que yo lo podía prender con algún golpe que lo pudiera noquear y quedar mal ante toda la gente que estaba ya rodeándonos que dijo: "¡pus ya estuvo! ¡Pus ya estuvo!"
>
> —¿Y qué pasó en adelante?
>
> —De ahí me saluda, sí dice: "¿qué paso güero?, ¿cómo estás?" Gente que también no me saludaba a partir de eso me saluda, porque demostraste que eres hombre, porque te agarraste a golpes con otro, ésa es la mentalidad de aquí.
>
> —¿Te tienen más respeto ahora?
>
> —Me tienen más respeto ahora ¡haya ganado o no haya ganado como me agarré a golpes con otro! Ya es un poco más de respeto porque ¡eres hombre! (Venustiano, 33 años).

Hemos explicado que la masculinidad se conforma en una dinámica agónica en la cárcel. Se prueba y defiende ante los otros, siempre puesta en liza mediante conminaciones: la hombría llama a la hombría para que se confirme y se rectifique. Vimos que lo *morado*, en tanto *quitable*, es preferible a la retracción, que conduce a lo *puto* —no *quitable*, por cierto—. Ahora bien, como ya expusimos, todo esto es también reversible. Aníbal dice que si lo incitan a pelear y lo insultan diciéndole "eres puto", él rechaza el desafío y se marcha —"sí, soy puto y el más puto de todo el Reclusorio", concede—. Ante la misma encrucijada, Rolando reconoce una temporalidad para la hombría: soy hombre, *pero de vez en cuando.* El reto, lo *quitable* de la hombría, conmina a serlo siempre, pero él introduce un ínterin y una forma alterna de construir su identidad: *de vez en cuando*. Como Aníbal, prefiere dejar la masculinidad y evitar la pelea.

Por ejemplo yo te digo, orita yo con mi pensar, yo la verdad sí le daría vuelta, sí me daría vuelta.
— ¿Aunque te digan puto?
—Sí, sí soy puto y soy el más puto de todo el reclusorio, pero pensando que yo la neta no quiero problemas. Hubo apenas un problema, un güey que le dijeron puto y que eres puto y que acá, él por regresarse y ¡pum, pum! y lo mataron al chavo, y estaba en la íntima con su esposa ¡imagínate! O sea, yo la verdad mejor llevársela tranquila, sin ningún problema (Aníbal, 25 años).

Sí soy hombre, pero de vez en cuando (Rolando, 36 años).

Atendamos a que Aníbal dice que le *daría vueltas*, como la definición que dimos de subjetivación: darse vueltas sobre sí, para fundarse. Entonces, si bien la masculinidad exige una respuesta directa y específica, la misma subjetivación permite otras: escabullirse, darse vueltas. Esta *vuelta*, lo manifestamos ahora, será consecutiva, pero inversa a la que efectuará el *cabrón* cuando alguien le diga *puto*. Es consecutiva porque suceden ambas sobre la masculinidad: ella es su vector. Es inversa porque el *cabrón* defiende frontalmente su hombría y responde; mientras que Aníbal se marcha.

IV. EL CUERPO, LA INTIMIDAD, LOS DESEOS: MASCULINIDAD Y EROTISMO

Ya mencionamos que las respuestas a las preguntas sobre la masculinidad fueron escuetas. Tal vez no haya un modo menos efectivo para estudiar la masculinidad que abordar el tema directamente, como si fuera un "contenido", una unidad discreta y un todo. Otra estrategia consistiría en empezar por los costados, por donde pareciera no estar. Las preguntas directas no son las más eficaces porque en este contexto se avizora una distancia crucial entre lo que se piensa y lo que se hace, entre lo que se considera justo y lo que se estima necesario y, en términos generales, entre los significados y las prácticas. Si pedimos respuestas a una dimensión sobre la otra, únicamente tendremos incongruencias aparentes o traspiés constantes. Si queremos seguir una línea que las vincule de modo estricto, sólo encontraremos callejones sin salida, fracturas en este supuesto mapa de coincidencias, ajustes rumiantes entre lo que se *significa* y lo que se *hace*.

Aunque hemos sostenido que la noción de discurso exige que no se realice una distinción tajante entre los aspectos "lingüísticos" y los "prácticos" (siguiendo la propuesta de Laclau y Mouffe) y hemos dicho que ningún fenómeno ocurre fuera de una "superficie discursiva de emergencia", consideramos que ésta en particular, la de la masculinidad, debe comprenderse como una superficie estriada y fracturada en que la distancia entre la "práctica" y el "discurso" no se soluciona declarando que pertenecen, ambos, a una misma superficie, pues tal vez ni siquiera se correspondan. Laclau y Mouffe (1987) indican que las diferencias que puedan surgir deben estimarse como "distinciones incorrectas" o como "diferenciaciones internas a la producción social de sentido, que se estructura bajo la forma de totalidades discursivas" (119). Pero para nuestro caso, y atendiendo a lo que hemos encontrado, estimamos que no se puede considerar esta diferencia como "distinción incorrecta" ni se le puede subsumir en la "producción social de sentido", que sería como regresarla, de algún modo, al plano de los significados.

Por el contrario, estamos ante una disyunción entre las prácticas y los sentidos, y entendemos que dicha disyunción se explica, en parte, por el extrañamiento mencionado. Las prácticas, de esta manera, resultan de un acomodo al extrañamiento: *hago lo que hago, pero resultándome ajeno*. Distancia subjetiva que evita la identificación con el contexto. Luego, los significados —que cimientan una parte importante de lo que es relevante para estos sujetos— se organizan de modo defensivo, guardando su valor fuera de la degradación que el encierro supone. Otro modo de subjetivación: el primero por distancia, el segundo por defensa; aunque uno y otro sean casi el mismo proceso.

Por lo anterior, en esta sección exploraremos la masculinidad por sus costados, como una forma de enriquecer y profundizar su comprensión. Uno de ellos, y tal vez el más relevante, lo conforman el erotismo y la sexualidad; dos aspectos o dimensiones que habitualmente están ausentes en los estudios sobre el encierro, pero que tienen una relevancia de primer orden para los estudios de género.[68]

Un primer hallazgo al respecto corresponde a la multiplicidad de formas en que se organiza la sexualidad dentro del penal. Incluye formas hetero y homosexuales de vinculación, intensivas o esporádicas, con personas que están en el mismo reclusorio o que acuden como visitas; así como al menos dos modos de prostitución, según sea intermitente o permanente. Al mismo tiempo, esta organización intercepta las relaciones afectivas, corporales y de trabajo con otras monetarias y de intercambio. Hemos observado que en algunas de sus manifestaciones la sexualidad conforma un sistema consolidado de intercambio entre los internos, el

---

[68] Un conjunto de estudios relevantes y complejos sobre identidades y sexualidades en México, de orientación cualitativa, facilita nuestra investigacion y la complementa; no obstante hemos elegido un camino analítico que sólo nos remita a los materiales empíricos de los que disponemos y a ciertas referencias teóricas. Queda pendiente una discusión acabada que cruce, contraste y vincule los hallazgos de este campo de investigación en el país. Véase Amuchástegui, 2001; Bronfman *et al.*, 1999; Castro, 1998; Gutmann, 1996; Huerta, 1999; Liguori y Aggleton, 1998; Módena y Mendoza, 2001; Rodríguez y De Keijzer, 2001. Ivonne Szasz y Susana Lerner compilaron dos volúmenes que presentan investigaciones sobre sexualidad, reproducción y erotismo en México (1998 y 1996). Ivonne Szasz (1998) expone en un artículo un panorama muy interesante y completo sobre este campo. Asimismo, en dos libros publicados por El Colegio de México se reúnen materiales que abordan estos temas desde la perspectiva de los hombres y las masculinidades (Lerner, 1998; Szasz y Amuchástegui, en prensa).

cual se suma al fundamentado en el trabajo y al que se organiza en torno a la droga.

Asimismo estimamos que en su intercepción con los regímenes de identidades que operan en el interior del penal, la sexualidad conforma una *erótica*, en tanto en la dimensión de la subjetividad vincula el deseo, con el poder, el saber y ciertos ordenamientos corporales. En este sentido encontramos una polaridad fundamental que organiza esta erótica y que se enlaza fuertemente con la conformación de la masculinidad que exploramos. Dicha polaridad tiene dos posiciones: el *hombre cabrón*, en su definición más hegemónica, y el *puto*.

Al respecto estimamos que las nociones performativas sobre las identidades de género adquieren especial relevancia, pues permiten analizar una serie de desplazamientos subjetivos e identitarios —de negociaciones y de quiebres— que ciertas nociones sustantivas impiden visualizar. No obstante, el uso de esta mirada responde a una estrategia analítica y no a una asunción de los mismos entrevistados. En tal sentido debemos indicar que los sujetos entrevistados no cuestionan sus identidades ni consideran que sean menos sólidas que sus mismos cuerpos. La performatividad, sin embargo, no es una perspectiva ingenua ni natural sobre estos puntos, sino un enfoque teórico que podría tener algún asidero en ciertas relaciones sociales y en ciertas prácticas culturales. A ellas hemos atendido.

Intimidad y sexualidad: visitas, amigas y esposas

En la cárcel existe un ejercicio de la sexualidad establecido y permanente, vinculado estrechamente con el arribo de las visitas los días martes y jueves y el fin de semana completo. Hay dos formas de organización de esta sexualidad: una institucional, mediante lo que se denomina "visita conyugal", y otra informal, creada por los propios internos y que tiene lugar en las *cabañas*: construcciones de madera y mantas que se levantan los días de visitas en la explanada del recinto destinado a recibirlas y donde permanecen durante su estancia en la cárcel. Hemos analizado cada una por separado.

Una intimidad vigilada: la visita conyugal

Los internos la llaman la "íntima" y es un tipo de visita en el que la pareja legal o estable de un interno se aloja con él en el cuarto de un recinto especialmente habilitado —una especie de hotel con muchas habitaciones, cada una con una cama y un baño— durante cierta cantidad de horas. Este tipo de visita ofrece al interno la posibilidad de mantener una vida sexual con su pareja y preservar algún tipo de intimidad. Está institucionalmente establecida y es la única solución oficial para el tema sexual en la cárcel. Dado este rasgo institucional, para acceder a ella los internos deben comprobar que quien los visita es su pareja, sea que estén casados o que vivan en unión libre. No se permite el acceso de novias o de parejas ocasionales, ni de parejas del mismo sexo. Se ordena en turnos que cubren todo un día. Dos turnos diurnos: el primero dura entre las siete de la mañana y la una de la tarde, el otro entre la una y las seis de la tarde; y uno nocturno, que es el más extenso: empieza a las nueve de la noche y termina a las siete de la mañana del día siguiente.

—¿Cómo accede usted a la íntima?
—Necesito estar en algún aspecto legal unido con mi pareja, ya sea por unión libre, que lo compruebe un documento, o casado, que lo pruebe un documento, y yo tengo un documento que lo avaló en unión libre.
—¿Con su actual pareja?
—Con mi actual pareja, entonces por eso voy a la íntima, porque si no, no la dan, no la dan, puras parejas, que sea unión libre o casados nada más (Esteban, 28 años).

Por ejemplo aquí gente que quiera tener, o sea, ¡todos con su pareja güey! Y hay gente que sí se aplica a la visita conyugal, a la visita íntima, hay varios turnos en que ¡puta madre! creo que hay tres turnos y es a las, es a las siete, sales, entras, fíjate, en la mañana es a las siete, sales a la una, luego de ahí de la una sales a las seis y de la siete sales hasta el otro día en la mañana, son tres turnos, se agrupan, hay varias gentes, hay mucha gente que va a la íntima, pues ésa es la, llevan su vida, su íntima, su visita conyugal (Boris, 28 años).

A su vez, para acceder a la visita conyugal tanto el interno como su pareja deben someterse a una serie de exámenes que prueben su sanidad, al menos en términos sexuales. Se les pide el examen para detectar la sífilis, y a la mujer, en particular, el que permite diagnosticar el cáncer cérvico-uterino. El interno debe resultar libre de drogas en sus exámenes.

—¿A su novia le pidieron algún tipo de examen médico?

—Sí, le pidieron un VRL, que es estudios generales y el papanicolao y nada más, y a mí me mandaron hacer un estudio de sangre, al servicio médico, me dieron un pase, una cita y me sacaron sangre, entonces si aparezco con alguna droga o algo malo, pues sí me suspenden, igual para la mujer, alguna enfermedad, o algo, la suspenden (Esteban, 28 años).

Dos intenciones se aúnan en este ordenamiento. Por una parte, una intención familiar, reflejada ya en el nombre "conyugal" de la visita, una cierta tendencia a refrendar los lazos debidos entre las parejas y a deslegitimar otros —los menos sólidos, los que no están signados por la ley, los casuales, los desviantes—. Asimismo se establece una voluntad higiénica: la intimidad y la conyugalidad de la visita dependen de la sanidad sexocorpórea de las parejas, de su sangre no contaminada. Se genera este pequeño espacio físico que intenta replicar la recámara matrimonial —cama, mesas de noche, una lámpara, cortinas—, a la vez que se interpone un orden social en su funcionamiento: orden vincular y orden higiénico. La intercepción de estos dos órdenes convoca formas científico técnicas de subjetivación con otras histórico rituales, ya descritas; se estipulan un orden matrimonial y familiar, que permite la visita y garantiza su moralidad, y otro higiénico, que ausculta en la *sangre* para reconocer las conductas. La higiene, dice Vigarello (1995), es una forma técnica para explorar la subjetividad y un modo moderno de relación del sujeto consigo mismo. Requiere cierta inspección analítica de los cuerpos y de sus procesos "internos", supone un "dentro" que se puede conocer y revisar. La sexualidad, en este sentido, ya no se exploraría mediante algunos rasgos físicos como lo hacían ciertos médicos en los siglos anteriores, sino mediante determinados resultados. La moral corre por la sangre, se podría decir, y se le pregunta a ella, testigo infalible de las conductas, acerca de la prestancia de los sujetos. Pero, por otra parte, esta auscultación higiénica se suma a otra que se interesa por las alianzas, formas clásicas para evaluar la conducta y la moral de alguien. Sangre más matrimonio, higiene más alcobas. Examen y alianza.

Otra vez la intimidad es aquí un punto de extrañamiento: las alcobas son asunto público en la cárcel —las alcobas efectivas y las ficticias, las formales y las precarias—. Donde los internos construyan un espacio de intimidad, ahí mismo se erigirá un orden social atento y vigilante, sea institucional o idiosincrásico. El panóptico, que Foucault (2003, 2002b) recupera como modelo del ejercicio del poder a partir del siglo XIX, no requiere, en este caso, estructuras arquitectónicas de visibilidad. En muchos sentidos la cárcel es un laberinto apenas dominable por la vista, como ya hemos dicho, pero en cambio establece este otro régimen de visibilidad que permite auscultar la intimidad, atender a las conductas, controlar los comportamientos; régimen sostenido no en dispositivos físicos de observación, sino en dipositivos sociales de vigilancia: mirada de los custodios, exámenes de sangre, atención de los internos, rumor y comentario. Una vigilancia glosada; estricta, pero no maciza.

Asimismo, la visita conyugal es considerada un "premio" a la buena conducta: sólo se le autoriza a los internos que mantienen una conducta acorde con los lineamientos de la institución y que no tienen problemas disciplinarios. Como premio, y en tanto no todos los internos pueden acceder a este tipo de visita, sea porque no cumplen con los requisitos formales en lo relativo al tipo de unión o porque tienen problemas disciplinarios, constituye un "privilegio" en el ordenamiento carcelario, del que sólo pueden disfrutar algunos.

> Los demás requisitos es que durante el tiempo que uno está ahí, pues mantener buena conducta y en algunos casos estudiar y trabajar y como premio dan el doble turno, hay tres turnos al día (Esteban, 28 años).

> Pues, los que tienen el privilegio de la íntima, en la íntima con su pareja (Venustiano, 33 años).

De este modo, la vigilancia higiénico familiar se engarza con la otra que se realiza sobre las trayectorias y las disposiciones personales. He aquí el punto en que la visita conyugal sirve de *premio*. Como recompensa, una intimidad vigilada; como *premio,* algunas horas de soledad con la pareja. Insistimos: intimidad que resulta de un proceso previo de transparencia, mediante el cumplimiento de los requisitos, la conformidad de la unión, la sanidad de la sangre, y por el provecho de las conductas y las intenciones de los internos. Al acuerdo con la institución y sus mandatos, un cuarto y una cama. Al trabajo y el estudio, dádiva sexual.

No obstante, detectamos dos resistencias que se articulan en torno a la visita conyugal. Una, destaca el régimen de intimidad vigilada que sirve de molde a la visita y plantea una desconfianza acerca de su secreto. Boris dice que no la ha pedido para estar con su esposa debido a *ciertos rumores* que circulan entre los internos respecto a que las parejas son observadas durante su estancia en las habitaciones destinadas a la visita conyugal. Él habla de *tabúes* sobre el tema, que funcionan sobre la norma misma: el *tabú* pesa sobre los procedimientos institucionales y su honradez. Enuncia un ambiente en el que la intimidad está signada por las miradas y el interés de los otros —que *babosean*—. Curiosamente, confirma la imagen del panóptico, pues supone una mirada que todo lo penetra, que devela todos los espacios y que es mejor evitar dada su capacidad de intromisión. Pero aquí el panóptico funciona como rumor: *dicen que ven*. Mirada supuesta, que se prefiere soslayar; pudor que se superpone sobre la intimidad propuesta por la institución. Es en esta instancia, que corresponde institucionalmente a la mayor intimidad permitida dentro del penal, donde se supone una "mirada" despótica, aunque indebida, que se asoma a las alcobas para gozar con sus escenas —goce *baboso*, dice Boris.

—¿Y tú tienes visita conyugal?
—No, porque te voy a decir, es algo que a ella no le gusta, no le gusta, por los tabús que se escuchan de que "¡es que hay gente que te ve en la íntima!" O están de babosos, etcétera, etcétera. Yo nunca me he metido a la íntima y la verdad no me consta si te babosean o no, pero yo la respeto, si ella no quiere, pus la respeto ¿no? (Boris, 28 años).

Otra resistencia cuestiona el carácter de *premio* de la visita conyugal, en tanto la percibe como una forma de integración a la vida carcelaria y de aceptación subjetiva de la condena. Leandro dice que la evita porque lo que él quiere es salir de la cárcel. Pedirla sería, en este sentido, asumir la condena y aceptarla. En otra parte el mismo entrevistado ha referido el *horror* que le produce despertar creyendo que está en su casa para constatar, finalmente, que está encerrado. La visita conyugal, de este modo, funciona como una forma de traer las relaciones familiares hasta la cárcel, al menos algunos de sus aspectos, pues no sólo se remite a lo sexual; pero traer el hogar a la cárcel implica asumir que se le remeda y que se está preso y no en la *casa propia*. Son pequeños intersticios de negación mediante los cuales un interno puede negociar consigo mismo el lugar que habita, la solidez de la situación y su decurso; formular los hechos de forma tal que sea la libertad esperada la que los oriente, antes que el encierro asumido y consistente. A la vez, en coincidencia con algo que hemos dicho antes, la "intimidad" que se ofrece como visita es estimada como una pérdida ante la intimidad deseada, que es la familiar; se reconoce, en este punto, que la intimidad carcelaria es una forma de extrañamiento, pues funciona mediante la asunción de las condiciones que la hacen posible en una cárcel.

—¿Usted tiene vista conyugal?
—No, todavía no la saco, he estado ahorita tratándola de sacar, pero no sé [...] Pues yo sé que es normal, yo siento que es normal, pero no sé me da miedo, o sea, para decir sabes que voy a sacar una visita conyugal, o sea, ya bien quitado de la pena, o sea yo todavía no me doy la idea de estar aquí ¿no? (Leandro, 30 años).

Un cuarto propio: las cabañas

Si la visita conyugal es la forma institucional que permite la intimidad sexual, las *cabañas* son el medio que los mismos internos crean para conseguirla. Es una forma que se ha establecido *de facto* para estos fines y que toleran las autoridades del recinto, pero que no forma parte de la organización oficial de la cárcel. Al contrario de la visita conyugal, la intimidad de las *cabañas* no esgrime ninguna exigencia, salvo poder armarlas o alquilarlas. Todos los internos pueden acceder a ellas, sin que se discrimine el tipo de pareja, de vínculo, o la orientación sexual. Los entrevistados que tenían parejas hombres que los visitaban en la cárcel —Aníbal y Sara— ocupaban las *cabañas* para estar con ellos. Las *cabañas*, en su conjunto, forman un espacio de vinculación no exclusivamente sexual; digamos, permiten todo tipo de intimidad. Son un espacio cerrado respecto al colectivo de los internos y las visitas, y reconstruyen algo así como un hogar momentáneo en algunos casos. Asimismo, reproducen un espacio social de relaciones sexoafectivas signadas por la infidelidad y las disputas por una misma pareja.

—¿Tú dices que hay cabañas?
—Sí, ahí se meten a las cabañas, ahí tienen relaciones, gente que pus tienen su íntima, pus va y se mete a la íntima, pero sí mucha gente

que no tiene íntima o cosas así, pues toda la gente se mete a las cabañas, toda la gente, toda la gente, hay como unas 2000 cabañas, yo creo ahí en toda la explanada, menos, como unas 300 o 400 sí hay, cabañas por dondequiera.

—¿Y se meten con quién?

—Sí con la esposa, la novia, no aquí se ven cosas, infinidad de cosas, que ya llegó la esposa, que ya llegó la novia y que, ora sí que aquí se han agarrado hasta golpes las viejas, porque "¡ay que anda mi viejo con otra!" (Aníbal, 25 años).

El mismo interno que recela de la intimidad de la visita conyugal —Boris— asegura que en las *cabañas sí* se consigue *privacidad* y que a su esposa le gusta más estar ahí que en los recintos destinados a ese tipo de visita. La privacidad se construye a partir de las características de las *cabañas*: están bien *tapadas*. Son espacios de clausura efectiva de la mirada exterior, tal vez los únicos permitidos en la cárcel.

—¿Nunca han mantenido relaciones en el reclusorio?

—Sí, sí hemos tenido relaciones.

—¿En dónde entonces?

—Por ejemplo, fíjate, me dice ella, le digo, no te gusta, para mí tener la visita íntima es algo mejor, es privacidad, por ejemplo, los días de visita ponen unas cabañitas con cobijas ¿no sé si has escuchado eso? En una cabaña y ella se siente más a gusto ahí, porque la verdad sí hay privacidad la neta sí, y la verdad está bien tapado y todo ¿no?, pero sí es algo incómodo, pero sí he tenido relaciones con ella (Boris, 28 años).

Los internos significan estos espacios como una forma momentánea de *libertad*, leída como un *derecho*. Ante el régimen del encierro, un espacio virtual de libertad; en este sentido, las *cabañas* son como un *agujero* en la cárcel —otro más— que permite un *escape* a quienes las usan. Los internos ocupan un espacio institucional para construir sus propias coordenadas de vinculamiento, formas de convivencia y modos de significación. Lo que se levanta, cuando se estiran las mantas y se disponen los maderos, es más que una simple construcción, es un lugar propio —un *cuarto propio*, debiéramos decir—, espacio que se completa con la imaginación, con los afectos y los deseos de cada cual, con sus conflictos y sus esperanzas. No se pueden comprender las formas mediante las cuales los sujetos institucionalizados desplazan y transforman las instituciones que habitan, sin atender a estos procesos sociales de creación de

espacios propios, liminaridades entre el orden institucional y los requerimientos y aspiraciones de los internos. Montar las *cabañas* cada día de
visita es una operación sobre el entramado de la institución, sobre sus
mandatos y conminaciones, que corta su cuerpo para disponer un modo
provisional de estar y de convivir. Las resistencias, en este caso, se ha-
rán patentes mediante prácticas culturales y sociales específicas, situadas
materialmente, y con fines particulares. No hay un discurso articulado de
resistencia, ante todo hay formas de recrear las relaciones y los espacios
con fines distintos a los institucionales, construidos a partir de los imaginarios de los internos y de su propia dinámica social. Todo el espacio de
las visitas es un ejemplo de esto.

> Mira de hecho, para mí el tener, por ejemplo, las cabañas y todo eso, o
> sea que la población tenga el derecho a estar con sus esposas [...] porque
> como está la libertad y usan las cabañas tienen la libertad de ellos de te-
> ner a sus esposas o a una amiguita o x cosa (Sara, 35 años).

> Hay otros que tienen el escape de, en día de visita, lo que se llama caba-
> ñas, son cobijas que te hacen como un cuartito con puras cobijas y ahí
> hacen su desahogo sexual con la pareja o con la que venga a verlos que
> se preste a eso (Venustiano, 33 años).

Las *cabañas* desterritorializan el espacio carcelario, vuelven difusos
sus límites, obturan agujeros en sus cometidos y desavienen sus mandatos
al mismo tiempo que territorializan un espacio particular, lleno de señas
idiosincrásicas, armado y desarmado por los mismos internos, adminis-
trado por ellos, utilizado para sus fines y destinado a sus deseos. Escape y
libertad esbozan, entre las mantas, una topografía tambaleante de las relaciones sociales de los internos, de sus mundos afectivos y de convivencia,
de sus ámbitos de pertenencia y arraigo. Territorio que se compone de
múltiples pequeños territorios —mantas, maderos y cobijas—, que atraviesan el régimen de las miradas con aperturas y cierres nuevos, propios.
Territorio que permite dosis importantes de libertad ante las restricciones
que exige la intimidad institucional, y que replica los mismos procedimientos de la institución, pero sobreponiéndose a ellos, revirtiéndolos. El
espacio de las *cabañas* es, en este sentido, un ámbito catextizado, impli-
cado en dinámicas deseantes que son claramente colectivas y sociales y
no individuales y psíquicas (o no en primer lugar y ante todo). Las *cabañas* son pequeños recipientes para cada cual, ventanas esbozadas hacia la

libertad que se quiere; sostenidas en un gesto colectivo que se adueña de un espacio por cierto tiempo, que traza sus propios fragmentos de historia y de deseo sobre las líneas de la institución.

Asimismo, son expresión de formas floridas de sexualidad y vinculación. Las visitas no sólo son una instancia de relación familiar, sino que traen hasta la cárcel otros vínculos y se transforman en espacio de seducción. Dijimos que las *cabañas* se utilizan sin que se considere el tipo de relación entre sus posibles ocupantes. Llegan hasta ellas hombres y mujeres, matrimonios, novios, amantes, hetero y homosexuales. Los internos hablan de las *amiguitas*, ese vínculo que soluciona la ausencia de pareja, pero que no la supone. Amistades colectivas que replican ciertas relaciones que se tenían en el exterior. Se crea una actividad específica, la de *echarse un cabañazo*, tener relaciones sexuales en las *cabañas*: proposición y gesto en este contexto. Pero el *cabañazo* es producto de cierta dinámica grupal de los hombres, que se *pasan* entre ellos —la *banda*— a las mujeres para tener relaciones sexuales; ellas son una especie de propiedad o bien colectivo traspasable entre hombres, como si funcionara el más antiguo de los sistemas de intercambios, ése que constituiría el "origen" de *la* cultura. Intercambio, en este caso, endogámico, entre los hombres de la *banda*, que aquí toma un matiz antropológico inesperado: hay *cabañas*, hay *banda*, hay mujeres que *se pasan*.

Cuando vienen sus amiguitas se van a una cabañita, hecha de puras cobijitas, ahí se meten.
—¿Qué es una amiguita?
—Pues una conocida que se tuvo en la calle, que fue su amiga, no es prostituta, no hay aquí, y se tiene aquí y ya se avientan ahí su ratito (Esteban, 28 años).

Pus, han venido algunas amigas de allá de la calle y aquí, luego me meto con ellas, aquí hay cabañas [...] vamos echarnos un cabañazo, un cabañazo, en una cabaña.
—¿Eso es con la visita?
—Sí, con la visita, sí con la visita.
—Pero a esas mujeres ¿usted les ha pagado?
—No, son amigas que conozco de la calle, que vienen.
—¿Pero lo vienen a ver a usted o han venido a ver a otra gente?
—Pus vienen a ver a la banda, a varios que conocemos y aquí vienen y se la pasan (Rolando, 36 años).

No obstante, otro matiz en este cuadro nos advierte que las *cabañas* son, para algunos internos, espacios de *rebajamiento* y *degradación*. La duda que se levanta concierne a su higiene, dado que una misma *cabaña* puede ser ocupada por diversas parejas durante un día. Algunos internos indican que hay "animalejos" por ahí y que se pueden contraer enfermedades. Si bien las cobijas permiten cierta intimidad, al menos visual, todo sucede, de alguna manera, a la vista de los otros: la entrada y la salida de las *cabañas* es un asunto público, los "muros" no son muy sólidos. Luego, la denigración se asemeja a una de las resistencias específicas que se despliegan en torno a la visita conyugal: la *cabaña* replica un hogar degradado, una falsa intimidad familiar, que cuestiona, en última instancia, la hombría del ocupante, vinculada a su incapacidad para establecer y mantener un hogar de buena forma, en condiciones óptimas.

—¿Ha tenido relaciones con su señora?
—No. Sí hay posibilidad ¿no? porque luego aquí se alquilan cabañas y todo eso, sí pero no, no me quiero rebajar a esa índole, pues yo el simple hecho de pensar que la cabaña, pus hay muchos animalejos por ahí, no me quiero, como quien dice, rebajarme así (Leandro, 30 años).

—Es bastante difícil la sexualidad, porque aquí te enseñan a ser, a denigrarte.
—¿En qué sentido?
—Eh, porque por ejemplo, desde el momento en que tú entras a la cárcel hay cierta experiencia que te dan las relaciones sexuales con tu esposa [...] tienes que denigrar a tu esposa, tienes que denigrarte a ti mismo, porque tienes que buscar, aquí hay unas cobijas que hacen cuartos, como cabañitas, los cuales metes a tu esposa ahí, casi a la mirada de todos, tienes que hacer el sexo ahí con tu esposa o con la amiga, con la persona que [...] nada más con el cubo que hacen con las cobijas. Entónces para mí es denigrante, porque no estás acostumbrado a eso, tú tienes una casa, una cama, una recámara, un cuarto [...] Porque no solamente tú vas usar esa mentada cabaña, la van usar todos, y que realmente muchas personas no tienen la higiene, o no tratan de tener esa higiene, a ellos les vale madres por estar drogados con la mujer que viene enferma o el individuo que está aquí ya se metió con los putos y tiene enfermedades y entónces vas tú y ocupas el mismo lugar, la misma cobija y pus ¡ahí vienen las enfermedades! ¿no? y enfermedades graves, ésa es la denigración que existe para ti como hombre, para con tu familia (Chino, 55 años).

Asimismo se indica, lo acabamos de ver, que las *cabañas* no aseguran un espacio higiénico para tener relaciones sexuales, en tanto las ocupan múltiples personas. Aquí también se aplica un razonamiento higiénico, pero inverso al que opera para la visita conyugal: los otros, por sus conductas, por sus *vicios*, o por sus relaciones, pueden traer hasta mí enfermedades si comparto su mismo espacio; ya no es el propio interno quien podría traer enfermedades y que es auscultado para evitarlo. Un imaginario de infecciones que circulan, que se adhieren a los objetos, que "saltan" sobre los cuerpos, y que aúnan comportamientos y destinos en las latitudes de las mantas y las cobijas. Nótese que la enfermedad tiene dos orígenes posibles: o las traen las mujeres que vienen de fuera, o los *putos* con los que se relacionan algunos internos. Quien contrapone a la enfermedad una atención higiénica es el *hombre*; la baza final que se debe cuidar de la *degradación*. Porque, en definitiva, se está compartiendo la *cama*; en este sentido, una *cabaña* puede ser un espacio que replique el hogar, pero también otro que simule la alcoba. La higiene es una virtud masculina; es el hombre el que la propicia, pero no sólo al evitar ciertas conductas o sujetos —*vicios* o *putos*—, sino por medio de una moral que sostiene al *hogar* como referente de una intimidad "digna" y correcta y que especifica ciertas *costumbres* —un *ethos*— que se contraponen a los arreglos carcelarios. La denigración es esa pendiente que conduce desde las asunciones positivas, que resguardan la higiene, hasta los comportamientos que la contravienen y que, por lo tanto, la degradan. Ambos entrevistados insisten: no hay que rebajarse ni degradarse.

Lo que se reclama es una posición subjetiva ante los hechos de la cárcel, ante sus soluciones y artefactos, que se sostiene en lo que se fue, en el *hogar* o en el *matrimonio* que se tuvo. Doble coincidencia con la voluntad *higiénica familiar* de la visita conyugal que ya hemos referido. Pero es también una forma de resistencia a la institución y sus rutinas, a sus soluciones formales e informales; un rechazo a un aprendizaje de rebajamiento y denigración que se sostiene sobre el cuerpo mismo. Pedagogía de la corporalidad que es leída como degradación, porque es el cuerpo mismo lo que se pone en juego durante la estadía en las *cabañas*. La posición subjetiva que mencionamos se *encarna* en una disposición del cuerpo, también aledaña a la que analizamos en la construcción del espacio carcelario. Tenderse en las *cabañas* es ubicarse, literalmente, en el nivel del suelo, como en las celdas cuando no se tiene camarote; por lo tanto, es *descender* —re-bajarse— en el trayecto que entrecruza espacios con jerarquías, lugares para dormir con posiciones sociales. Las *cabañas* representan el camino inverso: ir de los camarotes al suelo, tutelados por la institución misma en su *vista gorda*.

Esta defensa de cierta posición subjetiva se expresa también en la valoración de la intimidad de la *cabaña* y, digamos, su inviolabilidad. Indicamos que las *cabañas* son permitidas informalmente por la institución, se les acepta de manera implícita, pero no son reglamentarias; podría suceder, entonces, que un custodio levantara las mantas y pusiera al descubierto la intimidad que se supone ofrece la *cabaña*. Sería una disrupción de este acuerdo no escrito entre la institución y los internos, sustentado en un saber común: todos *saben* para qué están las *cabañas* y qué hace la gente dentro de ellas, y si interrumpen la intimidad lo hacen de manera premeditada. Los custodios saben que las *cabañas* son liminares respecto a la legalidad carcelaria, y que podrían constituir una falta a la conducta reglamentada; por lo tanto, les brindan una oportunidad para "cobrar" su desconocimiento y su distancia. Boris asegura que si le sucediera algo así —que un custodio levantara las mantas cuando está con su esposa— se *exaltaría*; dice: no es *cualquier mujer, es mi esposa*. Otra vez la posición subjetiva, sea de evitar la *cabaña* en tanto degradante, o de darle un uso marital, se sostiene en este referente conyugal familiar que otorga respetabilidad social a las relaciones y a uno mismo, y que debe ser reconocido por los otros. Si unos no quieren llevar a sus parejas hasta las *cabañas* porque son sus *esposas*, otros las llevan exactamente por la misma razón. Un razonamiento colinda con el otro en este punto vinculatorio y moral.

—¿Incómodo por qué?
—Pues porque no vayan a llegar los custodios y vayan a levantarte y algo, porque hay custodios que llegan y levantan, no te respetan güey, y se supone que deberían de respetarlo, si lo ponen es porque ¡saben para qué las ponen! No van a poner una cabaña porque van a comer adentro o algo, si ponen una cabaña es porque vas a tener ¡intimidad con tu pareja güey! Entons, por tal razón debes de respetar ¿no? y hay custodios que sí llegan así, de huevos, te levantan la cortina ¿no? y yo creo que eso no está bien ¿no? te lo juro. A mí nunca me ha pasado, pero el día, y espero que no me pase, porque te lo juro que el día que me pase soy capaz de pararme y darle en su pinche madre al custodio "¡chinga tu madre güey, no mames, estoy con mi esposa, no es cualquier mujer!" La verdad yo sí me exaltaría ¡cabrón! (Boris, 28 años).

La lógica que analizamos anteriormente utiliza como recurso de comprensión, y como posición subjetiva, una molestia moral —*rebajamiento* o *denigración*— ante el uso de las *cabañas* y constituye una forma de rechazo. En cambio, la lógica de apropiación recurre a una reacción emotiva —la *exaltación*— ante el manejo que otros hacen de las *cabañas* —los custodios, en este caso—. Boris reclama el desconocimiento con que actuarían los custodios en ciertos momentos, sabiendo lo que sucede en las *cabañas*. Atendamos a un punto: dice que sabiendo lo que ocurre *tienen los huevos* para levantar las cobijas: otra vez el operador es la hombría —condensada en estos *huevos* de los que habla Boris—, tanto en el rechazo como en la apropiación de este espacio (vimos que Chino cuidaba su hombría al evitar las *cabañas*). Es la hombría la que se aventura a levantar las cobijas y develar lo que sucede "dentro". Boris pide *respeto* por este régimen de miradas que ha clausurado ciertos espacios y permite construir una intimidad precaria y momentánea. Pero, otra vez también, la exigencia misma de *respeto* hacia esta intimidad la devela construida como extrañamiento: sólo se podrá conseguir si los otros la *respetan* y la consiente, viendo sin ver lo que hay tras las cobijas. Un régimen de saber-poder tan local como éste —entre cuerpos, mantas y miradas— entrecruza un saber velado —como la intimidad que se defiende— y un poder perentorio, que puede des-*cubrir* lo que sucede dentro, o que puede permitirlo como si nada pasara. Poder que se sostiene, en último término, en la hombría de los participantes, porque así como un custodio puede tener los *huevos* para levantar las mantas, Boris indica que si esto sucediera él se *exaltaría* y *le daría en su pinche madre* al custodio —*estoy con mi esposa*, dice.

CHAMACOS Y TRAVESTIS: DOS SISTEMAS DE PROSTITUCIÓN

Hemos encontrado dos formas de prostitución frecuentes en el reclusorio y que se dan entre los mismos internos. Una corresponde a hombres jóvenes que se prostituyen con la intención de tener dinero para comprar droga, y otra la ejercen algunos internos que se encuentran en el anexo 5 y que se identifican como travestis. Una y otra operan de modo independiente y se pueden superponer.

Algunos entrevistados hablaron de manera detallada del tema, pero mi impresión es que se trata de un asunto *delicado* acerca del cual varios sintieron temor de platicar, dada la desconfianza que mencionamos en otro capítulo. Sucedió algo semejante con el consumo de drogas, puesto que aunque todos lo mencionaban, cuando se les preguntaba directamente sobre esto eludían el tema. Aunque la prostitución no estaba incluida dentro de la pauta de la entrevista, surgió muy claramente en algunos relatos. En el caso de la prostitución travesti, los párrafos citados provienen, fundamentalmente, de los internos que se autoidentificaron como tales (Sara y Esther) y que viven en el anexo 5 que reúne a la población clasificada institucionalmente como "homosexual" (véanse los anexos 1 y 2).

MUJERES PARCIALES: PROSTITUCIÓN DE HOMBRES JÓVENES

Esta prostitución la ejercen de forma esporádica o habitual hombres jóvenes que suelen consumir algún tipo de sustancia adictiva y que, por lo tanto, permanentemente necesitan dinero. Son muchachos que no se identifican como homosexuales y que encuentran en la prostitución frecuente o esporádica una fuente de ingresos.

Son individuos ubicados en una tensión entre el consumo intensivo de droga, especialmente aquella que los internos conocen como "piedra" (considerada altamente adictiva y que hace imperativo un consumo constante)[69] y la escasez de recursos monetarios para adquirirla. La droga se compra dentro del mismo penal, donde se trafica de manera intensiva, tiene costos variables —en la calle una dosis de "piedra" cuesta 20 pesos aproximadamente— y se vende a crédito. No obstante, si se contrae una deuda por 100 pesos, al día siguiente el monto adeudado asciende a 300 pesos y al subsiguiente a 500. El interés que se aplica a la deuda es superior a 100% diario. Asimismo, si alguien no paga el dinero se arriesga a que lo golpeen duramente o lo asesinen. Como hemos visto, la muerte opera como "aval" del pago y obliga a los internos a respetar el sistema de deudas e intereses.

[69] La llamada "piedra" es una forma relativamente nueva de presentación de la cocaína, conocida en Estados Unidos como *crack*. Es un sólido cristalino que consiste en el alcaloide de cocaína en su forma de base libre. Es insoluble en agua, pero se disuelve en solventes orgánicos. Se consume por sublimación mediante la aplicación de calor a una mezcla de la base y ceniza en un dispositivo especial o "pipa para piedra". Su efecto euforizante, así como el desarrollo de la dependencia, es mucho más rápido que con la inhalación nasal.

Hay otros que por sexo o por cinco pesos ya andan queriendo dar sexo por esa situación.

—¿Qué sexo dan por cinco pesos?

—Pus el que uno les proponga, yo creo, yo nunca lo he visto ¿no? Pero me han comentado que hay compañeros, no de mi estancia sino de otras estancias, que con tal de que le den para una piedra cinco, quince pesos, según lo que uno vea así, se dejan hacer lo que quieran. No sé si sea cierto o no, pero tengo entendido que sí (Leandro, 30 años).

¡Ay! es que aquí se venden hasta de 2, 3 pesos (Esther, 19 años).

Esta prostitución es posible dada la valoración de los hombres jóvenes como potenciales objetos sexuales. Lo que favorece que se prostituyan y que establezcan un trato con otros internos, habitualmente mayores que ellos, es ante todo su juventud. No es un tipo de prostitución abierta, sino que resulta de una interacción determinada entre un interno joven y otro que tiene interés en sus servicios sexuales: el más joven le pide dinero y éste le propone que se "gane unos pesos" teniendo sexo con él. Sucede, habitualmente, en las celdas, cuando llega el "chamaco" y se realiza la proposición. En el relato que más extensamente trata este punto destacan algunos rasgos: primero, el intercambio de dinero por sexo se justifica por la larga duración de las condenas —15, 20 años, dice el entrevistado— y por la falta de otras formas de satisfacción sexual. Chino dice que esos internos "están deseosos de una mujer", pero no la pueden conseguir, y en su remplazo "prostituyen a los chamacos". Éste es otro rasgo, pues quien realiza la proposición constituye al *prostituto* mediante una forma de seducción basada en el dinero. Como lo vimos con el *monstruo*, las posiciones subordinadas son siempre establecidas desde las hegemónicas en las relaciones de poder, sea por la posición en la celda, por la antigüedad en el penal o por la disponibilidad de dinero. Así, se establece un tercer rasgo destacable en el relato: quien se prostituye siempre ocupa una posición "pasiva" en el sexo: debe realizar el sexo oral o es penetrado analmente, y quien paga ocupa la posición "activa". No obstante, lo que se *haga* específicamente no es lo más importante en este ordenamiento.

—¿Qué tipo de prostitución es?

—Pues el sexo, el sexo, hay chamaquillos que meten aquí de 19, 18 años, 19, 20 años, sus padres los botan, la desintegración familiar, no vienen a verlos, mendigan, andan en la basura buscando latas, buscando, pues qué sé yo, cosas que puedan ser vendibles en uno o dos pesos y muchas veces piden comida a la visita y la venden, pero no tanto por la cosa del hambre, no tanto por la cosa de ganar, sino por la cosa que ellos desean enviciarse para perderse. Eso tiene una situación bastante problemática, porque muchas veces un chamaco de 19 o 20 años, hay cabecillas, como nosotros, que por ejemplo orita estamos platicando tú y yo, estamos en una estancia y entra un chavito y me dice: "regálame un peso ¿no? o regálame un pan, un bolillo", "no, no tengo, pero por 50 pesos, pues yo te meto la verga". El chavo se queda pensando, y muchas veces se mete dice "¡va!" o "por 50 o 20 pesos lámeme la verga", y el chavo se queda pensando y dice "¡va!" ¡Ay cabrón! Y dices tú "¡pinche escuincle, sáquese a chingar a su madre! Cuando eres, como decimos ¡cábula!" ¿No? O sea vacilas con la gente, pero cuando hay dormitorios que, hay cabrones que tenemos aquí, orita tienen 12, 15 años y pues están deseosos de una mujer, están deseosos del sexo, entonces agarran al chamaco ¡ya lo prostituyeron! El chamaco ya entró al vicio, ya no va ser la cosa de que le gustaron 20 pesos, 20 pesos para él es una fortuna, porque se consigue desde milpa, chochos, drogas que existen aquí y para él un rato de, pues una, se ganó 20 pesos, 50 pesos, ya se prostituye, ya deriva a lo que venga. Pero en la cárcel se conoce quiénes se prostituyen (Chino, 55 años).

Segunda estrategia para establecer "mujeres" ortopédicamente: una mediante la creación del *monstruo* que se encargará de las labores domésticas; otra, mediante la prostitución, que produce una "mujer" para el sexo, valiéndose de un hombre que será utilizado como "mujer". Decimos *ortopedia* en el sentido de una educación corporal correctiva con ciertos fines. Pero es una ortopedia de las partes, es decir, lo que se modela en la cárcel son partes de una mujer, sus trozos funcionales: cuerpo para la limpieza y la cocina; cuerpo para el sexo. Pero detrás de esta ortopedia sexual encontramos una disyunción significativa: entre *deseo* y *sexo*. Si bien se "prostituye" al chamaco porque se desea una mujer y no se la tiene, lo que con dicha operación se consigue es tener sexo, que también se desea. Podríamos aventurar que la libido se toma a sí misma como objeto, a la vez que señala un objeto —en este caso heterosexual en un sentido estricto: el otro sexo—. El sexo en sí mismo se constituye en un "objeto" de deseo.

Ahora bien, así como el que desempeña un rol activo, tanto en la seducción como en el intercambio sexual, es quien inaugura al joven como prostituto —él mismo ejerce la acción de prostituir—, así también quien es prostituido adquiere como "vicio" esta actividad, consecutiva a su adicción a la droga. En ese momento se transforma en un sujeto reconocible por su mismo "vicio", adquiere una fama y es conocido por los otros como prostituto. "En la cárcel", dice Chino, "se conoce a quienes se prostituyen". Este conocimiento colectivo permite pensar la prostitución como un conjunto de vínculos que superan la mera iniciativa individual, o la casualidad, como una práctica social refrendada y sostenida colectivamente. Si bien todo sucede en la celda entre dos sujetos específicos, tanto por el contexto físico que supone la aquiescencia de los otros habitantes de la estancia para que el contacto sexual se desarrolle, como por el saber colectivo que mencionamos, la prostitución, como forma de vinculación posible, es un asunto social. Digamos, la intimidad del sexo pertenece a los pasillos de la cárcel y se construye, en este caso, desde *fuera*. La mayor intimidad es exactamente el punto de mayor extrañamiento; cuando suponemos un grado intenso de individualización presenciamos, al contrario, una inserción de pautas estrictamente colectivas, de formas sociales para resolver ciertos conflictos y de procedimientos socioculturales para crear un orden de género *sui generis*, en el que se "producen" mujeres seccionadas y específicas.

Podríamos aplicar estrictamente la pregunta que hace Gayle Rubin en *El tráfico de mujeres* (1996): "¿Qué es una mujer?", pero invirtiendo su respuesta. Ella dice que una *mujer* es una *hembra* de la especie que se transforma en tal sólo en determinadas relaciones sociales, y nosotros diremos que en la cárcel una *mujer* es un *macho* de la especie que se transforma en tal sólo en determinadas relaciones. Podemos avizorar el desplazamiento que realiza Butler cuando afirma que el género es lo que construye al sexo, y no al revés, y que, sin embargo, es una construcción dispersa que puede tener múltiples resultados.[70] Así también, se han producido dos de las disyunciones que Butler menciona en sus argumentos: se ha bifurcado el deseo entre el objeto enunciado heterosexual ("deseosos de una mujer", dice Chino) y el sexo mismo como actividad ("deseosos de ṣexo"); se han escindido las anatomías y el orden de género mediante la "creación" de esta *mujer parcial* que resulta de la

---

70 "[C]on la consecuencia de que *hombre* y *masculino* pueden significar tanto un cuerpo de mujer como uno de hombre, y *mujer* y *femenino* tanto uno de hombre como uno de mujer" (Butler, 2001a: 39; las cursivas son de la autora). Véase nuestra exposición en el capítulo dedicado al género, la performatividad y la subjetivación.

prostitución de los muchachos. La *naturalidad* del deseo heterosexual, una vez adjudicada al sexo mismo antes que al objeto, permite la ampliación del rango de elección y el establecimiento de estas parcialidades genéricas y estos acuerdos anatómicos. De alguna forma el muchacho que se prostituye es una "mujer" metonímicamente,[71] pues es una *parte* de la *mujer total* la que le permite constituirse en *mujer parcial*: su posición culturalmente refrendada en el intercurso sexual. Es una parte de las características que se ordenan para las mujeres —ser receptivas en el sexo con los hombres— la que hace advenir una "mujer" específica en este tipo de prostitución; operación que permite consumar, por un lado, el deseo heterosexual en tanto deseo de una cierta posición en el intercurso sexual —la activa— y de un objeto desplazado —la mujer—, y por otro, conformar un orden genérico y sexual particular, fundamentado en el *todo* masculino —el hombre como totalidad que organiza el mundo— y las *partes* de una mujer —no sólo el muchacho que se prostituye, sino también el *monstruo*—. Es un orden genérico que se bifurca y prolifera a partir de un punto de aglutinación que es *lo* masculino; también, y lo veremos más adelante, están el *puto* y otros trozos de una mujer.

En el relato de Chino los muchachos que se prostituyen forman un colectivo, y su proporción en el total de la población recluida se puede estimar porcentualmente. Esto pertenece a la conformación colectiva, que ya mencionamos, de las relaciones de prostitución en el penal. En el relato, la fama se encuentra en la *boca* de los internos; forma parte, digamos, de una erótica de las identidades y de las señas que se sostiene en las palabras, en los comentarios y en los chismes. Unos a otros se "recomiendan" a un muchacho, lo describen, señalan qué hace y a qué precio. Atendamos a que nuevamente la *boca* sostiene un régimen de palabras y de relaciones. Para la *borrega*, condenando su delación y ordenando el silencio. En el caso de los chamacos que se prostituyen, elaborando un saber colectivo de comentarios y chismes. La boca que la *borrega*

---

71 "Tropo que consiste en designar algo con el nombre de otra cosa tomando el efecto por la causa o viceversa, el autor por sus obras, el signo por la cosa significada" (RAE, 1983: 873). Cuddon (1984) define *metonimia* como "una figura del discurso, en la cual el *nombre* de un atributo o de una cosa es substituido por la *cosa* misma" (394; la traducción y las cursivas son nuestras). Estrictamente, la operación corresponde a una *sinécdoque*: "figura del discurso en la cual la parte sustituye al todo" (*ibid.*: 676). Algunos autores consideran que la sinécdoque es un tipo particular de metonimia. Le Guern observa que "[E]n la sinécdoque de la parte por el todo o del todo por la parte —las que nos interesan aquí— [...] hemos visto que el proceso es el mismo que en el caso de la metonimia" (Le Guern, 1985: 18).

abrió de modo indebido se traslapa aquí entre los sujetos ("por boca mía, tuya, de otro", dice Chino). Cada boca, todas las bocas, que pronuncian las mismas palabras, que replican un saber semejante: fulano de tal que hace tal cosa. Una especificación de las conductas y de los atributos. Un soterrado rumor, como ya antes lo encontramos, que se extiende entre los internos y que lleva a configurar un diagrama de disponibilidades y de "talentos".

—¿Cuántos habrá que se prostituyen?

—¿Aquí? En su mayoría de los chamacos, vienen siendo digamos el 40%, ponle tú el 30%, y de ésos ¿cuántos pueden ser entonces?, es que somos 8 500, podrían ser 100, podrían ser 50.

—¿Y hay uno que sea más conocido?

—Chamaquillos, sí, hay chamaquillos que realmente tú ya los ves y por boca tuya, por boca mía, por boca de otro "mira, ese chavo ya te lame la verga por 50 pesos, te lame la verga por 20 pesos y está tiernito".

—¿Qué significa que está tiernito?

—Tiernito que está chamaquito, está chaval, todavía está ¡fresco! Vamos a decirlo así.

—¿Qué características aprecian para que alguien se prostituya?

—¡Que esté más chamaco! que esté más joven, o sea, casi entero, que no sabe. Porque el joto, el puto, ése ya sabe cómo tratarte y el chamaquito no, el chamaquito lo vas a desmadrar, lo vas a coger como tú quieras y te va hacer lo que tú quieras y como tú quieras. El puto no, el puto tiene sus restricciones, el puto tiene sus modos de hacerlo, el puto tiene su manía ya, sus mañas para hacértelo y el chavo no, entonces, ésa es la diferencia, de que tú prefieres un chamaquito de esos ¡pa'qué un puto! (Chino, 55 años).

Mencionamos ya que el "chamaco" tiene por virtud central su juventud. Acerca de esto Chino añade que "está tiernito", pero no sólo por su corta edad, sino por su inexperiencia sexual. Otra característica valorada en contraste con las "manías" del *puto*. Se destaca que el "chamaco" esté *entero* y que no *sepa*. Se le atribuye un cierto desconocimiento sexual que coopera en su completitud. Está "entero" en vista de una virginidad posible; se le atribuyen las virtudes de una mujer virgen —que guarda, mediante su virginidad, su completitud—. Pero se opone conocimiento a completitud: el conocimiento se atisba en las partes, en la incompletitud. El saber desmorona al todo. Y el *puto*, dice Chino, *sabe* sobre sexo, tiene un saber de *manías* y *mañas*, modos aprendidos de hacerlo que se contraponen a la voluntad del contratante. El "chamaco" está *tierno* en este sentido, porque no sabe —cualidad de inocencia— y no puede oponer resistencias a las decisiones de su *partenaire* que, entonces, puede hacer lo que quiera —cualidad de aquiescencia—. Ante las restricciones del *puto* se levanta esta disponibilidad total del "chamaco", sustentada en su completitud inicial; este derrotero que permite "desmadrarlo", hacerle en el sexo lo que su contraparte desee. Si la *maña* y la *manía* es recoveco, la completitud es indefensión. El saber es un proceso de partición subjetiva, en el plano de la sexualidad, que quiebra cualquier "virginidad epistemo-lógica" y cualquier inocencia simbólica; el saber se vincula directamente con el poder en esta escena, mediante la creación de laberintos de defen-sa y estrategias de resistencias que suponen ya una subjetividad partida, incompleta —la del *puto*, en primer lugar.

Pero estamos ante una contradicción. Si por un lado hemos dicho que *en* —y *sobre*— los *chavos* que se prostituyen se conforman *mujeres parciales* mediante una ortopedia de los cuerpos, al igual que sucede con los *monstruos*, ahora vemos que dicha parcialidad depende, en alguna medida, de la completitud inicial que se invoca como signo de atracti-vo sexual. Pueden ser parcializados exactamente porque están *enteros*, como dice Chino. Pero, ¿por qué se requiere la integridad para poder par-cializar? El *puto* ya está fragmentado y puede ubicarse de mejor forma, de modo más conciso y autónomo, en estos laberintos que constituyen los fragmentos y sus junturas. La completitud del *chamaco* representa una imposibilidad para construir un lugar en este laberinto, no *cabe* en él, y es su *partenaire* quien lo acomoda —*desmadre* mediante, tanto en un sentido explícito como en otro metafórico— en un conjunto de relacio-nes sociales. Tenemos, por una parte, una totalidad que *incomoda*, y por otra, un *no saber* que atrae. Tenemos algo que sobra y algo que falta, y ambos, resto y totalidad, operan en un mismo sentido: fragmentar lo que permanecía completo, *desmadrar* lo que no lo estaba. Si esto es así, su-cede, por una parte, en el cuerpo mismo del *chamaco* mediante la acción de su *partenaire* no sujeta a restricciones, y por otra, en su subjetividad misma, en tanto comienza a saber lo que supuestamente no sabía. El *des-madre* del que habla Chino puede ocurrir sólo una vez, como sólo una vez se puede perder la virginidad, porque luego ya *sabe* y el *chamaco* comienza a parecerse al *puto*, adquiere su *fama* y tiene conocimientos. En este sentido, aunque continúa siendo *tiernito* en términos de edad, ya no lo es en cuanto al saber. La fragmentación sería un régimen corporal y subjetivo que interceptaría en su operación poder y saber, completitud y falta, disposición y mandato.

Hemos dicho que el contexto de la sexualidad debe leerse en los márgenes de una erótica. Aquí no sólo están en juego ciertas conductas, sino formas de vinculación, valores, imaginarios y estrategias de supervivencia. Es sexo, sí, pero inmerso en —y con— diversos órdenes y prácticas sociales. Sexualidad y género se cruzan en este ámbito que llamamos erotismo, que permite la circulación del deseo más allá de los comportamientos y que transforma los espacios sociales en contextos eróticamente investidos. Por eso, como dijimos, la intimidad es un punto de extrañamiento y no de individuación; lugar de subjetivación por excelencia, deja avizorar las tramas sociales que permiten cualquier acto del sujeto sobre sí mismo.[72] Un sujeto solo, ante sus propios desvaríos, es un sujeto intensamente social.

En este sentido la sexualidad opera como un *dispositivo*, como lo vimos antes; es una herramienta de subjetivación, una forma de transparentar las subjetividades y dotarlas de cierto decurso. Modo de inteligibilidad y de predictibilidad. No obstante, en las relaciones sociales concretas y cambiantes dicho dispositivo se transforma en algo distinto, en una creación intermedia que mezcla la transparencia y la inteligibilidad con la espesura y las formas deseantes.[73] No es sólo un dispositivo que opera como forma de dominio, sino uno que permite ciertas ganancias, que deja espacio a ciertos arreglos y que posibilita la creación de todo un saber sobre sí y sobre los otros. Esta tensión entre un dispositivo de subjetivación, construido *sobre* y *en* relaciones de poder, y unos remanentes deseantes, por así llamarlos, incide, por un lado, en el saber que se pone en liza, en los acomodos entre un conocimiento que se sostiene y un desconocimiento que se manipula, en el uso estratégico de un saber, por parte del *chamaco* y de su cliente, que permite que la relación se establezca (y se cumplan los "intereses" de ambos). Por otro lado, la parcialización del *chamaco* exige del "todo" sólo un fragmento, un trozo,

---

72 Como hemos visto, la subjetivación es una torsión entre extrañamiento e intimidad, entre interior y exterior. Sin embargo, la relación entre un interior y un exterior, entre un *dentro* y un *fuera*, muestra que el extrañamiento —y no la intimidad— es el "primer" momento del sujeto. Véase la exposición sobre la subjetivación en el capítulo I.

73 En un sentido semejante, Deleuze y Guattari observan que la analítica del poder de Foucault no considera el deseo en su formulación y que éste constituye un elemento central para cualquier analítica semejante (1988: 153).

el que permita posicionarlo como *mujer*, y no necesita del *resto*. No se piden afectos, ni deseo, ni identidad. Tal vez sólo una representación paulatina y perentoria *sobre* su cuerpo y *en* su cuerpo. Es una subjetivación que opera por parcialidades y que actúa sobre fragmentos: los de unos —los *chamacos*—, y los de los otros —sus clientes.

De algún modo estamos ante una escena contraria a la que esbozó Crisóstomo con palabras y gestos cuando se levantó de su silla y amenazó con bajarse los pantalones para demostrar que sí es un *cabrón*. En esa escena el gesto aglutina la identidad sobre una parte del cuerpo. En esta otra, la de los *chamacos* y sus clientes, la dispersa, también sobre una parte del cuerpo. En ambos casos una parte sostiene un todo, que se parcializa o se refrenda. Toda identidad sería, en ese sentido, metonímica. Todo sujeto una sinécdoque. Pero, a la vez, en ambos casos el cuerpo mismo opera sobre una fragmentación inversa: Crisóstomo que sitúa en los genitales su identidad, al menos en tanto *cabrón*; el *chamaco* y su *partenaire* que parcializan sus cuerpos para encontrar un acomodo. No podemos suponer, ya lo habíamos anotado, la unidad del cuerpo, la solidez de su referencia. Crisóstomo crea su cuerpo con su gesto, le otorga un centro subjetivo y distribuye sus partes. Cuando se levanta, no muestra el codo o la palma de los pies: señala sus genitales, como diciendo "aquí está lo cabrón que soy". El *chamaco* acomoda su cuerpo, lo re-crea con ciertos objetivos: conseguir dinero y consumir drogas; los del cliente: encontrar una mujer y tener la satisfacción sexual que se le ha impedido en el encierro. Crisóstomo señalaba las garantías del *sexo verdadero*; los *chamacos* y sus clientes las difuminan. Todos parciales, todos operando sobre sus cuerpos identidades y acomodos, sea por acuerdo o por olvido.

Pero detengámonos en algo que vimos antes. Si el dispositivo de la sexualidad vincula elementos parciales y genera una unidad artificial entre partes distintas, en este caso permite la parcialidad misma y no exige la unidad de las partes. El dispositivo que operaría por condensación, aquí funciona por fragmentación.[74] No pide ni otorga verdad a quienes operan en él, sino determinadas ganancias y ciertos beneficios. Aquí estamos ante el reverso del *sexo verdadero*. No hay *sexo verdadero*, no se necesita ni se pide. No hay tampoco *género verdadero*, por así decirlo. Lo que sucede sólo se remite a los cuerpos y a las conductas, sin exigir finalidades ni

---

74 Foucault anota que la *sexualidad* corresponde "al *conjunto* de efectos producidos en los cuerpos, los comportamientos y las relaciones sociales por *cierto dispositivo* dependiente de una técnica política compleja" (Foucault, 1989: 154; las cursivas son nuestras).

identidades. Por lo tanto, el dispositivo aglutina ciertas partes y desecha el todo, al menos en estas relaciones. Es un dispositivo también parcial. Las intenciones son limitadas: tener el sexo que *se* quiere con los objetos que se construyen en remplazo de los que *no* se consiguen, y disponer del dinero que *no* se tiene para consumir la droga que *se* quiere. Todas las intenciones remiten a deseos desplazados y a una doble negación y una doble afirmación —no objeto y no dinero, querer sexo y querer droga—. Dispositivo de fracasos consecutivos y de deseos acoplados.

Lo que planteamos anteriormente lo podemos constatar aquí. Esther relata la relación de un interno mayor de edad, que vive en el Anexo 5 en la parte destinada a quienes la institución clasifica como "tercera edad", con cuatro internos que ella describe como "chamaquitos". Es una de las formas posibles de prostitución en el penal, puesto que agrega a lo que hemos descrito un elemento de permanencia y de vinculación cotidiana que estaba ausente hasta ahora: el "señor", como lo llama Esther, mantiene a los cuatro "chavos". Dice que no son "gays", aunque el *señor* los *penetra*, porque lo hacen por la droga: el *señor* les da *piedra*. En este punto, el dispositivo de la sexualidad es una forma de disyunción que no responde sobre quién se es, puesto que la respuesta puede ser elaborada de otro modo: hacen algo pero no lo son. La necesidad se antepone a la identidad: *son* lo que necesitan y no lo que desean. Tal vez el deseo no se sedimente en ninguna identidad posible. Luego aparece un término ausente hasta el momento: Esther dice que los "chavitos" son "chichifos", hombres que *cobran* por tener sexo con otros hombres —identidad "laboral" que corresponde a un oficio que se ejerce en la calle—. Ella dice que el *señor* los *cela* y que se enoja cuando se acercan a conversar con las travestis del pabellón: *siente que los pierde*. He aquí otro elemento nuevo: a la permanencia de la relación y a la caracterización de los jóvenes como *chichifos* se suma un vínculo afectivo clásico de las parejas: los celos y el temor consecutivo a la pérdida. Aquí nadie es *homosexual*, no hay personajes ni una forma de descifrar la subjetividad mediante la sexualidad. Todo es extraño y común a la vez: una escena sexual corriente que se repite, con intercambio de favores, temores y celos, y quizás amor y deseo. Una erótica cotidiana en los pasillos, estructurada sobre el orden de las generaciones y sobre trozos del sistema de género hegemónico. Imitación y recreación. Pastiche de afectos y de espacios, de nombres y de terrenos sin identidad. Pocas palabras y mucho silencio.

—¿Pero también hay gente que se prostituye para conseguir la droga?

—Pues sí, hombres que se prostituyen.

—¿También? Pero no en el Anexo 5.

—No, en otros, o sea, aunque no sean gay se dejan; por ejemplo, ahí hay un señor, bueno ya está grande, ya es un viejito y él tiene así a varios niños, bueno no niños, pero sí están, tienen como 18 años, 19 y los tiene a ellos, pero él les da así piedra, pero él pues los hace que tengan relaciones con él, y ya los pone que a lavar, que hacerle sus cosas.

—¿Él vive en el Anexo?

—En el Anexo 5... Muchos chavitos aquí se prostituyen por la droga.

—¿Tienen algún nombre en especial los chavos que se prostituyen?

—Pues "chichifos" se les dice aquí. Sí, chichifos se les dice a los hombres que cobran por sexo. Pues yo he escuchado que el señor se los penetra a ellos, pero ellos no son gay, pero lo hacen por la droga.

—¿A cuántos chavos tiene este señor?

—Como cuatro.

—¿Y qué características tienen ellos?

—No, son diferentes.

—¿Pero por qué eligió a ésos y no a otros?

—No sé, no, pero si ve que nos habla a una de nosotras ¡ay el viejo se pone loco!

—¿Qué les dice?

—¡Ay, pues que no nos hablen! Y que no sé qué y que nos va a pegar.

—¿Y por qué crees tú?

—Pues no sé, se encela el hombre ¡siente que los pierde! (Esther, 19 años).

CAMINAR POR LOS PASILLOS: PROSTITUCIÓN TRAVESTI

Otra forma de prostitución la ejercen los internos travestis. Es de tipo permanente y supone una cierta profesionalización en su ejercicio, con tarifas más o menos establecidas, según el servicio. Todo sucede en el mismo Anexo 5 o en sus alrededores: los internos de la población general van hasta dicho lugar y buscan a quien les guste más, entre los o las[75] que

---

[75] Como advertimos en otra nota, algunos de los entrevistados, específicamente los que se autoidentificaron como travestis y que vivían en el Anexo 5, utilizaban el género femenino, en términos gramaticales, para referirse a sí mismos y sus compañeros. En algunas partes hemos asumido directamente su lenguaje y en otras, como en este caso, hemos

ofrecen sus servicios. Hay dos lugares específicos en los que se ejerce la prostitución en este anexo: las mismas celdas y una parte del *kilómetro* cerca del recinto. Digamos, hay una prostitución *callejera*, con las oferentes paradas en la calle principal del reclusorio, y otra *hogareña*, que se ejerce en los mismos dormitorios.

La prostitución que hemos denominado *callejera* se basa en el *ligue* que cada interno —o interna— pueda realizar entre los *hombres* que transitan por los pasillos. En cambio la *hogareña* se sustenta en la iniciativa de los clientes hacia los o las que se prostituyen. Sin embargo, independientemente de la forma de captación, el servicio se realiza siempre en la celda del interno —o interna—: las celdas donde viven los internos travestis que se prostituyen tienen un camarote destinado a prestar servicios, que puede ser alquilado a la *mamá* de la celda; además, se le paga a otro interno para que vigile mientras tanto la presencia de custodios. Dicho camarote cuenta con una cortina que permite cierta intimidad en el trato y separa de la vista de los demás internos a quienes tienen sexo en ese momento. Toda esta operación y su infraestructura han recibido la aprobación de los internos o internas que comparten la misma celda con quien se prostituye o con quien trabaja en un momento determinado.

—¿Ésas también se prostituyen?
—Sí, se paran en el kilómetro, pero del otro lado.
—¿Cuál es el otro lado?
—Atrás de esto (señala un lugar con la mano) hay otro kilómetro y ahí se paran, afuera del Anexo 5.
—¿Y se paran ahí?
—Pues ahí es donde pasan todos los hombres, y pues al que te ligues, pues ya le dices que se meta o que te siga y ya, pues tú caminas y ya te metes a tu estancia y luego llega el hombre atrás [...] Hay un camarote, o sea, que nada más se usa para eso, pero haz de cuenta que tú le tienes que pagar a la del camarote.
—¿Lo alquila?
—Lo alquilan.
—¿Qué hacen cuando llegan con el tipo ahí al dormitorio?
—Pues, ya lo metes al camarote y tiene una cortina, sí está tapado.
—Pero ¿se desnudan?

---

mantenido la ambivalencia, porque nos interesa relevar y destacar las conformaciones genéricas, así como las subjetivas, y su intrincada red de transformaciones y cambios en un penal de hombres.

—Pues sí.

—¿Y qué hace la gente que está en el dormitorio?, ¿se van o se quedan?

—No, se quedan ahí, tú lógicamente que nadie te vea, o sea, está tapado todo.

—¿Pero saben que estás ahí?

—Ajá, pues lógicamente que para eso le pagas a la chica, para que te cuide de que no venga un custodio, de que nadie te moleste (Esther, 19 años).

Los internos —o internas— que describen con detalle la prostitución travesti en la cárcel viven ellos mismos en el Anexo 5 y se autoidentifican como travestis (Sara y Esther). Una de ellas reconoce abiertamente que se ha prostituido en alguna ocasión. Para ambas esta actividad constituye una forma de conseguir el dinero que necesitan para sobrevivir en el penal. Es un modo posible de trabajo.

—Y de las que viven contigo ¿cuántas se prostituyen?

—Todas.

—En el kilómetro ¿cuántas hay?

—¿Paradas?

—Sí.

—Pues es que no todas se paran ahí, las que no tienen mucho valor son las que se paran ahí.

—¿En qué sentido tienen mucho valor?

—¡Ay, pues es que todo mundo! O sea, que vean ahí que te estás prostituyendo, porque ahí son las que todo mundo sabe que son las que se prostituyen, o sea, no todos saben que nos prostituimos, eso sólo las que están paradas ahí.

—¿Cuántas se paran ahí?

—Como seis, siete, pero que son las más feas.

—Las que están más bonitas ¿no van ahí?

—No, ésas están en la estancia, pues te van a buscar, lógicamente, sabes qué, ellas salen a buscar y otras no, otras se quedan y esperan ahí a que lleguen.

—Y si todas las que están en tu dormitorio se prostituyen ¿cuánta gente pasa durante el día, clientes?

—¡Ay, pues un buen! Son, una, dos, siete, ocho, nueve, doce, son seis estancias, son seis estancias, en cada uno vive como 10 o 12 y todas ésas se prostituyen.

—¿Y tienen clientes todos los días?

—Ajá, bueno, algunas, no todas, haz de cuenta que las que fuman piedra, y todo eso, son las que más andan así, movidas pues para tener más dinero (Esther, 19 años).

Pues luego hay personas que llegan de otros dormitorios y quieren algún servicio, de hecho también las chicas que se dedican a eso.
—¿Pagado digamos?
—Sí, van al anexo y ya van directamente con quien, ellos saben con quien sí.
—¿Dónde tienen el contacto, digamos, la relación?
—¡Ahí mismo! En su misma estancia.
—¿Pero delante de toda la gente?
—¡No, por supuesto que no! usted no ha ido a población.
—Fui a otras partes, pero a esa parte no.
—Lo llevo... Para que conozca [risas]. No o sea, cada camarote tiene su cortina y todo, no se ve nada, está todo. Por ejemplo, mi camarote lo tengo cubierto con cortinas y todo.
—¿Pero no todos los dormitorios son así, no?
—Sí, claro, por supuesto, sí, ahí cuidas tu privacidad tú.
—Entonces ¿el contacto lo tienen ahí?
—Sí.
—¿Y cuánto cobran?
—No, no sabría decirle, no.
—¿Pero no hay tarifa?
—¡No, claro que no! (Sara, 35 años).

Otro criterio que distingue el ejercicio de la prostitución travesti es la *belleza* de la involucrada, establecida según su parecido con una mujer. Esto determinará el tipo de prostitución que se ejerza, pues las más bonitas, o las que tengan los mejores atributos físicos de *mujer* serán preferidas por los mismos internos, tendrán mayor demanda y ejercerán el tipo de prostitución que llamamos *hogareña*. Ellas no tienen necesidad de salir a buscar clientes: éstos llegan hasta sus celdas para solicitar sus servicios. Las que sean más feas, mayores de edad o que estén deterioradas por el consumo intensivo de droga, ejercerán el tipo *callejero* de prostitución y deberán buscar a sus clientes por sí mismas, ofreciendo sus servicios en el *kilómetro*. Asimismo, la belleza y los atributos femeninos determinarán la tarifa, pues, aunque en general el costo de un servicio es bajo por la escasa disponibilidad de dinero entre los internos, las más "cotizadas" por sus atributos pueden seleccionar a sus clientes y cobrar más caro; en cambio las que no son consideradas "apetecibles" los mismos internos no podrán hacer una selección de clientes y deberán cobrar más barato para lograr alguna ventaja en la oferta de servicios sexuales.

> —¿Hay alguna de las compañeras que sea más cotizada que otra?
> —¡Claro!
> —¿Por qué razón?
> —Yo le digo que la misma población como te ven te tratan, porque hay personas que estamos aquí, pero nos gusta andar bien vestidas, nos gusta andar que oliendo, usted sabe que una mujer es vanidosa, que a perfumito, que andar arregladita y todo eso ¿no? y hay otras chicas como son viciosas, andan así de lo peor, hasta en chanclas. Depende, depende, a esas personas pues no les dan más (Sara, 35 años).

En esta oferta de servicios sexuales de los internos travestis destaca la coincidencia entre el deseo de los internos de la población en general y la identidad y los arreglos corporales de aquéllos. Los internos buscan una *mujer* y los internos travestis destacan la *feminidad* como un rasgo central en su atractivo sexual. Si vimos, en el caso de la prostitución de los muchachos, que el deseo que se presenta como fundamento de la prostitución es el de una *mujer* (que se desplaza hacia el deseo por el *sexo* mismo, dadas las condiciones de encierro y el aislamiento de muchos internos respecto al mundo exterior), aquí encontramos una intersección contingente del deseo —que se esgrime como motivación— y el ideal estético que se busca, con la anatomía que se construye. Los travestis internos realizan una serie de transformaciones en su cuerpo para conseguir uno de mujer.[76] En uno de los casos mencionados se trata de un interno —o interna— que se cambió quirúrgicamente de sexo; dicen que está "operada", y que es la más cotizada por los internos, pues es lo más cercano a una mujer que pueden conseguir dentro del penal. Esther menciona que dicha interna, a diferencia de las otras que pueden tener "bubis" artificiales y haber moldeado un cuerpo de mujer, está "castrada". El punto de la máxima feminidad, en este orden, se logra cuando un interno se ha castrado para ser *mujer*, cuando opera sobre su cuerpo la castración que algunos ubican en un plano simbólico. Todo un orden

---

[76] Las transformaciones que mencionamos suceden habitualmente fuera de la cárcel y los internos travestis las traen cuando caen presos. De hecho, son uno de los signos que se verifican para clasificarlos como *homosexuales*. Pero aquí sólo nos interesa lo que sucede dentro de la cárcel.

genérico va desde los cuerpos para traspasar las identidades y las relaciones sociales y regresar, finalmente, a los mismos cuerpos mediante
su transformación; legitimando, en última instancia, el mismo orden en
su versión más estricta y hegemónica: la diferencia sexual se sostiene
en una diferencia anatómica.

—¿Hay algunos que cobran más caro que otros?
—¡Pues sí!
—¿Y de qué depende?
—Pues de cómo estés.
—¿En qué sentido?
—Físicamente.
—¿Pero qué es lo que se valora?
—Pues todo, o sea, lógicamente que yo no voy a cobrar más que
una que ya está operada o algo así.
—¿Operada es mejor?
—Pues sí.
—¿Operada es más cara?
—Pues sí, aquí hay.
—¿Te refieres a alguien ya transexual?
—Ajá, hay transexuales aquí, haz de cuenta que ya cuando llegó la
llevaron al femenil pensando que era mujer, pero ya después la cacharon
y la trajeron para acá.
—¿Hay una, es una sola?
—¡Sí! O sea, hay muchas que están inyectadas, inyectadas y ope-
radas de las bubis o de acá, o sea, que más o menos como mujeres, pero
que no están operadas, que no están castradas.
—¿Pero ella sí? y ¿ella se dedica a la prostitución?
—Sí.
—¿Y cómo le va?
—Pues muy bien ¡imagínate! (Esther, 19 años).

Sin embargo, un matiz coloca este orden más en el terreno de la seducción que en el de la anatomía o, más bien, reenvía la anatomía por el
sendero de la seducción, pues ya no son los signos visibles de la feminidad los que permiten un tipo de vinculación, sino que es la representación de la mujer, y de lo femenino, la que lo posibilita. Lo femenino se
conforma en el espacio del ver —"como te ven te tratan", dice Sara—; la
mirada que es sostenida sobre un interno —o interna— es devuelta con
las señas de lo femenino —un olor, el arreglo de la ropa.

Más que la verificabilidad de la anatomía y su transformación —la *castración* de la transexual—, aquí encontramos una estrategia de seducción mediante una representación lograda de lo femenino; pero, a la vez, siempre equívoca y artificial, pues todos saben que nadie es mujer *en verdad*. Tal vez ni en un caso ni en el otro el asunto sea la verdad; de alguna manera la castración es siempre una representación de la diferencia sexual (más o menos patentizada en un cuerpo) y la seducción tiende a subvertir los regímenes de la verdad por otros de la simulación. Lo que nos interesa destacar es que tanto en la prostitución de los muchachos como en la travesti, lo que se captura es el deseo, pero en dos dinámicas distintas: si para el caso de los muchachos el deseo se sitúa, como lo vimos, en quien formula la oferta —para que el muchacho se prostituya—, en el del travesti el deseo es "incitado", es registrado en su cuerpo y en una semiótica corporal vinculada con lo femenino. En uno, el deseo seduce mediante el dinero; en otro, se deja seducir por las apariencias. Lo que hace el travesti es *investirse* de un deseo, traspasarlo por su cuerpo y transformarse en su virtud: curiosa confirmación de que el deseo es siempre el deseo del otro, que se dispone en dinámicas vinculares imaginarias. Esto lo analizamos con más detalle en la sección dedicada al intercambio.

En otra parte expusimos que la prostitución de los muchachos corresponde a la conformación de una *mujer parcial*, consecutiva en algunos de sus sentidos a la que sucede con el *monstruo*. Aquí la mujer sigue siendo *parcial*, pues o reside en la castración de la anatomía masculina, devuelta como mujer en el orden genérico que analizamos —y no como un término tercero que lo bifurcara—, o reside en la representación de partes de la feminidad que conforman lo que se supone *es* una mujer. Siempre se opera por agregación: o de actividades y roles, o de gestos, apariencia y atuendos; aunque sea la castración, que es una sustracción de anatomía para generar un efecto identitario y deseante semejante —o una coincidencia entre el deseo y la anatomía—, lo que se hace es agregar al cuerpo masculino atributos que le permitan funcionar y representar otra cosa: una mujer. A la vez, siempre se opera por parcialidades, pues se estima que la suma de las partes modificadas consigue el *todo* que se busca. Digamos: añádase la parcialidad de un gesto a la parcialidad de un cuerpo, o a la de una posición durante el sexo, o de un rol estipulado, y tendremos, poco a poco, y siempre deshilachada y titubeante, a una mujer posible. Pero partes de ella, porque no se necesita nada completo.

El deseo, en este caso, opera sobre las partes, se deslinda en los trozos y en los simulacros.

Otra vez estamos ante una ortopedia, pero diferenciada para los casos del muchacho prostituido, *del monstruo*, o del travesti. En los primeros la ortopedia se aplica desde el exterior, sin que exista una adscripción identitaria a su ejecución, pero sí un acuerdo funcional (de alguna manera el interno sobre el que se conforma una mujer parcial no tiene alternativa u obtiene un beneficio significativo). En el segundo caso la ortopedia se opera desde el "interior" y se genera una *mujer parcial*, que pretende alcanzar una totalidad y que responde al deseo de quien practica la ortopedia sobre sí; hay un acuerdo y un proceso en el que se intenta plegar identidad y anatomía, gesto y énfasis, apariencia y comportamiento, según un deseo: *deseo de ser mujer*. Mientras la justificación que enarbolan los internos para recurrir a la prostitución de los muchachos es el deseo de una *mujer* y el deseo de *sexo*, el deseo que motiva la ortopedia, en el caso de los travestis, es también un deseo de *mujer*, pero ya no de poseerla sexualmente, sino de *serla*, de encarnarla —con los sentidos escatológicos del término—. La *mujer* siempre responderá a una dinámica deseante que va obturando cuerpos, modificando subjetividades, estableciendo vínculos; que parte desde algún hombre —al menos anatómicamente— para construir una *mujer*, sea sobre el otro o sobre sí mismo. La mujer de carne y hueso, la mujer *real*, si quisiéramos, está siempre ausente. La falta, sea en el otro —no hay *mujeres*— o la falta en mí —la *castración* que me aplico o la adecuación que realizo sobre mi cuerpo— es el punto donde se inicia la ortopedia que hemos mencionado. Pero no para reconstruir una diferencia —lo femenino permanecerá excluido siempre en este orden—, sino para "cumplir" un deseo masculino, intensamente masculino, que no duda en modificar la realidad, sea de los cuerpos o de las subjetividades, para conseguir su satisfacción. Es como si lo femenino, y la mujer, en este orden, operaran como un fantasma: no está, pero se le siente; no existe, pero se cree en él —o en ella—; está ausente de lo real, pero lo determina mediante su presencia tachada.

El sexo, lo más preciso de la anatomía en un orden de género, sostén empírico de una identidad, se transforma en el punto más esquivo, menos tangible.[77] De algún modo, las anatomías no son destinos: lo son las iden-

---

[77] Como vimos, el sexo "es el elemento más especulativo, más ideal y también más interior en un dispositivo de sexualidad" (Foucault, 1989: 188).

tidades, su perseverante trabajo sobre sí y sobre el otro en esta ortopedia local y específica que hemos mencionado. En la cárcel el sexo se espectraliza, recorre las celdas y los *dormitorios* (todos los nombres nos remiten a una intimidad sesgada), los cuerpos y las actitudes, para explotar en diversos acomodos, para deslindar pequeños espacios de pertenencia y de reconocimiento y para instaurar otros de opacidad y extrañamiento.

—¿Qué buscan los presos, los que van allá, qué buscan?

—Pues a una niña, bueno, a una mujer, bueno según ellos, pero no es mujer, pero también hay muchos que están así en otros territorios que también son gay, pero como son de clóset, imagínate (Esther, 19 años).

Hicimos una pregunta casi freudiana, nos damos cuenta ahora: "¿qué quieren los presos?", como el mismo Freud se preguntó "¿qué quiere una mujer?", al final de su vida. Esther nos responde: "quieren una niña, bueno, a una mujer" y luego se refiere a otros "territorios" que ella denomina de *clóset*, territorios encerrados o cubiertos. En el punto en que preguntamos "¿qué quieren?" se nos responde que muchas cosas, pero que el deseo —el *querer* interrogado— se presenta de diversas maneras a la mirada. Entre la prostitución *callejera* que describimos, las cortinas que cubren los camarotes a la hora de realizar un servicio sexual, las anatomías que se exhiben y los deseos que se confiesan, entre todo esto y aquellos territorios de clóset, cerrados, que menciona la entrevistada, se conforma un régimen de la mirada que opera sobre la sexualidad y que esboza recovecos y visibilidades, cierres y aperturas, como si el mismo deseo, que vemos circular como moneda, fuera una topografía llena de detalles y de ajustes, de señas y de deslindes, y la sexualidad misma un territorio —o muchos—, un mapa accidentado en el que se encaraman destinos, subjetividades, cuerpos y esperanzas, vínculos y dolores.

COMPRAR CÁRCEL: FETICHISMO, INTERCAMBIO Y DESEO

Hemos discernido que en la cárcel son tres las formas de intercambio que permiten que ciertos "bienes" pasen de unos sujetos a otros y que algunos vayan de éstos a aquéllos. Una primera forma corresponde al intercambio de trabajo por hospedaje, comida y protección, y fue analizada cuando abordamos el tema de los *monstruos* y las *mamás*. Una segunda forma está ligada con el intercambio de dinero por droga; no la analizaremos aquí detenidamente, pero opera de manera permanente en la cárcel, determina una parte significativa de las actividades de algunos internos y da origen a la organización de un sistema de pago y de cobro fundamentado en último término en la amenaza de muerte ante el adeudo. Este sistema tiene sus propias figuras específicas, entre las que destacan la del *padrino* y la del *traficante*; ambos sujetos son poderosos en el ordenamiento carcelario porque poseen dinero y disponen de grupos de individuos para cobrar sus deudas y protegerse, dispuestos, entre otras cosas, a matar si fuera necesario. La tercera forma de intercambio se organiza en torno a la prostitución.

Si bien los "bienes" intercambiados pueden ser distintos, las tres formas disponen del cuerpo como objeto principal de intercambio o como garante último de su funcionamiento. Cuerpo del *monstruo* que trabaja y realiza los quehaceres de la celda y cuya fuerza de trabajo es confiscada por la *mamá* y sus compañeros a cambio de un espacio en la cárcel, de protección y de comida. Cuerpo del consumidor de drogas que lo ofrece, en último término, como aval para sus deudas, y que le entrega al *padrino* o al traficante un poder sobre su propia vida como signo evidente y multiplicado de una voluntad taxativa que cobrará sus dineros y no permitirá que nadie escape a las cláusulas de su "contrato". Cuerpo, también, de quienes se prostituyen, que lo convierten en el único *objeto* transable dentro de la cárcel y que les permite conseguir dinero mediante su venta.

Este estatuto del cuerpo como objeto transable se vincula con un tercer término en el orden social carcelario, tan importante como el silencio y la muerte, que no hemos analizado antes y que hasta ahora sólo hemos mencionado de paso: el *dinero*. El dinero será un factor de reversibilidad que alterará cada una de las disposiciones referidas y que permitirá comprar todo lo que la cárcel contiene: espacios, privilegios, protección, personas (internos y custodios), comidas, aparatos, etc. Pero, por otra parte, el dinero, que todo lo compra, es el vehículo privilegiado para evitar una sola transacción: *comprar cárcel*. Los internos dicen que "no hay que comprar cárcel". ¿Se vende la cárcel? No estrictamente, pero se paga; de alguna forma la cárcel se *compra* gratis; no es necesario pagar por ella y, más bien, se paga por no *comprarla*. Ante la gratuidad de la cárcel como mercancía (los términos son contradictorios), el dinero permite otorgarle un precio exacto y pagar por ella, eludir *comprarla* y evitar el intercambio; tal como lo vimos en el caso de un interno nuevo que le paga a la *mamá* de una celda para que lo exima de ser *monstruo*. La cárcel es un sistema de acumulación trastornado: acumula repeticiones, suma años, agrega tiempo sobre un tiempo perdido; cobra por lo que da gratis y quita sin pedir.

El dinero es el elemento que hace posible el intercambio, el silencio y la muerte en su funcionamiento; la pieza que falta para comprender la operación del sistema carcelario como forma de subjetivación y sujeción. Como lo dijimos, es el factor de reversibilidad, el elemento que altera cualquier orden y que, por tanto, lo determina como su excepción. Se evita comprar cárcel y hacer las labores domésticas, se logran privilegios, se pagan favores, se adquieren cosas, se compran personas.

Pero si la cárcel se puede *comprar*, adquiere el estatuto de *cosa*, de mercancía. Una *cosa* que se puede comprar, pero que tras su velo cubre las relaciones sociales que la sustentan. Observa Marx que a primera vista "una mercancía parece algo trivial y que se entiende por sí misma" (2000: 87); pero al analizar, se detecta que tiene "una realidad puramente social" (74). No podemos detenernos en el análisis de la cárcel como mercancía, pues supera nuestras capacidades y objetivos, pero lo mencionamos para indicar que si la cárcel, en tanto mercancía, se constituye como una *cosa* (el juego entre *palabras* y *cosas* ha sido permanente en nuestros análisis) que puede ser comprada, estamos ante lo que Marx denominó *fetichismo*: "Se trata —dice— de una relación social determinada de los hombres entre sí, que aquí adquiere para ellos la *forma fantástica* de una relación de cosas entre sí" (*ibid.*: 87; las cursivas son nuestras). La *forma fantástica* a la que se refiere Marx sucede entre dos cosas, como si ellas mismas se relacionaran entre sí, ocultando las relaciones sociales que sustentan dicho vínculo, velándolo. Tenemos una de las dos: la misma cárcel. Falta la otra en esta relación. *No hay que comprar cárcel*: transacción suspendida y evitada. ¿Con qué se compra cárcel? Con el cuerpo mismo. Ésta es la segunda *cosa* de una relación que tiene como tercero al dinero, como lo que permite no comprar, salvar al cuerpo.

En este sentido podemos plantear que la prostitución es un sistema de intercambio entre sexo y dinero que tiene al cuerpo como la *cosa* que se compra y que se vende. En un lado está el dinero, en el otro el sexo. En medio el deseo, como lo que se moviliza y se concita mediante la operación del dinero. Los vectores, de todos modos, son inversos entre los participantes. Lo apreciaremos de manera más clara si analizamos el intercambio desde el deseo, a partir del lugar donde se torsionan sexo y dinero, vinculándose y separándose. Veremos, de este modo, que el o la travesti pone *en* su cuerpo el deseo del otro —su cliente—; en cambio, el muchacho que se prostituye pone su cuerpo *para* el deseo del otro, y su *partenaire* pone su deseo *sobre* su cuerpo o *en* su cuerpo —del *chamaco*—; deseo alterizado mediante el dinero, que no sólo concita y permite, sino que distancia y media. En el caso de la prostitución travesti, el deseo sería anterior a los sucesos de la prostitución; en el de los muchachos, es el comercio en sí lo que permite el deseo: nadie desea de *verdad* lo que parece desear; ni el *partenaire* que incita, porque desea una mujer o el sexo que no tiene; ni el muchacho, porque quiere el dinero para consumir drogas (por ejemplo), pero tampoco lo tiene. En tanto, el travesti tiene el deseo *anclado* a su cuerpo, trasunto en su piel y en sus gestos. Pero ambos simulan y seducen; el muchacho se deja seducir por el dinero, desplazando su deseo sexual por su deseo de droga (en caso de que fueran estrictamente diferentes); el *partenaire*, por su propio deseo imposibilitado (dada la ausencia de mujeres y de sexo); y el travesti, que se deja seducir por su propio deseo del deseo del otro, y su cliente por el deseo, también desplazado, de una mujer, aunque sea en ciernes.

Por un lado tenemos una prostitución que se ejerce "sin" deseo, como sería la de los *chamacos*, a la que todos llegan arrastrados por otros motivos y por ciertas imposibilidades, todas consecuencias del encierro —no se pueden tener mujeres, sexo, ni dinero—. Cada cual porta una necesidad insatisfecha y se encuentra con este arreglo particular en el que todo se hace como si no se hiciera y en el que se puede suspender una mención a un deseo *subjetivo*, externalizándolo en las circunstancias contextuales. Por otro lado tenemos al travesti que no *niega* su propio deseo y lo intercepta con una forma de intercambio que se fundamenta en el sexo y en el dinero. Uno por otro y viceversa. Luego está el cliente del travesti que, al igual que el que contrata al muchacho, busca una *mujer* que no encuentra y acepta este simulacro que se le ofrece en los pasillos o en las estancias. De igual manera, quienes participan lo hacen sabiendo, aunque el saber esté tachado —en el caso del *chamaco*— o negado —en el del cliente—. La escena preexiste a cualquier intención y a cualquier gesto: se puede comprar sexo y se puede vender y no es necesario desearlo; tampoco tiene consecuencias identitarias o sociales. El intercambio sucede sobre un telón fantasmático que permite que los hechos desaparezcan detrás de sus justificaciones y que devuelve, como acto, la justificación misma y no la conducta.

No obstante, retengamos lo que dijimos sobre el fetichismo. Tenemos dos *cosas* que se relacionan entre sí de manera "autónoma", como una *forma fantástica* que oculta o vela la relación efectiva de "hombres entre sí". La prostitución será una relación fetichista en este sistema de intercambio generalizado que es la cárcel. Lo vimos cuando analizamos las motivaciones de los participantes: unos buscan sexo —primera *cosa*—; los otros, dinero —segunda *cosa*—. La relación efectiva de los "hombres entre sí" se difumina tras esta relación de las *cosas*: el sexo y el dinero. ¿Cuál sería la relación efectiva de los "hombres entre sí"? Una relación de deseo; lo que se intercambia es el deseo mismo, pero siempre desplazado. A su vez, el deseo es, ante todo, circulación y no una adscripción objetual —mujeres, hombres, sexo, dinero—; por eso el travesti no *des*conoce su deseo, porque él o ella devela el sistema de intercambios en su funcionamiento y se pone en medio de él. El travesti devela las cosas que se intercambian al situar el deseo en sí mismo, al hacerse sujeto de su deseo, aunque lo comercie. El resto participa del intercambio, pero como si no existiera; todos saben de antemano, pero sin saberlo. Lo relevante no es que se participe o no directamente; lo importante es que corresponde a un orden en el que, de una u otra forma, todos están involucrados. Están ya dentro del intercambio, él los antecede en las intenciones o en las conductas. Cuando hablemos de la seducción nos encontraremos con algo semejante.

Pero notemos que otra vez el cuerpo es el garante último del funcionamiento del intercambio. El fetichismo, al *fantasmalizar* "la relación determinada de hombres entre sí", vela, en último término, al cuerpo mismo como sostén de las relaciones sociales efectivas, como su punto de anclaje; en la prostitución es el cuerpo mismo lo que se intercambia: el deseo circula atado a él. Pero, a la vez, cosifica el cuerpo, lo transforma en una *cosa* que se intercambia, pero no sólo velando las relaciones efectivas, sino desglosando el cuerpo de la subjetividad; estableciendo una nueva línea entre éste y el alma que posiciona al cuerpo como una cosa intercambiable. Entonces, el fetichismo puede leerse como la fantasmagorización tanto de las relaciones sociales, como de la subjetividad y del cuerpo mismo, paradójicamente, en tanto *cosa*.

Pero tenemos, a estas alturas, un cuerpo espectralizado mediante el intercambio y otro presentificado por el mito. No obstante, mito y fetichismo tienen como baza final al cuerpo. Es como si habláramos de cuerpos distintos, en algún sentido: un cuerpo fantasmático del deseo que permite el intercambio, y otro real y material que sostiene un funcionamiento mítico para el orden social carcelario. En ambos, no obstante, el cuerpo condensa ciertas operaciones o es un nodo por el que pasan regímenes deseantes, económicos, semióticos y sociales (si bien unos y otros se traslapan). El mito, como justificación naturalizada del orden social carcelario, y el intercambio, como dinámica económico deseante entre los internos del penal, se anclan en último término en el cuerpo. Pero perviven dos preguntas, al menos: ¿hablamos del mismo cuerpo?, ¿por qué, aunque es la baza final de estos ordenamientos, se construye el cuerpo de modo diferenciado?, ¿por qué uno lo espectraliza y el otro lo presentifica? Podríamos aventurar que en el fondo no se trata del mismo cuerpo, o que tal vez nunca se trata del cuerpo. Pero allí permanece un conflicto, o una imposibilidad, pues incluso la genealogía foucaultiana —no obstante que esparce los motivos y las causas— desordena las linealidades y trastoca los alfabetos, mantiene incólume, a nuestro entender, la unidad del cuerpo; aunque se diga que está sometido, oculto, desterrado o desasido. Siempre se piensa en *un* cuerpo. Se desglosan las justificaciones, pero se conservan los objetos.[78] Pensar en más de un cuerpo, o en un cuerpo múltiple es un asunto delicado y difícil. No obstante, el problema no es la existencia de muchos cuerpos materiales —lo vimos en el caso del mito—, sino la multiplicidad de cuerpos sociales y semióticos.[79] Es como si una misma superficie estuviese atravesada por diversos regímenes que no son coherentes ni coincidentes entre sí, sino que pululan sobre su plano estriado mediante palabras, razonamientos y mitificaciones. Cuando sobre *el* cuerpo operan ciertos procedimientos

---

78 Baudrillard sospecha del estatuto del objeto en *El otro por sí mismo*, y anota que "[T]odo ha partido de los objetos, pero hoy ya no existe el sistema de los objetos. Su crítica siempre fue la de un signo cargado de sentido, con su lógica fantasmática e inconsciente y su lógica diferencial y prestigiosa. Detrás de estas dos lógicas, un sueño antropológico: el de un estatuto del objeto más allá del cambio y el uso, más allá del valor y la equivalencia" (Baudrillard, 2001: 9).

79 Tal vez Foucault apuntaba a esto cuando decía que mediante el sexo —"punto imaginario fijado por el dispositivo de la sexualidad"— cada cual debe pasar "a la totalidad de su cuerpo" (1989: 189). Si es necesario un punto imaginario para pasar a la totalidad del cuerpo, podríamos suponer que dicho punto permite tanto el tránsito como la totalidad misma, y que ésta es, más bien, un efecto del punto en cuestión. Emerge, digamos, de la operación performativa del dispositivo de la sexualidad que, mediante un punto determinado, permite una totalidad; como los juramentos que crean cierta relación social o una institucion (contratos, matrimonios, jerarquías). No hay totalidad —por lo tanto, "cuerpo"— antes de esa operación del dispositivo, que instaura un punto imaginario: dijimos "sexo".

ideológicos, otros deseantes, unos más económicos, todos articulados como relaciones de poder, entonces cada uno construye su propio cuerpo, moldea su propia materia y se desdice de sus propios enunciados. Así como Foucault sostiene que aunque el sexo se presenta como el sustrato material de la sexualidad no es sino su elemento "más especulativo", nosotros diremos que el cuerpo es el componente más especulativo de las relaciones de poder, cualesquiera que sean su régimen y su configuración específica. Elemento especulativo que, mediante un rodeo parlanchín, se apodera de la carne silente esparcida en órganos, sometida a la identidad y a la palabra; muda, profundamente muda. Foucault escribe: "El sexo [...] es el elemento más especulativo, más ideal y también más interior en un dispositivo de sexualidad que el poder organiza en su apoderamiento de los cuerpos, su maternidad, sus fuerzas, sus energías, sus sensaciones y sus placeres" (1989: 188). Los cuerpos son atrapados por este "elemento especulativo" como si estuvieran ahí solos, ocultos, plácidos en una libertad ahora confiscada. Tal vez dicho "apoderamiento" tenga la virtud de establecer una totalidad sobre elementos discretos, como el mismo dispositivo de la sexualidad lo hace con los afectos, la verdad del sujeto, sus placeres, su destino y sus traumas, creando una totalidad en su misma operación, así como los médicos que auscultaron a Herculine crearon un cuerpo distinto sobre su cuerpo extraviado. Si el cuerpo fuera el elemento más *ideal*, pero también más *interior* de las relaciones de poder, podríamos dilucidar la doble operación de un cuerpo espectralizado mediante el intercambio y otro presentificado por el mito, pues en un punto es su elemento ideal y en otro su elemento interior. *Ideal*, mediante la fantasmalización del cuerpo en el intercambio, que no obstante se sostiene en él, garantía de su funcionamiento; *interior*, mediante la naturalización que realiza el mito, la deshistorización que efectúa para justificar y perpetuar un orden y que atraviesa al cuerpo como máscara, para constituirlo como materia, como puro "real".

MIRADAS, GESTOS Y PALABRAS. HOMOEROTISMO EN LA CÁRCEL

Todos los relatos muestran abundantes referencias a una sexualidad homoerótica en la cárcel. Se sepa de oídas, se haya visto o se participe directamente, todos hablan de ella, tienen algo que decir, distinguen a los involucrados, avizoran razones y consecuencias. Bien se les pregunte directamente o lo mencionen espontáneamente, esta sexualidad se encuentra instalada en el corazón de la vida carcelaria. Hablamos de *homoerótica* porque nos permite de enfatizar que no sólo involucra a los individuos que por nacimiento fueron considerados hombres, sin importar que todo lo hayan cambiado en sus cuerpos y en sus identidades, sino destacar que se trata de una forma de circulación del deseo *entre* hombres y *por* hombres, en sus diversas versiones y acomodos. Veremos que se conforma más en un régimen de miradas y deducciones que en uno de conductas y prácticas. Por tanto, no estamos analizando en primer lugar los comportamientos, sino una escena social en la que el deseo adquiere ciertos ribetes y determinadas connotaciones que ponen en juego, a su vez, órdenes genéricos y corporales: cuerpos e identidades, sueños y repugnancias.[80]

No debemos considerar distante de la heterosexual esa forma de sexualidad, como si fueran dos mundos completamente diferenciados en que participaran sujetos distintos, sino como órbitas de una erótica que toma diversas formas que se superponen, que se especifican y se adaptan, siempre según un decurso estratégico y puntual. Por eso manifestamos al inicio de este capítulo que debemos atender a una erótica antes que a una sexualidad carcelaria: más que a divisiones psicopatológicas y comportamentales, a formas contingentes de circulación del deseo sostenidas en modos múltiples de relación; a elementos subjetivos diversos, a dimensiones sociales variadas.

No se trata, y éste es un equívoco central que podríamos cometer, de sostener que la "homosexualidad" es muy común en la cárcel, porque ni siquiera existe como entidad, tal como la presentan los sexólogos, psicólogos y epidemiólogos. No hemos determinado las frecuencias de una conducta ni hemos realizado estimaciones estadísticas para su prevalencia. No nos importan en lo más mínimo. Este tema no se resuelve

---

[80] En México y en América Latina se ha elaborado un conjunto de investigaciones importantes y significativas sobre estos temas, no obstante que los términos utilizados puedan ser diversos —homosexualidad, sexo entre hombres, entre otros—. Como indicamos en otra nota, en nuestro trabajo nos remitimos sólo a los análisis del material empírico del que disponemos; no obstante es necesaria una discusión basada en los diversos hallazgos, caminos teóricos, reflexiones políticas, metodologías y conclusiones a las que arriban estas investigaciones. Veáse Almaguer, 1995; Cáceres, Pecheny y Terto, 2002; Caro y Guajardo, 1996; Carrier, 1995; Carrillo, 2002; Guajardo, 2002; Lancaster, 1997 y 1992; Miano, 1998; Murray, 1995; Núñez, 2000; Parker, 1999 y 1991; Prieur, 1998 y 1996.

política ni teóricamente en ese ámbito; como si la clave fuera decir que no se trata de una conducta marginal sino extendida, que no es particular sino generalizada. En el fondo, que no es *rara*, sino muy *normal*. Pero la normalidad sigue siendo el corsé de un sentido común pudoroso que se tranquiliza si le dicen que lo que estimaba *extraño* y *anormal* en verdad está dentro de los parámetros esperables. Además, es un argumento que asume los parámetros de la ley, del Estado y de la ciencia como las formas correctas y legítimas para establecer cierta ética (¿sexual?) y un modo de vinculación entre los sujetos; como si sus dictámenes antecedieran y fueran más relevantes que la vida misma, que las múltiples experiencias cotidianas, colectivas e individuales, para sustentar un deseo y transformarlo en prácticas sociales y culturales diversas. Aquí, como en el apartado sobre las *cabañas*, debemos considerar los modos mediante los cuales los sujetos —en gestos individuales y colectivos— se apropian de los espacios, de los límites de una institución, de los desgloses de una moral; no en una dirección heroica ni libertaria, pero sí en formas muy específicas de resistencia —ni siquiera buscadas, tal vez sólo necesarias—. Dijimos que las *cabañas* constituyen un "agujero" en la trama institucional —un *agujero* en un sentido literal y metafórico—; digamos, las múltiples formas en que el deseo homoerótico se despliega en la cárcel constituyen otra fractura, otro espacio que la institución en ningún modo ha intentado crear, pero que resuma en sus paredes. Atendamos: en la resistencia no se construye un ideal, como si la institución fuera "mala" y los internos un "dechado de bonhomía"; otra vez construiríamos límites morales —*más acá* o *más allá*, da lo mismo—. La resistencia es una forma tangible y viva de convertir la institución en otra *cosa*, de apropiarse de ella, de salir de sus márgenes para construir los propios: no mejores, tal vez tampoco peores. La resistencia será, en este contexto, un modo específico de libertad.

Asimismo no se trata de incitar la fantasía de una homosexualidad generalizada, que sería una forma primaria del deseo masculino —presente en todos sus "actores"—, y que sólo estaría reprimida por una moral heterosexual, monogámica y conyugal; como si bastara levantar la represión específica para que aflorara un sinfín de conductas e intenciones, por ahora silenciadas o prohibidas. Ni prohibición, ni abundancia, ni estadística. De todos modos seguiríamos apegados a un modelo legal, que pide reformular las normas para transformar las conductas, a una especie de evangelismo sexológico que proclama naturalezas escondidas en la floresta sexual de los sujetos y los grupos. Es una versión de lo que Foucault (1989) denomina un modelo legal de la sexualidad, su versión *soberana*.

En cambio, y he aquí el interés de este ámbito para nuestra investigación, se trata de un universo de relaciones y de prácticas, de identidades y de simulacros. Espacio en el que se interceptan algunos órdenes corporales con otros sociales; relaciones de poder y resistencias; ciertas morales con sus herejías; algunos deseos y sus circuitos. Pero no como un fenómeno marginal o sólo sexual: erótico en tanto refiere otros ámbitos y deslinda campos de poder y prácticas subjetivas y colectivas, estrategias identitarias y apropiaciones específicas del cuerpo. En este sentido, no hay algo así como "lo" heterosexual y "lo" homosexual como referentes fijos y prístinos, entidades claramente diferenciadas que no se entrecruzan. Nada de eso. Lo que hay, a nuestro entender, son estrategias deseantes y eróticas en la cárcel, relaciones sociales múltiples y cambiantes, formas diversas de vinculación, una microfísica del poder efectiva y concreta; pero también una microfísica del deseo. Puede ser que algunos sólo tengan relaciones sexuales con mujeres y no les interese en lo más mínimo vincularse con otro u otros hombres; puede, también, que otros sólo lo hagan con hombres y quieran conformar una anatomía de *mujer* sobre su cuerpo. Eso no es lo fundamental. Lo relevante es que de una u otra manera todos participan de esta erótica, de estas estrategias deseantes, porque responden a formas de intercambio social y económico, de afirmación identitaria, de diferenciación y consolidación de posiciones de poder, así como a una configuración de saberes y de estimaciones sobre las conductas, las intenciones y las identidades. Participan en la medida en que una erótica no es una colección de conductas, sino una articulación de relaciones sociales y de prácticas culturales; una forma particular en que se vinculan el deseo y el poder, la subjetividad y la sociabilidad. Cuerpo y alma, por así decirlo.

HUIR POR LOS PASILLOS. SEDUCCIÓN Y MIRADA

Sopesábamos la forma más pertinente de iniciar estos análisis. En un primer momento creímos que correspondía empezar por las *taxonomías* de sujetos que encontramos en los relatos. Después nos pareció que la mejor manera era comenzar con el tema de la seducción, porque revela la densidad extendida del erotismo que tratamos de describir, evitando la colección de comportamientos. Esto permite sostener la perspectiva que hemos enunciado antes: aquí se trata de dinámicas deseantes, antes que de conductas; no son formas adscriptivas de sexualidad, sino flotantes.

> Sí, porque digamos uno se mete a bañar, entre todos en bola meternos a bañar y todo eso. Pero ¿qué es lo que pasa? que luego nos vemos cada cuate que se nos queda viendo y así luego se les ve hasta los ojos raros. No pues, uno se baña rápido y vámonos ¿no?
> —¿Cuál y en dónde?
> —Sí, se nos queda viendo a los miembros, o sea luego su cara así, hasta un cuate se mete con su cigarrito a andar viéndonos nada más, todo eso sí es incómodo. O sea, hay puro hombre ahí y de repente que se nos queden viendo y todo eso pues sí es raro. Me comenta un cuate que un compañero tenía que de repente él se paraba así en calzones y todo eso, no más se le quedaba viendo, hasta para hacer del baño se le quedaba viendo, por eso se salió de esa estancia, porque dice que con su simple mirada lo acosaba, pues sí, sí hemos visto varias personas que sí se ve luego, luego que tienen un problema.
> —¿Cómo lo acosaba?
> —Sí, sí, con la mirada (Leandro, 30 años).

Seducción es, ante todo, *mirada*: alguien observa y devela una intención. Leandro relata algunas escenas: hombres desnudos en los baños y alguien, o algunos, que miran sin disimulo —los *miembros*—. *Ojos raros*, dice el interno, *entre puros hombres*. La *pureza* de los participantes, su semejanza estricta, es lo que otorga *rareza* a los ojos, lo que revela la particularidad de una mirada. Entre *puros hombres* corresponde un tipo de mirada que en ningún caso indique "deseo". *Entre puros hombres*, un régimen viril de la mirada que evita ciertas partes, que no insiste ni se detiene.

Asimismo, hay historias relatadas por otros respecto a huidas para evitar el *acoso*, sostenido siempre en miradas que se consideran imprudentes o demasiado sugerentes. *Simples miradas* que ponen en aprietos y que atemorizan. Casi no hay conducta, no hay gesto; basta dilucidar cómo se mira para saber qué se quiere. Orden de las intenciones. La mirada es una presentificación del cuerpo del hombre como objeto de deseo, es la creación de una escena sexual de seducción donde no se le espera. En este sentido, *puros hombres* implica las mismas intenciones, un solo proceder, un orden corporal donde cada cual se excluye —y excluye al otro— de la sexualidad y lo pone en la *pureza* de la semejanza enunciada. Orden de la similitud. En un caso y en otro la opción es la huida: abandonar la estancia, bañarse rápido, escapar a la insinuación que se capta, romper con la seducción mediante la sustracción.

Otro interno relata que alguna vez *se topó con un muro*, con un obstáculo que impedía la huida. Esta vez la insinuación fue directa: un interno lo toma *por atrás* y le pregunta *si no quiere darle un masaje*. Boris refiere que no sabe por qué lo abordó aquel interno; de todas formas el inicio es la mirada: *me vio solo y se me acercó*. Lanza la proposición y se le responde con rechazo. Se esgrime una topografía: *no voy sobre ese lado*, le dice Boris al interesado. Exige *respeto*, indica que él respeta las "preferencias sexuales", pero pide respeto por la suya —los *lados*, de los que habla—. Entre un lado y otro, un *punto y aparte* que los separa y los distingue.

> Una vez me topé con un muro, por decirlo así, me meto a COC, yo iba a ver un amigo, llega un güey... ¡llega un güey y me dice! Me agarra de aquí ¿no? cuando vi la manera que me agarró me hice pa' tras, dice: "no, no me quieres dar un masaje", le digo: "pus dónde dice que soy masajista", le digo "¿respeta no?". La verdad a mí me gusta respetar, yo respeto por ejemplo a la gente homosexual para mí no son menos, ni más, yo no te puedo decir "¡ay pinche puto me caes!" No, no, no, la verdad, sus preferencias sexuales para mí yo las respeto, pero respétame, le digo: "no, yo no vengo a dar masajes aquí ¡cabrón!"
> —¿Y él por qué creía que tú venías?
> —¡Pus quién sabe, no sé! Me vio, me vio solo y se acercó "¿no me puedes dar un masajito o algo? Yo te enseño cómo se dan los masajes", me empezó a decir así ¡no! la verdad, ¿sabes qué? te respeto y, pero la verdad a mí, yo no, yo no, yo no voy sobre de ese lado, o sea, a mí no me gustan las personas homosexuales ¿no? Las respeto ¡hasta ese día se lo dije! Le digo, las respeto, pero no, punto y aparte (Boris, 28 años).

Visto desde el "otro lado", continuando con la metáfora enunciada por el interno, un entrevistado dice que aquí, en la cárcel, es más fácil ser "homosexual". Primero, porque hay abundancia, *paras todas hay*, dice Esther; luego, porque se evitan las dificultades habituales en la *calle* —mujeres y niños—: el campo está libre.

—¿A ellas no les es difícil entonces conseguir otra pareja?

—No, pues para todas hay.

—¿Cómo sabes que le gustas a alguien?

—¡Ay, pues se te quedan viendo! No sé, te sonríen, te hacen algo, quieren llamar tu atención.

—¿Y cómo la llaman?

—Pues haciendo algo, no falta que esté con su bola de amigos y el querer hacer algo, así para que lo voltees a ver, no sé.

—¿Pero tú crees que es más fácil ser homosexual aquí o en la calle?

—Aquí ¿más fácil? Aquí.

—¿Por qué?

—Más fácil, pues sí es fácil porque aquí no es tanto, en la calle también te molestan más y aparte, en la calle también las mujeres son bien liosas con nosotras, las mujeres son muy molestas muchas veces, o se te quedan viendo así, muy raro, niños, no sé, es más difícil, que no puedes salir, y aquí no, aquí sí te dicen, pero para molestarte, no por otra cosa (Esther, 19 años).

Ella ubica la seducción entre los internos; son ellos quienes les sonríen —a ella y a sus compañeras—, quienes intentan llamar su atención. Punto de inversión de la mirada: si antes irrumpe entre *puros hombres* desde unos *ojos raros*, ahora surge desde el colectivo —la *bola de amigos*— para convocar al interno —o la interna, como se quiera—. Mirada masculina que atraviesa los espacios hasta un objeto particular entre la masa o la *bola* que la rodea. Si antes dicha mirada planteaba una diferencia en la semejanza y alteraba el régimen de complicidad que se esgrime entre *puros hombres*, ahora rescata la diferencia sosteniéndose en dicho régimen de complicidad masculina. Entre uno y otro, la seducción como corte, como incitación, como configuración de un espacio y de unas relaciones. No hay interrupciones, dice Esther, *no hay mujeres que hagan líos*. Otro matiz para los *puros hombres*: dijimos abundancia, pero también facilidad. No hay escollos ni competencia. Esta vez no se huye, no hay *muro* con el cual toparse, sino un espacio llano para las miradas y sus recovecos.

Asimismo, Esther enuncia dos colectivos en conflicto por el mismo objeto —los hombres—: habla de *nosotras* —las travestis— y de *ellas* —las mujeres—. Dos colectivos femeninos, aunque no de mujeres. Dos trazos en este espacio de lo femenino que pugnan por alcanzar una posición y un lugar ante ese otro colectivo, que parece delimitado e identificable, formado por "los hombres", reunidos en *bolas* —o en *bandas*, como dijo Rolando—, y que comparten un mismo objetivo: conseguir su deseo, atraer sus miradas. Tal vez en dicho imaginario el espacio de *lo* femenino corresponda a este lugar de pugna por el deseo de los hombres, un territorio común en el que se ubican tanto las mujeres como algunos hombres. Si lo masculino es un punto de aglutinamiento y condensación, lo femenino es otro de pugna y de dispersión. Pero la mención de Esther permite invertir el sistema de intercambio y aventurar que, en este caso, hay un intercambio de hombres entre dos colectivos femeninos, y que esta posición permitiría la circulación de hombres entre mujeres. Los travestis lo saben, y despliegan una estrategia que les permite posicionarse en este intercambio al reunir dos ventajas —en el caso de la cárcel—: pueden estar donde sólo hay hombres porque también lo son —al menos para fines oficiales y burocráticos—, pero habitan este lugar exclusivo como *mujeres*, al menos para fines sexuales y deseantes. El beneficio del encierro, para su participación en el intercambio de hombres entre *mujeres*, es que no tienen competencia como en la calle, según ha dicho Esther.

Hagamos algunas preguntas: ¿cómo se puede estimar la "extrañeza" de una mirada?, ¿cómo se puede saber que cierta mirada intenta algo y, en cambio, otras no? No sólo hay seducciones directas, sino una serie de simulacros —se *vacila, cotorreos*, dice Leandro— en los que se intercepta el deseo con el juego, formas festivas de seducciones supuestas. Son más abiertas que las miradas en las duchas, en tanto se enuncian los gustos: *a ti te gusta tal persona*, pero se estiman *sanas* y sin capacidad para *lastimar*. Es el tono festivo y juguetón el que resta las intenciones. Como si el humor quitara deseo, pero permitiera ciertas conductas, determinadas aproximaciones.

—Pero sí se vacila, sí se vacilan entre ellos.
—"Se vacila" ¿Qué significa?
—Sí, que se dicen entre cosas, "oye que me gustas así", pero entre cotorreo y cotorreo, pero uno ve cuando un cotorreo es así nada más entre cábulas, no es así serio, pero hay veces que sí se ven las miradas muy fuertes, decidimos no hacer caso de eso, cada quien a lo suyo ¿no?
—¿Los cotorreos son en torno a este tema?
—Sí, o sea que luego que eres homosexual y todo eso, que a ti te gusta, que el otro, pero o sea cotorreo sano, nunca nos agredimos fuertemente, nada más sale ahí un cotorreo y ya, o que te gusta éste, que te

gusta tal persona, pero no, o sea, ¿cómo se llama?, sin lastimar a nadie (Leandro, 30 años).

Pero si hay miradas *muy fuertes*, entonces se recurre a un desentendimiento: *no hacer caso*. *Cábulas* que se vacilan, pero sin agredirse. ¿Cuál es el punto donde todo esto resulta *agresivo* y puede *lastimar*? Pregunta consecutiva a las otras, porque para estimar si algo daña o no, si algo es en serio o en juego, los límites deben conocerse con antelación. Se requiere un saber escénico y relacional para juzgar los vínculos y los comportamientos y calibrar su intención y su decurso. En un punto, seducción y acoso; en otro, *cotorreo*. Entre uno y otro, la violencia que se ejerce y que se supone permite una diferencia: ante ella se huye. En un lado, la rareza y la agresión; en el otro, el juego. Tal vez ésta sea la clave: en el *cotorreo* narrado, aunque se representa una escena de seducción entre hombres, todos permanecen en un *lado* —supondremos que el heterosexual— deseándose sin desearse; o haciendo como si se desearan, pero desmintiéndolo de inmediato; acosándose sin intenciones. Se realiza un simulacro de seducción; simulacro festivo y juguetón. En el *otro lado*, la seducción es un intento efectivo, que traspasa lo imaginario del juego para entrar en lo real de los cuerpos (entre *puros hombres*, en el orden inmaculado de la masculinidad). En un lado, una seducción fantasmática —sombras y trazos de lo que podría ser, pero no es—; en el otro, una seducción real, verificable. Éste es el *muro* con que se encontró Boris. Deleuze y Guattari indican que los fantasmas "son fenómenos de límite o de orilla preparados para verterse por *un lado o por el otro*" (1985: 131; las cursivas son nuestras). Demos, entonces, otra vuelta: tal vez una y otra formas de seducción constituyan un límite, sean una forma liminar de convivencia y de vinculación; no estén de un lado ni del otro, sino *entre* ambos registros, entre el fantasma y lo real. La seducción sería un ámbito liminar, fronterizo *entre* deseos y conductas, cuerpos y miradas, intenciones y respuestas.

Así también, para juzgar si algo es simulacro o es efectivo, si es juego o intención, se debe compartir un saber que anuncie que los límites se han traspasado y estipule las reacciones: huidas, desconocimientos, evasiones. Leandro dice que cuando *las miradas son muy fuertes*, en los simulacros que suceden de *este lado*, los participantes deciden *no hacer caso*: desconocimiento que implica, necesariamente, un conocimiento previo al cual se le aplique un "des". Saber sabido, caso ya hecho que se decide sobrellevar y eludir. En un momento, huida; en otro, elusión y velamiento. El saber confirma la liminaridad de la que hemos hablado: la seducción es un territorio fronterizo, pero que se constituye en torno a un saber común sobre el deseo. Tal vez el erotismo sea la torsión que vincula territorios, los *lados* mencionados ya, que los intercepta sin mezclarlos, que les provee de un saber y de salidas. Erotismo de mirada y de escape, de pureza y diferencia, de gesto y de remedo.

Resta la pregunta: ¿por qué todo se sostiene en la mirada: un *lado* y otro, una forma de seducción y la otra? No se huele, no se escucha, no se toca; sólo se ve. Todos estos movimientos, en un sentido o en otro, se fundamentan en los ojos, conforman un campo visual erotizado. La mirada enuncia un territorio, lo demarca y le otorga límites; es un modo de conformación de subjetividades y de relaciones sociales: enunciación de una escena, señalamiento de los hechos, trazo particular para los vínculos. Mirada que abre y cierra; que es, en este sentido, un obturador de los cuerpos. Nada es objeto si no se le mira, nada ni nadie puede ser objetivado si no es por la mirada. La mirada es, a la vez, el punto de mayor subjetivación y de la más intensa objetivación (quizás de eso huyan los internos, corriendo por los baños y las estancias). Relacionemos esto con lo que hemos dicho sobre la intimidad, punto de mayor extrañamiento cuando se intenta cerrar al campo social las conductas individuales, y veremos, otra vez, que los panópticos son muchos y no uno, y que son más bien microfísicos que monumentales. Entre las seducciones que hemos descrito se levanta un régimen panóptico particular: mirar las miradas, discernirlas y estimarlas, ver lo visto con atención. La mirada queda presa de su propio lente para ser juzgada. Pequeños panópticos en las celdas y en los baños. Panóptico que permite dilucidar los *lados*; si la seducción es liminar, de un costado y del otro encontraremos técnicas visuales, tácticas de visibilidad y de estimación. *Zoom* preciso sobre los ojos y sus profundidades.

Hemos dicho extrañamiento y objetivación porque en dos momentos diferentes en los que se quiere reposar sobre sí mismo, en la seguridad de los velos que cubren e impiden la mirada o de la semejanza que vuelve *puros* a los cuerpos, en estos dos instantes la mirada corta la intención y la hace imposible. Sólo quedan la huida o la retracción. Intimidad inalcanzable, pertenencia saboteada. Pero, también, régimen particular de la mirada entre los hombres —panóptico de la masculinidad, diremos— que intenta evitar la captura del cuerpo en una dirección deseante y que pretende dejar a cada cuerpo para sí mismo, darle a cada anatomía su identidad y su deseo y no saber más, salvo que se *simulen* conatos y repliegues. Lo que permite este panóptico es cierta forma de propiedad sobre sí mismo: no me puedes mirar porque me pertenezco; si me miras, me enajenas. En *lo real*: un hombre; en *lo simulado*: muchas cosas.

Vimos que dos de las formas de crear mujeres parciales dependen de esta captura —parcial, también— de la propiedad del otro sobre sí y su repartición colectiva. Se captura un trozo y se le entrega a la comunidad; se retiene una capacidad y se le dona al colectivo. Propiedad fundamental sobre el cuerpo: lo que se apropia es el cuerpo y también lo que enajena. Ante todo, no importan las identidades, sino la integridad corporal que sostiene la propiedad del sujeto sobre sí.[81] Pero aquí tenemos otro matiz de la parcialidad, pues para evitar la seducción se sustrae el cuerpo a la mirada, se le retira, se le resta y se le parcializa en su participación escénica: cuerpo sólo para la pureza de la semejanza, sustraído de la diferencia de la seducción. Corte en el paisaje para velar un cuerpo ante una mirada. Parcialidad, también, de los flujos del deseo: un *lado* y no otro —*punto y aparte*. Trozos de un mundo, pedazos de vida. El mundo carcelario se va formando de dichos trozos, como un enorme rompecabezas, sumando parcialidades para no conseguir nunca un todo. O, más bien, cuyo único punto global sería la masculinidad, como eje de organización y de visibilidad.

Antes, cuando hablamos de la prostitución, mencionamos que todo funciona según una lógica fragmentaria, que se dota de objetos, pero sin modificar las justificaciones ni las intenciones. Dijimos que de algún modo los sujetos involucrados se excluyen de la escena participando en ella. En este sentido, el dispositivo de sexualidad operaría más por fragmentación que por condensación. Se transforma en un gran diagrama de parcialidades, sin requerir una totalidad, como sí la exigen la masculinidad y sus derroteros. En este dispositivo, dado su funcionamiento disperso, las prácticas y los significados se escinden y no requieren coincidencia ni acuerdo. Y, por esto mismo, el dispositivo no pide verdad, y el *sexo verdadero* del que hablamos podría ser un sexo simulado, alte-

---

81 Una discusión muy interesante sobre las relaciones entre propiedad de sí, propiedad privada y propiedad social se puede encontrar en Castel y Haroche, 2003.

rado, o simplemente no existente, y para los fines que se persiguen da lo mismo. Más que un dispositivo de verdad, éste sería uno de efectividad: cada cual parte tras su deseo y sus necesidades y encuentra satisfacciones postergadas o sustitutas. Las encuentra, ése es el punto.

Sin embargo, lo que hemos dicho sobre el dispositivo de la sexualidad en el ámbito de la prostitución nos lleva a pensar en acomodos estratégicos. Tal vez no exista "un" dispositivo, sino muchos, y más bien sea la noción de "sexualidad" la que siga operando como un origen y como una causa, aunque el dispositivo trate de desmentirla. No obstante, en estos regímenes de la mirada tenemos otro acomodo, pues aquí el dispositivo sí opera una condensación específica, posible gracias a ella. Atendamos a que la mirada, una vez discernida, conduce a deducciones globales: si sé cómo miran, sé quiénes son; y a la inversa, si sé cómo me miran, sé quién soy, sea por retracción o por acuerdo. En el caso de la prostitución, no era posible establecer identidades; en éste sí lo es.

La cuestión, insistimos, es saber qué mira la mirada y dilucidar su funcionamiento como un dispositivo de subjetivación. Notemos que en las miradas que hemos descrito y en las escenas de seducción referidas existen un vínculo y una variación interesantes. Por un lado hay una mirada que pone frente a frente a un colectivo y un sujeto. Es el caso de los baños, relatado por Leandro, cuando alguien se pasea mirando a los hombres que se bañan desnudos; pero en un sentido inverso también es el de las *bolas* que miran a algún travesti que camina por los pasillos. En uno, un sujeto mira a un colectivo; en el otro, un sujeto es mirado por un colectivo. Por otro lado, las miradas enfrentaban a dos sujetos entre sí, como en el caso del amigo de Leandro que deja su celda cuando un compañero lo observa insistentemente; y en el de Boris cuando un interno intenta seducirlo y le propone ser su masajista. Un sujeto frente a otro, una escena privada y discreta. En ambos, atendamos, la mirada tiene un efecto subjetivante e individualizante. Quien es mirado, no obstante las diferencias anotadas, es siempre Uno. Alguien entre los colectivos, uno por la *bola*, unos frente a otros en las habitaciones y los pasillos. A diferencia de lo que mencionamos para la prostitución, en estos regímenes de miradas es la acción del otro la que conforma la *mismidad*, por así llamarla. Vemos que se alteran el eje del interés y el énfasis de la conducta y de las intenciones. Entre *chamacos*, travestis y sus clientes, cada cual buscaba algo que necesitaba: fueran mujeres, sexo, dinero o deseo. En la escena de la seducción, y esto es tal vez lo que la hace tan perturbadora para algunos, es el otro el que determina la escena y la dispone. Si el interés en la prostitución era el "propio", en la seducción es el "ajeno". Si el énfasis estaba en lo que cada uno buscaba, ahora se sitúa en lo que el otro requiere. Si las intenciones eran particulares, específicas y delimitadas, ahora son externas, difusas y generales.

Es llamativo que el dispositivo se fragmente a partir de esta referencia al "dentro", a lo propio y específico, y se aglutine cuando la mención involucra el "fuera", lo ajeno y lo general. El *sexo verdadero*, en algún sentido, es siempre una alteridad y una disyunción. Como en el caso de Herculine, cuyo sexo lo encontraron otros y lo asignaron otros. Mirada externa que se vuelve sobre el cuerpo, definiéndolo; atenta a la subjetividad, señalándola. Entonces, tal vez la propiedad de la que hablábamos no sea tanto un asunto de apropiación como de relación. El eje nunca está en el sujeto, eso es lo que nos interesa remarcar y, por lo mismo, es necesario aproximarse a sus territorios estimando que ha resultado de determinadas relaciones de poder y de ciertos dispositivos subjetivantes. El punto donde se sitúa imaginariamente la sujeción diferencia al dispositivo fragmentado del aglutinante: en el primero, es el sujeto quien somete a otro, en los términos que sean; en el segundo, el sujeto es sometido por otro, dada la mirada que lo ex-propia y lo alteriza.

Debemos considerar que la mirada exige que el sujeto se mire a sí mismo siendo mirado, de modo semejante a como lo hacía la pregunta sobre los significados de la masculinidad. En este sentido lo obliga a objetualizarse, a *autoseducirse* de alguna manera, pero también a parcializarse en tanto objeto, y a alterizarse. Todas operaciones rechazadas por la subjetividad masculina y sus estrategias. Y, asimismo, ambos piden verdad, coincidencia entre significados y prácticas, cierta coherencia "interna".

LO QUE SE *ES* Y LO QUE SE *PARECE*. LOS SUJETOS INVOLUCRADOS

En este punto queremos avanzar con los análisis de ciertas figuras que surgen en la sexualidad homoerótica, sujetos que pasan o se quedan en estas relaciones, que las portan como insignias[82] o que acceden a ellas de

---

[82] Lacan habla de *insignias* para referirse a formas mediante las cuales se establece la identificación. En un texto citado por Bleichmar (1984) menciona las "insignias de la

modo más o menos clandestino. Hablamos de figuras en un sentido literal —trazos sobre cierto fondo, que permite distinguirlas— y en otro más elusivo, como presencias en determinados espacios. Otra vez eludimos la noción de *personajes* para no sedimentar un contenido sólido y específico o una delimitación taxativa de las identidades. Asimismo, tampoco hablamos de *posiciones*, porque a nuestro entender no responden al ordenamiento táctico y preciso de las celdas —que hemos descrito en otro apartado—, y suponen un espesor subjetivo e identitario mayor que el encontrado entre *mamás* y *monstruos*. Al menos en algunas de estas figuras no se *entra* y se *sale*, como lo vimos con esos dos habitantes de las celdas, sino que se permanece, sea porque la institución o el colectivo obligan, o porque se desea otra alternativa o ésta no existe.

Así también, hemos encontrado una polaridad entre las dos figuras centrales en la sexualidad homoerótica —el *puto* y el *caquín*, según las denominaciones de los mismos internos—.[83] Dicha polaridad transcurre entre el *parecer* y el *hacer*, vinculados a la sexualidad. El *puto*, ante todo, es alguien que *lo parece*: su sexualidad se trasunta en su apariencia y expone signos "evidentes" de su deseo: ropa, modos, gestos, nombre, entre otros. En cambio, el *caquín* es un sujeto que participa en esta sexualidad mediante un *hacer*, pero que no esgrime formas identificables de su deseo; ni siquiera se le adjudica un deseo tal —homosexual en este caso—, sino que establece una relación de conveniencia con el *puto*, fundamentada en la búsqueda de una satisfacción postergada por el encierro —como lo vimos en el caso de la prostitución— o por el intercambio de favores. De alguna manera, la pregunta colectiva que circunda a ambos puede referirse al conjunto de la población: ¿qué quiere cada cual, qué le gusta en el sexo, qué desea? La respuesta es siempre del orden del *parecer* más que del *ser*.

Esta figura del *puto* se construye con diversos materiales y referencias y es tal vez la más densa de todas las que se puedan analizar en la cárcel. Si buscamos identidad la encontraremos aquí, tanto en los suje-

---

masculinidad" que conforman una máscara bajo la cual se "presenta el sujeto". Aunque no intentamos realizar un análisis psicoanalítico de nuestros materiales, la noción de insignia y la operación de enmascarar al sujeto que porta las insignias mediante una máscara, constituida exactamente por la masculinidad, nos parecen muy interesantes y sugerentes.

83 Insistimos, como ya lo hicimos antes, en que tales términos se utilizan para permitir la interpretación de los ordenamientos genéricos y sexuales que se construyen en la cárcel según sus propias formulaciones y topologías.

tos que la portan como entre quienes los rodean; un trabajo colectivo, minucioso y consistente para establecer trazos identitarios, para saber quién es el otro y adjudicarle virtudes y, sobre todo, abyecciones. Pero, y esto nos parece relevante para uno y otro, tanto para esta figura fulgurante y notoria del *puto* como para la más opaca y difusa del *caquín* —y en general para todos los involucrados en la sexualidad homoerótica—, el orden dominante, la matriz en la que se construyen los trazos y las identidades, es siempre el *parecer*. No se trata de una ontología, sino de un régimen sofisticado del simulacro y la simulación que se engarza en primero y último términos a los cuerpos mismos. Si preguntan por el deseo, responderán los cuerpos, porque ellos estarán obturados por él, transformados por sus flujos, connotados por sus exigencias, revelados para los otros en su fuero íntimo —otra vez la intimidad es el punto de mayor extrañeza—. *Parecer*, porque sólo hay signos que circulan: los cuerpos de los travestis que pasean entre la población, siempre en el límite entre la fascinación y el asco, pequeñas estrellas caídas en su propio ronroneo pero deslumbrantes en la verdad que enuncian, en la transparencia que suponen. Signos para el *caquín* que develan sus relaciones, los vínculos que mantiene, secretos placeres que surcan los espacios abarrotados de la cárcel, de boca en boca, adheridos a un rumor soterrado pero preciso: *a ése se le vio con tal, anda con la...* Otra vez la mirada, el gran artefacto de la subjetividad; no podremos nunca destacar toda su importancia, la potencia creadora de sus gestos y sus torsiones: se *dice*, porque se ha *visto*. Se dice del travesti porque se le ve, es *evidente*; del *caquín* se dice, también, porque se le ha visto, paseos furtivos por el Anexo 5, conversaciones más o menos ocultas, salidas sospechosas: todo lo ha de(ve)*lado*, lo ha puesto ante los otros en la evidencia de sus prácticas, si no de su deseo.

Si la seducción permitía enunciar un deseo velándolo, cubriéndolo mediante el juego —que es la forma misma en que se enuncia—, la identidad lo devela, otorgándole su *lado*, ubicando su lugar en este mapa aciago. Pero identidad sostenida en la mirada. Nótese que esta palabra —de(ve)*lado*— permite un hermoso juego con los *lados* de los que hablamos en otra parte, los lados del deseo, geografía perentoria de la sexualidad. *Lados* que se ven y que en ese mirar son transparentados —quitándoles los velos que los cubren—. Además, los velos nos conducen por estos caminos semánticos, pero tan intensamente vivos, hasta los camarotes y sus mantos, los "velos" que cubren los cuerpos para disfrazar una intimidad. Habría que preguntarse si acaso, en este orden, no estamos ante formas de vestir al cuerpo —velándolo— y de desnudarlo —también velándolo—, como lo vimos en el apartado sobre la cárcel como mito y en el de la seducción. Por esto el cuerpo es un espacio y un lugar tan equívoco, porque cuando llegamos hasta él reclamando las señas discretas de su anatomía, el gesto preciso de sus verdades, en ese momento se vela con estas máscaras diversas, simulando su propia desnudez en la desnudez misma, otorgando la "verdad" de su anatomía mediante juegos de espejos que se multiplican en los ojos, los deseos y los temores, entre los pasillos y los camarotes de la cárcel.[84]

De lo que se haga o no, de todo eso, ni siquiera rastros, sólo suposiciones y conjeturas. Pero sí trama probatoria de las subjetividades, de lo que se ha *visto*. Las causas siempre coinciden con sus efectos en este orden simulado de las identidades. Tal vez ésta sea su mayor fortaleza: simular para establecer pequeñas verdades —pedestres y cotidianas—, trazar vínculos para sostener relaciones necesarias. Generar una lógica que conduzca desde sus opacas causas hasta sus triviales efectos.

PLIEGUES, AROMAS Y VANIDADES: LOS *PUTOS*

Dijimos antes que los *lados* que enuncian los internos constituyen una topografía del deseo y un orden corporal, sostenidos en un régimen de la mirada. Un *lado* y otro toman ahora un nuevo cariz. Si por una parte corresponden a distribuciones colectivas de ciertas formas de apropiación de los cuerpos y de los espacios de organización de las relaciones posibles —sea en su simulación o en su efectividad—, por otra encontraremos que los *lados* se traslapan en el "interior" del cuerpo, obturando desde ahí subjetividades y ordenando identidades. *Pliegues*, dice Cri-

---

84 Asimismo, velar es una forma ritual ante la muerte, un modo de asir la muerte mediante la presencia, acompañando al muerto en su misma muerte (*velar*, según el diccionario, tiene al menos dos acepciones: una que deriva del latín *vigilare* —correspondiente al primer sentido que hemos citado— y otra de *velare* y *velum*, en el mismo idioma, según el segundo sentido al que nos hemos referido. Véase RAE, 1983: 1327). De(*ve*)*lar*, entonces, podría entenderse como un modo de convocar al cuerpo tanto en las verdades trizadas que enuncia como en su límite extremo, que es la muerte misma, y que, lo hemos destacado, tiene una densidad experiencial y subjetiva muy relevante en la cárcel. Otra topografía para los *lados* enunciados, pues ya no sólo otorga una consistencia al deseo, sino que ordena la vida y la muerte en su trazo.

sóstomo, el *hombre tiene pliegues* que pueden ser *desquintados*; traza una comparación con la virginidad de las mujeres y dice: si el hombre tiene *pliegues*, también puede *perder* su virginidad. Luego, una vez sucedido esto, el hombre que ha perdido los *pliegues* comienza a *tirar* algo: dice *gusanos* y *aceite*. El cuerpo del hombre tenía una cierta constitución, formas que lo sostenían como tal, *pliegues* que guardaban su virginidad. Una vez rotos estos pliegues, una vez perdida la virginidad, el cuerpo expulsa productos de sí mismo, *gusanos* de algo que tal vez se pudra. Este mapa anatómico versa sobre el ano y el aparato digestivo; he ahí los *pliegues* y la virginidad finalizados, he ahí también la vía de expulsión de *gusanos* —de *aceite*— que, en otras circunstancias, permanecerían en el vientre, si se conservaran los *pliegues*. Atendamos: los *pliegues* son un *lado* y los *gusanos* otro; entre ambos, la virginidad como camino no obturado, su rompimiento y las sustancias expulsadas.[85] Tres términos consecutivos: pliegue, virginidad, gusano.

—¿Y cómo los ve el resto de la población?

—¡Ah! es que dicen que cuando andan ahí en la visita: "¡no, pus cómo te vas a bajar así! Andas tirando gusanos", y el resto.

—¿Cómo tirando gusanos?

—Sí, o sea que claro que se ve mal, bueno, más bien cada quien su rollo. La otra vez escuché un chavo que le dice a uno de esos: "¡andas tirando gusanos, que acá!" Y le pregunté: "¿oye, qué es gusanos güey?" Dice: "sí, güey, el aceite, güey, ¡tú ya sabes!", empieza a decir.

—¿Pero qué quería decir?

—O sea, que anda tirando aceite, si se puede decir así, los pliegues ¿no? los pliegues.

—¿Cómo los pliegues?

—Sí, los pliegues de uno, ya ves que el hombre tiene pliegues.

—¿Pliegues dónde?

—En, bueno eso es lo que me quiso a dar a entender el chavo: ¡que ya no tiene pliegues ese güey, que ya lo desquintaron y que no sé, que se los han quitado todos! y que acá ¡chale cabrón!

—¿Y a quién se lo decía?

—A unos chavos de los de ahí del Anexo 5, luego por eso no me gusta salir porque digo "¡chale".

---

85 Para un extenso, detallado y muy completo estudio sobre la virginidad y su vínculo con los significados que se construyen en torno a la sexualidad véase Amuchástegui, 2001, especialmente pp. 327-406.

—¿Pero cómo es eso de los pliegues?, no entiendo bien.

—Sí, es como una chava cuando es virgen ¿Sí me entiendes? Ya más o menos me vas entendiendo, entons, pus el chavo éste, claro que también es virgen, pus le rompen los pliegues, vas tirando los gusanos, eso de los pliegues. "¡No, es que no, cómo es posible que ande aquí en la visita éste!" Te digo que hasta la misma visita se saca de onda ¡chale! Te digo que el otro día vi a una chava que dice: "¡mira, tiene más busto que tú, tiene más trasero que tú, no manches!" Es por lo mismo, que se operan allá afuera, se puede decir así, porque llegan unos con pechos y acá ¡ay qué onda! (Crisóstomo, 22 años).

Vemos que el cuerpo, en este relato, es como un recipiente que tiene una disposición correcta —la que permite conservar los *pliegues*— y que si se le *desquinta*, pierde la enteroza que se le atribuía y comienza a expulsar sustancias; vinculadas, creemos, a la podredumbre.[86] Notemos que nuevamente es un régimen de miradas el que funciona: Crisóstomo relata que los *ven* en la visita —a ciertos internos que habitan en el Anexo 5— y les dicen que "andan tirando gusanos"; luego dice que se les *ve mal* por eso mismo. Lo que la vista evidencia, y es algo que indicamos más arriba, es una cierta identidad para los involucrados: pasan y los ven, y cuando los ven, dicen que *tiran gusanos*. ¿Qué han visto? Un hombre con rasgos y características de mujer —pechos, trasero—. Digamos, si lo que se *ve* revela este "entuerto" —por el que Crisóstomo prefiere "no salir" de su celda—, lo que se *tira* como gusanos o como aceite, luego de la desfloración que se menciona, es la hombría perdida. Eso es lo que se *desquinta*, lo que se pudre y lo que se expulsa desde dentro del cuerpo.

Contraparte de las versiones de los internos travestis que vimos en otro apartado —con las que nos volveremos a encontrar—, en las que la mirada era capturada por *ellas* a partir de las señas de su cuerpo, los gestos, las anatomías modificadas y realzadas que exponen ante los otros. Contraparte en cuanto al régimen de la mirada, pero coincidencia en el punto en que se conforma la identidad, que siempre es el "interior": el interior del cuerpo y del deseo —*me gusta que me traten como una dama*, nos dijo Sara—. Olor, vanidad y manierismo. Sólo desde "dentro" so-

---

86 Mary Douglas plantea que los orificios del cuerpo "simbolizan" puntos especialmente vulnerables, y agrega que la materia que brota de ellos "es evidentemente un elemento marginal" que por el solo hecho de brotar atraviesa "las fronteras del cuerpo" (Douglas, 1973: 164).

mos quienes somos. Pero si los gusanos salen desde *dentro*, revelando
la identidad de los sujetos y enunciando sus derroteros —pliegues per-
didos—, la mirada que capturan los internos travestis se despliega sobre
su cuerpo, sobre los signos sinuosos de sus intenciones. Una mirada es
inquisitiva, la otra es expositiva. Una deduce, la otra induce. Una establece una genealogía entre gusanos, pliegues y miradas; la otra elabora una
semiología entre gestos, ropas y perfumes.

La operación es inversa: si en los relatos de Sara y de Esther la identidad se establece por saturación, dotando al cuerpo de signos de inteligibilidad y de deseo para obturarlo mediante una intención subjetiva
y particular, y proporcionarle todas las señas que el *otro* busca para *su*
deseo, de modo que a ellas les permita también sostener su *propio*[87] deseo (*deseo del deseo del otro*, dicen por ahí), en el relato de Crisóstomo
la identidad se genera mediante el vacío y el rompimiento: se *desquin-
tan pliegues* y se fractura el cuerpo, dejando que de él salgan sustancias
enunciativas, especie de gritos identitarios que reclaman a todos, y ante
todos, lo que cada cual *es* —y, tal vez, lo que desea—. *Mira, tiene más
busto que tú*, escuchó Crisóstomo que le decía una mujer a otra en la visita al observar a algunos de los internos travestis que caminaban por ahí.
Ellas vieron un superlativo de la anatomía: bustos crecidos, grandes tra-
seros. El interno, ante el mismo sujeto observado, vio gusanos y aceites
que *caían* del cuerpo. Las mujeres percibieron la ganancia, el logro; los
hombres la pérdida y la falta. Las mujeres, tal vez, vieron a otra mujer,
más maciza, más *enfática*; los hombres, a un par *desquintado*, los pliegues raídos de la hombría.

Pero insistamos en un punto: dijimos que ambas operaciones suponen
un "dentro" que expone la identidad y el deseo de cada cual. A los pechos y los gestos se les superponen los pliegues y los gusanos. Belleza
y asco abrazados. Sin embargo, notemos que siempre es el *parecer* el

---

87 Le damos al deseo, de manera no taxativa, esta propiedad que permite enunciar "su
deseo" o "el propio deseo". No se trata de *un* deseo que pertenezca a *un* sujeto particular,
distinto de los deseos de otros sujetos; de modo que *el deseo* sería algo así como la suma de
los deseos de los individuos. Más bien se trata de destacar que *el* deseo presenta flujos específicos en distintos sujetos y colectivos, con configuraciones y señas particulares, pero sigue siendo *el* deseo, sin que se le pueda asignar a un individuo su propiedad. Tal vez, como
algunos describen el mismo inconsciente, el deseo sea ante todo un espacio *entre* sujetos.
En este sentido quizás debiéramos hablar de *lo* deseo, como se habla de *lo* inconsciente:
término neutro e inapropiable. Véase Deleuze y Guattari, 1985 y 1988.

que permite deducir el *adentro*: vemos una feminidad enunciada o una masculinidad expulsada, vemos signos de lo que podría ser un "dentro". Se aplica una lógica espectral entre las causas y los efectos: "te veo y sé quién eres; me veo y sé quién soy". Ésta será una dinámica permanente. El reconocimiento siempre será visual. Pero se esboza otro matiz en dicha trama: algunos no se *tapan* y otros se *ocultan*. Evidencia y secreto. Los que no se *tapan* —otra vez los velos— llevan el pelo pintado, las uñas acicaladas, se depilan, dice Boris. Él comenta que quisieran vestirse como mujer: faldas, blusas; como la Diana que se arregla como *una mujer*, con un *conjunto* y su *pelo lar*go, *botas grandes*. Dice que se *ve* como tal y los otros la observan con *morbo*: un hombre transformado en mujer. Interés circense por la naturaleza y sus avatares en este escaparate singular que es la cárcel.

—¿Pero cómo reconocen a un gay acá?
—Luego luego se ve.
—¿Por qué?
—O sea ¡no lo tapan!, no ocultan, se ve por el cabello pintado, porque ya se depilaron o porque traen las uñas largas o la manera como te arreglas, ¿me entiendes?, el pantalón ajustado. Y así hay muchos así ¡güey! ¡Así hay muchos aquí!
—¿Pero todos los que están en el Anexo 5 son así, en esa zona?
—No todos, los de la zona 2 nada más.
—¿Todos andarían vestidos como mujer?
—¡Si pudieran se visten como mujeres güey! Si les dieran faldas y todo esto ¡lo juro que sí!, zapatos de mujeres, te lo juro que sí. Por ejemplo, el que te digo, que se llama Diana, él se viste como mujer, no con falda ni nada, blusas de mujer, pantalones así bonitos, luego se pone unos conjuntos con botas grandes ¡se arregla bien güey! Se pinta y sus gafitas, cabello largo, y se ve como mujer.
—Entonces, ¿la andan buscando?
—Pues no tanto que anden detrás de él, sino que sí están ahí con él, pero por morbo, de que están viendo cómo un hombre está transformado en mujer y "¡qué onda!, ¿tú a qué te dedicas en la calle?" O sea, conociendo a la gente ¿no?
—¿Y por qué no está en la cárcel de mujeres, crees tú?
—¡Porque es hombre! O sea, el simple hecho de que te vengas así operado y todo, no te quita el que tú seas hombre ¿no crees? Y como tal pus tienes que llegar a un reclusorio masculino, vaya (Boris, 28 años).

Manipulación fallida, no obstante, porque "aunque te operes no dejas de ser hombre", dice Boris. Vemos un cruce entre la naturaleza y la razón institucional: la cárcel tiene entre sus paredes lo que la naturaleza determina en cierta forma —hombres a un *lado*, mujeres al *otro*—; no admite simulacros ni falsas apariencias. Debajo del maquillaje, de la ropa bonita y los ademanes, tras todo eso, una verdad, una verdad sexual estricta: se es *hombre*. Digamos, si los internos operan según una lógica de la *apariencia* y la reconocen con claridad, atribuyen a la institución otra del *ser*. No es que se deslinden entre una y otra, sino que reconocen sus límites y sus intercepciones: *un hombre que se transforma* en mujer —operación mediante— termina recluido en una cárcel de *hombres*, pero vestido de mujer. Cronología: hombre-mujer-hombre, primer movimiento; luego, hombre-mujer, segundo compás en esta danza. Otra vez estamos ante las escenas de seducción descritas más arriba: hombres que miran con *morbo* ("Interés malsano por personas o cosas", dice el diccionario) a un *hombre* que se transforma en *mujer*, habitantes todos de una cárcel de *hombres*. El *morbo* es similar al juego que encontramos en las escenas de la seducción: permite una distancia a la vez que una complicidad, estar sin estar, participar de modo elusivo. Y se construye, entonces, la escena; por eso hablamos de interés circense: *señores y señores, honorable*... Pasa el hombre transformado en mujer enmedio de los hombres que lo miran, con sus botas grandes, su ropa bonita y su pelo largo. *Femme fatale* y espectáculo. Pasa un orden de género contoneándose y citándose a sí mismo, burlándose de sus propios enunciados y reafirmándolos.

Otro matiz en este escenario de una masculinidad sugerida: Crisóstomo hablaba de pliegues que se rompen y entre los que algo cae, consecuentemente; Boris, en cambio, menciona la transformación de un hombre en mujer que, sin embargo, no logra —ni siquiera la castración, dicha como *operación*— *quitar* lo masculino. Apariencia que debe ser remitida siempre a la anatomía, pero más allá, a una ontología: *es hombre y punto*, aunque mucho haga, hombre se queda. La masculinidad no es castrable, porque está trasunta en una naturaleza inmodificable, última seña para cualquier identidad, último decurso para cualquier destino.

Relatamos que nuestros entrevistados aseguraron que lo *morado* se *quita* y lo *puto* no; ahora dicen que *lo* hombre no se puede *quitar*, incluso de quienes son considerados o catalogados como *putos* —la Diana, por ejemplo—. Se produce una inversión de algo que analizamos en su momento. Antes sostuvimos que si lo *morado* se quitaba pero lo *puto* no, entonces la hombría se podía perder y lo *puto* adquirir; ahora ni lo uno ni lo otro puede suceder: ni se adquiere lo *puto* ni se pierde *lo* hombre. Tal vez la primera operación establecía una dicotomía tajante entre *lo* hombre y lo *puto*, que pasaba por el cuerpo —lo *morado*— y la demostración de valentía y de presteza. Lo *puto*, en este sentido, se adquiría y ya no se *quitaba*; indicaba una disposición moral ante la masculinidad: se debían elegir los golpes y las magulladuras. En esta segunda operación, de la que nos habla Boris, la dicotomía se difumina en algún sentido, y lo único que hay es *lo* hombre y sus avatares; operación que concuerda con aquella en la que se increpaba a un interno diciéndole: *ni hombre eres*, y situaba lo *puto* como un resto. Lo que existe, y lo que no se puede quitar, es la masculinidad misma. Lo *puto* se adquiere porque la masculinidad falla, *cae*; y una vez adquirido, no se puede quitar.

Digamos, no se puede *quitar* lo *puto* porque la masculinidad misma tampoco se puede extirpar —ni siquiera mediante la castración—. La masculinidad no admite negación; sólo fallas, caídas y restos. En este sentido, y según esta lógica, lo *puto* forma parte de un régimen masculino, es una torsión de su propio funcionamiento; régimen que funciona con prestancia y exactitud —como en el caso del *cabrón*—, y también con "errores", desvíos y *caídas*. La misma noción de *masculinidad caída*, que hemos analizado antes, nos habla de una construcción escatológica en que la naturaleza cae de su estado ideal para desplegarse de modo contingente y fallido. El *puto* representa en tal sentido, para esta escatología, la *caída* definitiva de *lo* hombre, su error más radical y definitivo; por lo mismo, permanece atada a él, asida como una confirmación del ideal en su menosprecio y en su burla. Asimismo, la masculinidad no admite negación, porque su régimen se sostiene en dos operaciones fundamentales que ya hemos apuntado: evitar la objetualización y mantener la totalidad. Y la castración, en este sentido, realiza estos dos gestos que se rechazan: objetualiza la masculinidad en la anatomía y la parcializa al extirparla o al intentar hacerlo.

Por otra parte, la inscripción corporal de la masculinidad, que ahora se bifurca entre lo *no extirpable* y lo *quitable* —la castración y lo *morado*—, muestra que la anatomía se construye como un punto de significación para las identidades; que se dirigen hasta la carne para obturarla de signos, estableciendo verdades y destinos. Entonces, el régimen masculino citado, que no admite negación a su estatuto, permite este sistema de apariencias que la Diana pasea entre los presos. Apariencias de una verdad innegable y de una anatomía no quitable. Las apariencias remedan la verdad de dicho régimen, lo simulan, pero lo devuelven a sus partícipes, confirmado y reafirmado. En algún sentido opera como los momentos de carnaval en que se transgrede un orden para fundamentar su funcionamiento.[88]

Vemos entonces que anatomía sí es destino. El cuerpo se deslinda; ya no se trata de ropas puestas o de pinturas aplicadas, ni de modo o de gesto, sino de algo sustancioso que la institución no tarda en reconocer: verdad estricta de las identidades y de las pertenencias. Verdad que, lo hemos dicho, permite el simulacro, su enunciación festiva, su circo y su escena. Tal vez estemos ante un régimen de citas, de menciones y retruécanos. Pero, ¿es otra cosa un sistema de género?, ¿quién le pide verdad a la verdad?, ¿quién le pide cuerpo al cuerpo? No es necesario: *anatomía sí es destino*.

Pero, ¿cuál destino y qué anatomía? Así como le pedimos a Foucault que nos dijera de qué alma nos hablaba y a cuál cuerpo se refería en esas hermosas primeras páginas de la *Historia de la sexualidad*,[89] le hacemos la misma pregunta a estos presos:[90] ¿de qué cuerpo hablan?, ¿de cuál alma? Porque no se trata de que una anatomía *real*, la estricta distribución de los órganos sobre la carne, responda por el cuerpo, ni de que sus identidades nos digan algo sobre sus almas. No se trata de eso. No se trata, remarquémoslo, de volver a juntar lo que alguna vez estuvo unido —a fuerza de golpes y de conminaciones, por cierto—, sino de radicalizar, por así decirlo, la separación que los distancia, la ficción en las líneas que los unen, para regresar a la carne misma y a sus estimaciones, al alma misma

---

88 Bajtin elabora en su análisis de Rabelais una noción del carnaval como espacio de transgresión del orden social. Véase Bajtin, 1998, pp. 273-331.

89 Cuando todo lo que parecía ir en una dirección, sostenida por la gravedad de lo dicho y la concupiscencia de los participantes, cuando todo eso toma un curso inesperado y son las propias palabras sobre la represión y su liberación concomitante las que tejen esta tela de araña parlante que es la sexualidad misma.

90 Tan reales como los niños avispados, los furiosos y los hermafroditas de los siglos XVIII y XIX que Foucault convoca para que nos digan sus particulares verdades, y tan tenues como estos mismos "personajes", sostenidos y recreados *ad infinitum* por las tecnologías de poder y de subjetivación que el mismo Foucault analiza; tan propios, en cierto sentido, en los furores que los convocan, en los pequeños placeres que los retienen, en las verdades que esconden, y tan ajenos —por lo mismo—; tan fugaces y tan históricos a la vez.

y sus desvaríos. Si la anatomía coincide con el destino en el tráfago aciago de los hechos y de las vidas que nos interesan —entre los cuerpos y sus almas— es porque nunca han coincidido. Unión imposible y fallida.

El cuerpo tendrá este trasfondo centelleante, esta verdad gritona que mencionamos, como si detrás del cuerpo hubiese otro cuerpo, como si detrás de los gestos un *rictus* estricto nos convocara. Diana, como la reina malograda, pasa entre los hombres simulando la mujer que no *es*, caminando por los largos pasillos de una cárcel... de hombres. Como Herculine Barbin que intimaba con sus tímidas compañeras en un internado de señoritas, y que cruzaba los patios de los conventos con una verdad a cuestas, trizando el horizonte de inteligibilidad con su ropa de mujer, sus pelos, su pene incipiente que terminaría develándola (otra vez los velos y los lados). *Sexo verdadero*, de eso se trata, el envés de cualquier simulacro. Pero no sólo sexo, sino cuerpo verdadero: nada puede esconder que un hombre es un hombre, ningún maquillaje, ningún atuendo, ni siquiera un gesto.

No obstante, Boris y Crisóstomo representan dos operaciones inversas en la relación del cuerpo y la identidad. Porque para Crisóstomo los *pliegues* pueden ser vaciados de su sustancia, que luego se expulsa y se repulsa; el cuerpo pierde su *identidad* mediante la expulsión y la identidad pierde su *cuerpo* mediante el vaciado. Boris, en cambio, dice que "lo" hombre no se puede *quitar*, que permanece a pesar de todos los esfuerzos por vaciar al cuerpo de su identidad y a la identidad de su cuerpo —la "operación" de Diana, nuestra reina—. El cuerpo está lleno de una identidad inexpugnable y la identidad de un cuerpo reiterativo. Si los travestis que pasean entre las visitas en el relato de Crisóstomo van perdiendo poco a poco, o de modo permanente, mediante la expulsión de *sustancias*, su identidad y también su cuerpo, los travestis que menciona Boris no pueden perder nada, porque lo que desean "quitar" no es extirpable. Dos modos de construir la hombría: uno por saturación, el otro por vacío. Pero de todas formas ambos coinciden en situar un "dentro" masculino —sea que se pierda o que no se pueda quitar—, un *dentro* que será, en última instancia, explicativo y develador: expulsan gusanos porque fueron hombres y luego los *desquintaron*; se pintan y se arreglan porque son hombres, pero lo evitan. La masculinidad es siempre primera: otra vez la lógica que mencionamos antes, las causas se unen con sus efectos en este orden, los cuerpos siempre regresan a sus identidades y éstas a sus anatomías.

Detrás de las apariencias, una verdad —de pérdida o de imposibilidad—, pero una verdad de(ve)*lado*ra.

Atendamos a que esto vincula la posición de Boris con la de los travestis, al menos aparentemente. Lo vimos cuando contrastamos sus versiones con la de Crisóstomo. Éste quitaba y vaciaba, ellas saturaban. Boris asegura que la identidad no se puede *quitar*, ni siquiera mediante el expediente de la anatomía. Pero Boris y los travestis suponen dos completitudes distintas: la de él es una entereza primigenia; la de ellos, una certeza oscilante. Ellos saturan el cuerpo de identidad, porque le restan la anatomía, que ni siquiera necesitan. Él satura la identidad de anatomía, pero le resta el cuerpo. Por eso la Diana, enfundada en los modos y los artefactos de una mujer y además castrada, no deja nunca de ser hombre. Aquí no es su cuerpo el que determina su identidad, sino la anatomía la que constriñe al cuerpo y especifica la identidad definitiva en tanto primigenia. En cambio los travestis hacen pasar su identidad por su cuerpo, omiten la anatomía y aluden a algo significativo a nuestro entender: que ni el cuerpo, ni la identidad, ni siquiera la anatomía, son elementos definitivos. Por lo tanto, Boris y Crisóstomo coinciden en una cuestión capital: por pérdida o por persistencia, los elementos en juego son perentorios y taxativos.

No obstante, anotemos otra divergencia importante en las citas de Crisóstomo y Boris. El *desquinte* del primero y la expulsión consecutiva de la masculinidad en forma de gusanos, a la vez que termina con algo —la hombría— da inicio a otra cosa: lo *puto*. Es el final y el principio, más allá de los gusanos, de la anatomía hiperbólica de los travestis, de sus gestos y sus contorneos. Un "origen histórico" para sus deslices. En cambio Boris dice que aunque se empiece, nunca se puede llegar; todo lo que se *hace* —la Diana— es remedo de lo que se *es*, es su parodia, porque lo hombre no se puede *quitar*. Pero para ambos el principio es el final, aunque con resultados distintos. Curiosamente, cuando Boris sostiene la verdad de lo masculino —no *quitable* mediante ninguna operación, sea semiótica o quirúrgica—, permite el simulacro, la escena de la Diana desplazándose y concitando el *morbo* de sus compañeros. En cambio Crisóstomo va de una verdad a otra y no permite este simulacro; una vez que la hombría se pierde ya no se puede conseguir nuevamente y se *es* radicalmente otra *cosa*. Se formula una nueva verdad, que tiene su garantía, en último término, en la anatomía destrozada y desmoronada del travesti. De algún modo el simulacro depende de la inmodificabilidad de lo que se remeda; no intenta *quitar* lo que no se puede *quitar*, tan sólo desplazarlo.

Todo esto se sustenta en la mirada, como ya lo hemos dicho y repetido. Pero ésta sólo se puede constituir desde un saber: miramos lo que ya sabemos mirar; no se puede mirar lo que no se conoce. En esos casos, como ante la Medusa y sus encantamientos, hay que retirar la mirada, porque sus ojos no nos revelarán un saber ya establecido, sino su vacío anticipado. Entonces, un orden de género opera por anticipación, da las respuestas antes de que se formulen las preguntas, menciona los paisajes y las escenas antes de que se abran los ojos. Por eso su lógica es tan aplastante y resulta difícil determinar su operación, porque cuando estamos preguntando ya hemos respondido, porque cuando vemos ya hemos mirado. Como el hombre ante la ley de Kafka, nunca supimos que ya estábamos dentro y cuando nos dimos cuenta era demasiado tarde; y siempre lo será en esta lógica, anticipatoria y parlanchina, que nos atenaza.

Luego, y así lo vemos en las siguientes citas, se conforma una genealogía para el *puto*. Una historia, sea de la naturaleza o de la biografía, se engarza con los efectos constatados —el *puto* es *puto*— para explicar su "origen" y su constitución.

—¿Qué entiende usted por homosexual?

—¿Por homosexual qué entiendo? Entiendo que es un ser humano, una persona, que tiene una atracción distinta del sexo y sexualidad y que pudo haber sido biológico, o que puede ser biológico, que ya lo traiga una persona o que se pudo haber hecho a causa de algo, puede ser una adicción o puede ser una plática de amigos o puede ser x cosa, eso es para mí un homosexual.

—¿Y adentro de la cárcel cómo puede usted identificar a uno?

—¡Ah, pues andan! Algunos están operados, se ponen bubis, se inyectan, andan con el pelo largo, andan arreglados así con chongos como las mujeres, caminan distinto, se ve, se pintan la cara, hablan distinto (Esteban, 28 años).

—Pero ¿a qué le dice usted maricón?

—Pus a los gay ¿no?

—¿Cómo los reconoce usted?

Pus aquí luego hasta se visten de viejas, se pintan, aquí están pintados.

—A los que andan como vestidos de mujer ¿se les dice maricón?

—Sí, porque allá hay, pus luego se da uno cuenta cuando uno es maricón, cuando un hombre es maricón.

—¿Y cómo se da cuenta usted?

—Pus en su forma de caminar, como te hablan y todo, porque ahí en el Anexo 5 mandan exclusivos a puro maricón, a puro maricón en el Anexo 5.

—Pero ¿todos están vestidos de mujer ahí?

—No, pus están vestidos de hombre, pero salen, en el Anexo 5 ahí viven, porque les hacen estudios, cuando uno llega aquí les hacen estudios.

—¿A usted le hicieron estudios?

—A todos, a todos nos hacen.

—¿Y en qué consistió?

—¿Cómo? Así como qué, como mujer o hombre, acá y ellos ponen que son gay, que les gustan los hombres y los mandan al Anexo 5, ahí en el Anexo 5 son puro maricón, puro gay, que les gustan los hombres.

—¿Y sólo hay gays ahí?

—No hay en otro lado, más que en el Anexo 5, por eso los clasifican a cada quien en su dormitorio y los maricones los mandan al Anexo 5, a todos los que les gustan los hombres (Rolando, 36 años).

Primero se menciona que es un *ser humano* —acto de inclusión—, pero que tiene una "atracción distinta en el sexo" —acto de exclusión—. Puede *traerlo* o haberlo *adquirido*; en este sentido, es naturaleza o biografía: un origen definitivo que radica en la biología o uno contingente, pero con efectos permanentes, que radica en la historia personal del sujeto. Porque aunque sean *personas* o *seres humanos* lo claro es que son distintos: se pintan, caminan de cierto modo, tienen determinadas intervenciones sobre su cuerpo. Son diferentes, sabemos cómo los reconocen. Pero, ¿ante qué son distintos?, ¿cuál es el parámetro que permite a la vez mantenerlos en el campo de lo humano —son personas— y señalarlos con una "atracción" particular? El vector es lo masculino; lo hemos destacado insistentemente, un hombre ve a otro y distingue en él las señas de su "diferencia". Esto, ¿debiera resultarnos obvio, evidente? Sí, en tanto participemos del mismo régimen de la mirada que hemos descrito, artefacto de un orden sexual y genérico, y en la operación de su lógica. No, en tanto nos alejemos de él, mediante la descripción de su funcionamiento.[91] Porque para que el *otro* sea distinto *yo* debo ser igual;

---

91 La verdad, observa Žižek, es estrictamente una cuestión de coyunturas particulares, que emergerán "en el nivel *puro* de las palabras" (2003: 77; las cursivas son nuestras), así como la seducción sucede entre "puros hombres".

debe existir por una parte un campo de igualdad y, por otra, uno de diferencia.

En el apartado sobre la seducción vimos que la mirada se constituye, o puede ser discernida, a partir de la igualdad de los hombres involucrados —*puros hombres*, decía Leandro—; dicha igualdad, que supone una homogeneidad en las miradas, permite identificar las que son "raras" y rompen con el orden de equivalencia[92] entre los cuerpos. Ahora, Rolando habla de *puros putos*, que viven en el Anexo 5, juntos y reunidos en razón de su *pureza* inicial; pureza que permite, en primera instancia, identificar a un individuo —mediante exámenes y entrevistas realizadas por la institución— y establecer un colectivo —por medio de la agregación espacial de los sujetos identificados—. Aquí se pliegan dos operaciones, una que es institucional, que refieren los mismos internos, de clasificación y reconocimiento, y otra, digamos que idiosincrásica de los presos, fundamentada en la percepción de ciertas características —lo hemos dicho repetidamente: *se ve que son putos*—. La institución ausculta, pero también pide confesiones: "dijeron que les gustaban los hombres"; en cambio, los presos establecen criterios visuales de identificación, no requieren testimonios para generar un orden. Orden de la pureza —*puros hombres* y *puros putos*—, ni mezclas ni intersecciones, sino señas discretas y diferenciales; orden de la igualdad clasificatoria que destina a cada cual a su dormitorio y que, lo vemos con Rolando, dirime las "atracciones", los *lados* que nos acompañan, insistentemente, en este trayecto. Orden, en el mismo sentido, de la diferencia escrutadora, que también recalca los *lados* y los distingue.

En un capítulo anterior vimos que la masculinidad se organiza según una topografía que distingue lo propio de lo ajeno: la masculinidad que se estimaba propia, aunque caída, de aquella que se consideraba ajena, de los otros. Dijimos que eran puntos de identificación y de pertenencia, a la vez que líneas de diferenciación. Ahora podemos anotar que dicha disyunción opera sobre un régimen de igualdad —todos somos hombres— y que la diferenciación sucede en torno al ideal, que condensa las virtudes masculinas y su curso ético. En cambio, entre el *puto* y el hombre se establece un sistema de diferencias más radical: el *puto* es lo otro. Por lo tanto, si bien se distingue entre *puros hombres* y *puros putos*, no son espacios equivalentes. Lo hemos dicho antes, el régimen de

---

92 Utilizamos estas palabras —igualdad y equivalencia— como sinónimos aunque no lo sean estrictamente. Véase Laclau y Mouffe, 1987, especialmente las páginas 147 a 194.

la masculinidad no admite negación ni provisionalidad. En este sentido la *pureza* de los putos es su propia *caída* respecto a dicho régimen. Sólo los hombres pueden ser iguales entre sí.

Por otra parte, dijimos que la institución opera por auscultación y por confesión; de una u otra manera, el *puto* emerge como personaje de sus mismos gestos, y en ambos modos el fundamento es performativo. Ya sea que alguien diga "soy homosexual" o que se indique "es homosexual", alguna forma declaratoria y enunciativa establece una identidad y la delimita —le otorga características y le asigna un espacio—. Puede ser que el individuo lo esté *diciendo* desde antes, que para él mismo sea evidente, o que no lo sepa o no lo haya dicho nunca; en uno u otro casos se requiere de este acto inaugural que instala a dicho sujeto como homosexual o *puto* en la cárcel. Como lo referimos en una cita, el lenguaje va siempre de lo dicho a lo que se dice.

> —¿Cómo los puedes reconocer?
> —Pues son fáciles ¿no? Aquí es porque de entrada ahí en COC los clasifican, se dan cuenta que son homosexuales.
> —¿Se dan cuenta cómo?
> —Pues no sé cómo, yo creo que por las entrevistas que les hacen se dan cuenta que son de tendencia homosexual o de plano ellos mismos lo declaran: "soy homosexual", y los ubican en el Anexo 5, que es para homosexuales, pero los que ya son muy descarados los homosexuales, ya muy descarados.
> —¿A qué te refieres con descarados?
> —Que se maquillan, se visten, traen implantes de senos, son los que más andan en el kilómetro o en los pasillos, son los que más detectas si tú entras al anexo [...] a simple vista te das cuenta si son (Venustiano, 33 años).

Sin embargo, esta enunciación puede estar antecedida o influida por un *descaro* previo, una escenificación anterior que se prolonga en la prisión. El *descaro* es un modo de insertarse en el régimen de la mirada, pues opera por demostración, indica lo que se es, haciéndolo patente delante de los ojos —otra vez, con pinturas, modales y atuendos—. Si en la escena de la seducción que hemos descrito la mirada se devela como "rara" entre la pureza de los hombres, el *descaro* es otro modo de establecer una "rareza": salta la vista, es evidente, porque pronto se le *detecta*. Otro matiz detectivesco que aparece en nuestras historias parte primero de la vigilancia estricta de las miradas sobre los cuerpos desnudos; después, de la lectura de los gestos y el establecimiento de una causalidad y de ciertas identidades (la evidencia es lo que facilita la *detección*). Pero aquí la mirada ya está configurada en el otro, ése es su *descaro*: interrumpir la escena con sus atributos, marcar visiblemente su diferencia; ya no es la mirada solapada de algún sujeto sobre la desnudez de los cuerpos, sino la enunciación precisa de los gustos —*les gustan los hombres*, dice Rolando— en el cuerpo. El primer deseo es solapado, oblicuo; el segundo, *descarado*, directo. Pero si la "rareza" de la mirada suponía la igualdad de los *hombres* desnudos —tal vez más iguales que nunca en tanto desnudos—, la "rareza" del *puto*, su *descaro* —que es como una especie de irrupción intencionada en un régimen de signos— se conforma en la diferencia que expone, o que es leída en sus avatares. En sentido inverso, la mirada es *rara* en tanto diferente y el *descaro* enuncia la estricta igualdad de los *putos*.

> Pues muchas veces ves a un interno que te dice ¡ah, ese sí es un homosexual! Está platicando con otros internos y dices "¿será o no será?" No le ves tanto los rasgos, son de los llamados de clóset, que no se descaran tanto, que no quieren adquirir facciones femeninas. Parecen hombres, pero son homosexuales, tienes que identificarlos un poco más.
> —¿Y cómo te puedes dar cuenta identificándolos?
> —Por su manera de ser, o sea, por su forma de expresarse, de actuar; aquí es muy difícil que estés clasificado en el Anexo 5 y quieras aparentar otras cosas [...] Yo tengo un compañero en bolsa de trabajo que vive en el Anexo 5, pero no es homosexual o, al menos, si lo es lo cubre muy bien.
> —Tú dices que lo cubren muy bien ¿por qué?
> —O sea, si es homosexual lo cubre muy bien, porque no da características de serlo; de hecho ahí donde estamos tenemos la vista de cuando va la visita a COC o algo o a otros dormitorios, y se sale a mirar a la visita, la visita femenina, sale a verla, entons por eso digo que si es lo cubre muy bien, porque no da ninguna seña, y hay otros que no, sí lo aparentan y todo (Venustiano, 33 años).

Por un lado el *descaro*, por otro, el *clóset*. Lo abierto y lo cerrado, lo que se ve y lo que se oculta. Sigue una dinámica de la sospecha —*no parecen, pero son*—. Unos son *descarados* —se les ve—; otros no se *descaran*, no se develan. El *clóset* que se menciona indica un cierre de la mirada, un ocultamiento del rostro tras ciertos rasgos que es difícil discernir: *parecen hombres pero son homosexuales*. Aquí se invierte la operación del sistema de diferencias —entre *puros hombres* y *puros putos*—, porque aunque no hay señas que indiquen una distinción, detrás se halla una identidad que permanece oculta. Entonces, tenemos un régimen de apertura de la mirada, mediante el *descaro*, y otro de cierre, mediante el velamiento. Venustiano habla de un amigo suyo que *es* homosexual, pero se *cubre*. Él, en su relato, lo devela. ¿Qué velos ha tendido sobre sí dicho interno que le permiten cubrirse y que posibilitan, asimismo, esta operación de develamiento? Sobre sí ha tendido los mantos de la hombría —"parecen hombres", "no adquieren facciones femeninas"—; sutil nueva paradoja, porque la hombría es exactamente lo que lo de-vela: *es*, pero no *parece*, no da ninguna seña, aparenta, se cubre bien.

Se interceptan los mapas de la institución con este régimen de la mirada, porque aquel interno vive en el Anexo 5, pero no *parece*. La institución lo muestra en lo que "es", pero él cierra el sintagma de signos y confunde las apariencias. Si el "descarado" declara abiertamente la identidad, la restriega en su cuerpo y la extiende ante los otros, abriéndola, el "cubierto", "de clóset", interrumpe la cadena, no ofrece señas y detiene la mirada del otro para devolverle un rostro opaco. La mirada, que espera algo —señas, una semiótica precisa de la masculinidad—, obtiene una respuesta *descarada* y otra *cubierta*; recibe en su propio funcionamiento su confirmación o su confusión. Pero finalmente, lo hemos dicho, la mirada depende de un saber —a la vez que lo ejercita—, porque en un caso le será *fácil* (a la mirada misma) saber que alguien *es puto*; en otro será *difícil* —"tienes que identificarlos un poco más", dice Venustiano.

¿Qué es identificar? Es conseguir una coincidencia entre lo que se *es* y lo que se *parece*, entre los signos y las esencias, entre lo *cubierto* y lo *descarado*. Lo que no puede coincidir, en este caso, es la "homosexualidad" con la hombría —*parecen hombres, pero son homosexuales*—. Mirada y saber conducen a un resultado, que se busca mediante el procedimiento detectivesco: estimar si las apariencias corresponden a las esencias, si los cuerpos remiten a identidades, y viceversa. Porque —volvemos a un punto anterior— el problema es siempre el de la diferencia, sea evidente (en tanto *descarada*) o cubierta; delimitar entre los *puros hombres* y los *puros putos* para mantener la discreción de los conjuntos y la pureza de las alteridades. La pureza del otro es mi propia pureza, pero por diferencia: si el otro es *puramente* distinto a mí, yo soy *puramente* lo que soy. ¿Soy lo que soy o soy lo que el otro me devuelve como mi negativo? Miradas que funcionan como espejos, que retienen una identidad en un punto, la disciernen y luego la regresan como reflejo, como flexión del otro sobre mí mismo; como una torsión, mediante la diferencia, del sujeto sobre sí para señalar sus propias delimitaciones. Si unos *parecen hombres* pero no lo son, otros lo *son* y también lo *parecen*. En algunos las señas coinciden con lo que de*velan*; a su modo son *descarados* en tanto anuncian claramente su identidad, la pasean ante la mirada de los otros.

El *tapado* es, en este sentido, más disruptivo que el *descarado*, pues no anuncia ni enuncia su *caída*, por lo que no niega su masculinidad y quiebra el régimen de purezas que nos interesa. Siendo *resto*, en tanto *puto*, aparece como *todo*, en tanto hombre. Si el *puto* no esta *caído*, entonces el problema será determinar el ideal, delimitarlo. Desaparece el elemento que lo permite en tanto *resto*. La mirada, su régimen, requiere siempre señas para funcionar; si no las tiene, colapsa y se difumina. Claridad, eso requiere la masculinidad. Panópticos, lo hemos dicho. El *tapado* es otro laberinto, que interpone en su cuerpo y su identidad un velo de desconocimiento y de indeterminabilidad borroneando el orden de sexo y género que nos interesa.

Otra vez de la mano de Crisóstomo regresamos a nuestra topografía de identidades y deseos. Él dice que a un "homosexual" se le ha "volteado el calcetín", como en otra ocasión expuso que se le habían *roto los pliegues*. Nuevamente se trastoca algo que tendría un estado correcto: como los pliegues se rompen, el "calcetín" se *voltea*. Declara que si esto sucede, entonces el sujeto es del otro "bando", así como Boris nos dijo que él *le iba* a un *lado* y no a otro. Si *lado* nos remitía a una topografía, *bando* nos advierte de una sociografía. Enuncia formas de adscripción colectiva: un *bando* o el otro. Grupos disjuntos de pertenencia y un suceso de por medio, que algo da vuelta sobre sí para resultar en una ubicación precisa. Retengamos "voltear": dar vuelta, tornar. Giro sobre sí que tiene un efecto, como el reflejo del otro que me permite tornar sobre mí para determinar quién soy —no por sustancia, sino por diferencia—; giro que establece identidad y pertenencia, que organiza colectivos y dirime espacios. El otro que gira sobre sí, volteándose, me señala un *bando*, traza el límite —como vimos con los *lados*—, se voltea para que yo siga en la posición correcta, en esta coincidencia estricta entre parecer y ser. Giro, ya lo hemos dicho, que es subjetivante. "—¿Qué significa que se volteó el calcetín?" "—O sea, de ser del otro bando, ser homosexual. Se puede decir: '¡ah, ya se te volteó el calcetín, ya andas ahí en el Anexo 5!'" (Crisóstomo, 22 años).

Pero cada cual puede girar y volver a girar, en una dirección y en otra, hacia un *bando* o el otro, entre ambos. Nico relata que la Paz, compañera de la Diana, *ella es un cabrón*; anda vestido de mujer, pero es "bueno para los madrazos".[93] Ella enuncia el lugar en el que se realizan las torsiones: "lo puto lo traigo en el culo", le dice a todos; ahí se rompen los pliegues y se voltea el calcetín. El *culo*, lugar por el que se pasa de un *bando* a otro, de un *lado* a otro. Por el *culo* pasa lo *puto*, pero también retorna lo *cabrón*. La Paz, si es necesario, se trenza a golpes con sus atuendos y sus vanidades. Hace pasar por su *culo* lo *puto* para responder con golpes a quien la —o lo— provoque. Esta vez los signos van en sentido inverso, porque si Venustiano decía que *parecían* hombres, pero *son* homosexuales, la Paz nos dice que *parecen* homosexuales pero *son* hombres. Ella delimita los signos, pero no las conductas; responde a las apariencias, pero no a las expectativas. Nico puede decir sin problemas que *la* Paz es *un cabrón*, llevarla desde su nombre femenino a sus características masculinas, *volver el calcetín* sobre sí para regresar a la hombría, *madrazos* mediante.

—¿A qué se le dice maricón aquí?
—A los jotos, a los homosexuales.
—Pero ¿tienen características específicas?
—Sí, sí, como una mujer, ahí está la Diana, la Cherry, la Paz. ¡La Paz sí es un cabrón! Un homosexual que él dice, cómo nos dice "¡lo puto lo traigo aquí en el culo!" Pero la Paz es bueno pa' los madrazos, el güey ese, "lo puto es acá, pero si quieres dar en la madre, pus vamos a darnos".
—¿Pero anda vestido de mujer?
—Sí, aquí, todos, sí, todos (Nico, 32 años).

En el relato de Nico, la Paz opera la performatividad de modo estratégico; cabe aquí preguntar, como lo hace Austin: ¿Se pueden hacer cosas con palabras? Y responder que sí, pero con el *culo*, como interruptor que

---

93 Nunca entrevistamos a *la* Paz, pero consideramos que esta mención de Nico refiere una "voz" colectiva que reproduce lo que ella ha dicho alguna vez, y lo convierte, en cierto modo, en ejemplar y citable. El que sea por *boca* de otro que la Paz nos hable da mayor relevancia a su propio decir, lo refiere a conversaciones colectivas y flotantes que van de *boca en boca* reconstituyendo una o muchas historias.

modifica el curso de los enunciados para dirigirlos hacía sí mismos —*la Paz*— y contra sí mismos —*es un cabrón*— (*lo puto lo tengo en el culo; si te quieres dar en la madre, pues vamos a darnos*). Veamos, porque Crisóstomo decía que la identidad salía por el *culo* mediante gusanos y aceite, Boris aseguraba que no se podía quitar, y la Paz ambas cosas: la identidad sale y también entra por el *culo*, puede ir en una dirección o en otra. Tal vez ni siquiera debiéramos hablar de identidad: ¿qué hay de ella? Sólo vemos estrategias y posiciones, permitidas por este punto de transformación que es el *culo* mismo. La Paz dice: si tengo una identidad, o algo así como eso, la tengo ubicada en *cierta* parte. Identidad como arrinconada en el cuerpo, pero que depende para enunciarse del cuerpo mismo, de sus operaciones. Pero dice: no se confundan, *soy* lo que *parezco* y también lo que *soy*. De algún modo reafirma a Boris; lo hombre no se *quita*, pero sí se fractura. El *culo* es la fractura misma, donde lo *puto* reside por derecho; pero dicha fractura nos reenvía a otro espacio, tal vez de las manos y de las palabras, donde lo *hombre* permanece, aunque sea (ve)*lado*.

Entonces, la operación constante de develamiento y velamiento de la que hablamos antes es realizada ahora —dijimos que performativamente— por un sujeto que se vela y se desvela tácticamente, repartiendo sus identidades en el cuerpo y recuperando trozos de ellas según lo requiera, transformando al *culo* en un gran demiurgo de su propia identidad y de su subjetividad. La Paz dice eso y reafirma a Boris, pero también concuerda con Crisóstomo, porque: ¿dónde está lo *puto*, en última instancia? En el mismo *culo*, lo han dicho ambos, mediante expulsión o retención, pero siempre por repartición de atributos. Los *pliegues* que Crisóstomo mencionaba como rotos y Boris como no extirpables, la Paz los rompe y los recompone; los reconoce rotos —lo *puto*—, pero los estima reversibles —lo *hombre*—. Otra vez los *lados* son una topografía, así como los *bandos* una sociografía, pero ahora ambos esbozados "dentro" del sujeto, que replica y opera en sí todo lo que vemos en los espacios y las relaciones sociales; fronteras porosas que nos develan la subjetividad como una intercepción y como una reformulación específica. Teníamos estos dos indicios de un mapa —*lados* y *bandos*—, pero ahora también sabemos dónde está el punto en que los límites se interceptan y cambian de régimen. Lo repetimos: el *culo*; especie de talismán que permite los cambios, última garantía y primera pérdida, punto de condensación de la masculinidad y lugar de su disolución.

OTRA VUELTA DE TUERCA: *EL CAQUÍN*

Otra *vuelta* en estas parcialidades. Una segunda figura a escena, menos reluciente y densa que el *puto*, pero tan parcial como el resto. Tal vez la figura que esgrime de modo más intenso la parcialidad de las identidades y de los deseos. He aquí al *caquín*, que ya nombramos antes. No encontraremos en él los trazos fulgurantes del *puto* y la apretada descripción que amerita, tampoco el tráfago espectacular de sus palabras y gestos; en cambio hallaremos más de lo mismo, pero en otro tono. Hablaremos del *caquín*, a quien también le llaman *cacorro* o *puñal*. No sabemos si cada cual se refiere a la misma figura, pero si no lo son, al menos presentan muchas coincidencias. Nuevamente tenemos voces diversas: algunos que hablan de muy cerca, otros que parecen hacerlo desde lejos —nuevamente lo propio y lo ajeno—. Procedemos a interceptarlos donde corresponde y a dejarlos en sus lugares cuando sea necesario. Seguimos avanzando por los laberintos.

Aníbal tiene como pareja a un hombre, que lo acompaña en la cárcel durante los días de visita. Lo conoció un día cuando iba caminando por el Zócalo de la ciudad de México: él vendía globos y su futuro novio caminaba deprimido por un amor fallido. Se hicieron pareja; era la primera vez que él tenía una relación de este tipo, pero le gustó, se sintió cómodo, vivieron juntos, y luego, cuando él cayó preso, su pareja lo acompañó hasta el encierro, como una especie de Penélope mestiza y agraviada. Mencionamos esto porque Aníbal relata que a él le dicen *caquín*, e incluso se lo gritan por los pasillos. Se lo gritan porque lo han visto entrar en las *cabañas* con su pareja, que *es* hombre, pero no *parece*.

Cuando le preguntamos qué es un caquín, responde que *un hombre que tiene relaciones... sexo anal con otro*. La Paz nos dijo que lo *puto* lo tenía en el *culo*; ahora Aníbal dice lo mismo, pero esta vez el *culo* del otro lo convierte a él en una figura particular. *Caquín*, intercepción entre lo *puto* que está en el *culo* del otro y este orden excrementicio de las identidades y el erotismo. Atendamos a que el *calcetín*, que ha dicho Crisóstomo se *voltea* y hace pasar a los individuos a otro *bando*, hace una torsión especial en este caso, porque el *caquín*, que ejecuta la voltereta en el ano del otro, se gira a sí mismo para quedar en una posición específica. *Voltea* al otro, tornándose a sí mismo en esa vuelta.

—¿Qué es caquín?

—Sí, caquín, o sea cuando uno tiene relaciones, pus es sexo anal ¿no? entons es por eso que le dicen a uno caquín ¿no?

—Pero ¿eso es mal visto entre la población?

Un poco, no mucho, pero sí, pues lógico, llegas y te metes a una cabaña con un hombre, que casi no parece hombre, pero todos saben que es hombre, ya llevo un año aquí y medio metiéndome diario con él, o sea, ya no me dicen nada (Aníbal, 25 años).

Rolando indica que varios internos del Anexo 5 tienen sus *chavos* acá "adentro"; a estos chavos —los *caquines*— les gustan los *hombres*... los *maricones*, asegura. A ésos se les dice *caquín*. Esboza, primero, un *ellos* y un *nosotros* topológico —el Anexo 5 y el *adentro*—; luego establece una homología: *a estos chavos les gustan los hombres* y, posteriormente, vuelve a extender una diferencia: *los hombres... los maricones*. Sigue un recorrido inverso al que tomó Nico en su relato sobre la Paz; él ha dicho: *la Paz es un cabrón*, Rolando argumenta: *los hombres... los maricones*. Nico parte de la diferencia —*la Paz*— para regresar a la igualdad —*es un cabrón*—; Rolando parte de la igualdad —*los hombres*— para obturar una diferencia —*los maricones*—, así como ha dicho "adentro" y "afuera" (el Anexo 5).

Sí, ahí en el Anexo 5 hay varios que tienen a sus chavos aquí.

—¿Adentro?

—Adentro, como hay varios aquí que les gustan también los hombres, que les gusta tener relación con ellos, aquí les decimos "caquines".

—¿Qué es un caquín?

—Pus que les gusta tener relación con los hombres, con los maricones, aquí les decimos caquín.

—¿Y por qué caquín?

—Pus no sé, yo desde que llegué aquí oí esa palabra, les oí esa palabra de caquín (Rolando, 36 años).

El Anexo 5 y "adentro", dos puntos en este mapa. Rolando dice que los *caquines* son de "adentro", pero se relacionan con los de "afuera": el Anexo. Esther nos dice: son de *fuera* pero se relacionan con los de *dentro*, sólo que ahora el "dentro" es el mismo Anexo. Topografía, dijimos, de los *lados* y sociografía de los *bandos*; esta vez debiéramos hablar de topología: intercepción de los *lados* y los *bandos*, los *topos* y los *socius*. Entre uno y otro, lo que se conforma es un sistema de pertenencias y alte-

ridades: dentro o fuera, ellos o nosotros, hombres o maricones. Una larga
lista de "oposiciones" y también de fracturas. Una topología también es
una forma para hablar de posiciones, porque depende del lugar que se
habite, en términos específicos y generales —el lugar asignado institucionalmente y el espacio socialmente adjudicado—, para que los relatos
vayan en una dirección u otra, tal vez refiriéndose a lo mismo —eso no
es lo más importante—, pero indicando señas particulares, matices, variaciones y transformaciones. Otra vez el movimiento es el de la *vuelta*,
pero ahora reproducido en el texto mismo que escribimos: vamos de un
lado a otro, de un relato al siguiente, tornando y regresando, girando y
avanzando. Rolando ha dicho los *maricones*, Esther habló de *nosotras*,
él ha dicho *ellos* y ella también lo dice, pero son inversos. Nosotros o
nosotras, ellos o ellas; ellos o ellas y nosotros o nosotras: topología de las
pertenencias, punto de arranque de las subjetivaciones.

Pero esta topología nos permite comprender mejor de qué hablamos
cuando nos referimos al *cacorro* o al *caquín*. Estamos ante una figura y
ante ciertos sujetos que son, como el *culo* de la Paz, puntos de intersección entre pertenencias y subjetividades, entre adscripciones y descrip-
ciones. El *caquín* va de un *lado* a otro, pasa de un *bando* a otro, parte del
nosotros para llegar al *ellos* y viceversa. Por eso, lo dice Esther, es un
lugar de *trauma*, herida que lastima una subjetividad oscilante y tal vez
sin pertenencia. Un *entre* medio permanente e indescifrable. *Trauma*, ha
dicho Esther, y luego lo explica: si te dicen *cacorro* y tú eres *hombre*, ¿de
qué te traumas?, de que digan *cacorro* siendo *hombre* y resten la parte
que estás seguro que tienes, de que desconozcan tu lugar y lo borroneen,
luego de observar tus movimientos entre los pasillos y las celdas. De que
pareciendo te quiten el *ser*, que se supone no se puede *quitar*. El *cacorro*
se acerca hasta los travestis, habitantes del Anexo 5, y su aproximación
permita realizar una atribución; Rolando lo ha dicho: *chavos a los que
les gustan los hombres, los maricones*. La atribución se realiza, lo hemos
notado frecuentemente, por lo que se ve, por la conducta observable. El
poder no sólo *produce*, sino también *deduce*: deduce deseos de conductas, establece identidades, reconstruye trayectorias según los movimientos que anota, entre ellos y nosotros, entre adentro y afuera, para producir
identidades.

—Oye, y tú dices que algunos que van tapados al Anexo ¿y esos no quieren que el resto de la población los vea?

—No.

—¿Qué pasa si se sabe que van?

—¡Ay, no! aunque vayas, haz de cuenta que aunque vayas al Anexo y aunque no vayan justamente a eso y los vean ¡ay, no! les empiezan a decir de cosas.

—¿Qué les dicen?

—¡Ay, pues "cacorros"! Qué, no sé qué.

—"Cacorros", ¿qué es "cacorros"?

—Pues así les dicen a los hombres que tienen relaciones con nosotros.

—¿Qué les pasa con que les digan cacorros?

—¡Ay, pues se trauman!, bueno hay unos, hay otros que no.

—¿Y de qué dependerá que unos se traumen y otros no?

—¡Ay! Pues los que te digo que se trauman si están seguros ¿no? porque digo, si tú eres hombre y te dicen "cacorro" y tú estas seguro de que eres hombre, pues te debe valer ¿no?, pero si te enojas y todo eso, porque al igual y puede que sí [risas].

—Pero ¿qué significaría estar seguro de ser hombre?

—O sea, el hecho de que hablen con nosotros no quiere decir justamente que tienen que tener sexo con nosotros o tener algo, y muchos sí se espantan.

—¿Y los que tienen sexo con ustedes?

—Pues esos sí.

—¿Sí qué?

—Son cacorros [risas].

—Pero, ¿serían menos hombres?

—No (Esther, 19 años).

Otra torsión en los argumentos. Chino dice que el *puñal*, tercer término, usa a los *putos*, dado el encierro. Por muy *cabrón* que seas, si tienes 12, 15 años, ya se hace normal *coger a un puto*. Primera torsión: en el tiempo los regímenes de normalidad y anormalidad se modifican: lo que antes no era *normal* termina siéndolo. El encierro, en este sentido, es como un túnel profundo en el que se va entrando paulatinamente en tanto se acumulan años, y cuya profundidad corresponde a un mundo distinto del que se conocía, una forma particular de normalidad y anormalidad. El *cabrón*, años mediante, termina con un *puto*. No era lo normal, al menos fuera de la cárcel; *dentro* sí lo es. Gran *nosotros* que reúne a todos en estos avatares, *cabrones* y *putos* buscándose mutuamente en las profundidades del encierro. Segunda torsión: dice Chino que hay *putos* que buscan a los *cabrones*, todos tatuados, todo *cabrón*; primer anuncio del *cabrón* en su estética, en su orden corporal y ético. Aquí sí hay una figura contrastante, una presencia visual de las junturas entre sexo y género, ante los fulgores del *puto* que hemos descrito. Si a los travestis se les reconocía por sus gestos, sus pinturas y sus ropas (entre tantos otros detalles), al *cabrón* se le reconoce por sus *tatuajes* —pintura de la hombría sobre el cuerpo, imagen de la masculinidad grabada en la piel—; pero, también, por una atribución de prestigio, el *respeto* que refiere Chino, pero de prestigio macizo y total, como la cualidad del *cabrón* mismo.

Atendamos, tanto los *putos* que cruzan los pasillos hasta el *cabrón*, como los *cabrones* son ambos *descarados*: su identidad es evidente. Por lo tanto, ambos participan del régimen de apariencias del que hablamos: *son* lo que *parecen*. El *tapado*, del que nos habló Venustiano, se adhiere a una ontología sexual: se *tapa*, paradójicamente, para no develar lo que *es*; pero para no ser, evita parecer. Al taparse impide que ser y parecer coincidan. En cambio, el *cabrón* es *descarado* en los signos que señalan lo que *es* y lo que *parece*: exige que ambos coincidan. Hasta esta coincidencia, que es una estrategia de verdad, llega el *puto* caminando por los pasillos.

—A la persona que por ejemplo que va al Anexo 5 que se mete con esos chamacos ¿no le dicen que es puto?

—No, se dice puñal, o sea, tú dices a la persona que va hacer uso de los homosexuales, a ése se le dice "puñal", puñal quiere decir que tú te andas cogiendo a los putos, que te gusta ir con los putos. Aquí, por ejemplo, eres el cabrón, el más cabrón porque tienes 12, 15, 17, 20 años aquí adentro, entonces tú usas a los putos, porque volvemos a lo mismo, la misma pregunta: ¿qué haría yo a los 3, 4 años?, pero entonces ellos a los 3, 4 años pus se les hace normal irse a coger un puto. Hay putos que hasta porque te ven todo tatuado, todo cabrón, que los demás te respeten, hay putos que se acercan a ti y te dicen ¡pus vente no! voy a tu estancia, se los cogen sin que nadie les diga nada, porque es el cabrón de la estancia, es la mamá, no hay quien le diga nada, a ése se le dice puñal o sea, es un cabrón que coge putos.

—¿Pero a ése no le dicen puto?

—No, no, no, se le dice puñal.

—¿Y qué pasaría si le dijeran puto?

—¡Ah, pus se te voltea! Sí, se te voltea porque aquel cabrón viene de agresivo y luego con el fierro en la mano "¡a mí no me diga puto, hijo de su pinche madre!" y ¡pum, pum! te empieza a picar o te da una chinga con otros dos o tres cabrones ¡no, ésa es una ofensa! Es como una mentada de madre, aquí la mentada de madre también son duras no, le mientas a alguien la madre y pus ¡olvídate!, es una chinga que te va dar hasta con la cubeta (Chino, 55 años).

Pero escuchemos, como se oye el sonido del mar en un caracol, decir a Chino que el *cabrón* se *coge a los putos* porque es *la mamá* de la estancia. Nico decía: *la* Paz es *un* cabrón, Chino refiere que *el* cabrón es *una* mamá y como *mamá* se *coge* a *los* putos. La Paz pasa de lo femenino a lo masculino, va de lo *puto* a lo hombre; el *cabrón*, el hombre por antonomasia, se *coge* como *una* mamá a *los* putos. ¿De qué *lados* estamos hablando? Pasan de un *lado* a otro, van de lo femenino a lo masculino y parten en la dirección inversa —nuestros internos, por supuesto—. El *cabrón*, en última instancia, se *coge* a los *putos* en tanto *mamá*. ¿No será la *mamá* la figura más acabada de la masculinidad en la cárcel? Más aún que el *cabrón*, porque ésa es la verdadera seña de respeto —*no hay quien le diga nada*—; corta cualquier palabra en su presencia. *Mamá* absoluta de sus territorios, se le busca detrás de los tatuajes. ¿Qué tipo de *mamá* es ésta o qué tipo de masculinidad es la que se construye sobre una *madre*, violenta y taxativa? Tal vez ni siquiera se logren conformar los *lados*, sino que permite configuraciones tácticas, así como difusas y frágiles.

Tercera torsión, si alguien le dice *puto* al *puñal*, Chino asegura que se da vuelta: se *voltea*. Se voltea y responde con violencia, porque decir *puto* es una ofensa, es como *mentar la madre*. Otra vez el calcetín, pero al revés —vuelta de la vuelta—, porque el *puñal-cabrón-mamá* se *voltea* a sí mismo frente a otro, respondiendo a una ofensa, defendiendo su masculinidad, *volteada* a su vez en el insulto: *puto*. Lo dice Chino: cuidado porque tomará un *fierro* y *picará* al ofensor o le dará una *chinga* con otros. La ofensa no quedará sin respuesta, pero la respuesta es otra *vuelta*... de estas tuercas que son las junturas entre sexo y género, entre identidades y cuerpos.

Vemos cómo se interceptan en el cuerpo del *cabrón* una ética y una estética: la ética de la respuesta rápida y precisa a los insultos; la estética de una masculinidad trasunta y gesticulante. Se interceptan, pero no porque sean opuestas y distintas, sino porque son torsiones de una identidad declamativa y exhibitoria que muestra los signos en un despliegue que es tanto seductor —*llegan los putos ofreciéndose*— como intimidatorio —*te empieza a picar...*—. O podríamos aventurar que es seductora en tanto intimidatoria. No es que el deseo busque los remansos de una carne dulce y de una subjetividad apaciguada; tal vez busca esta violencia pronta que se asoma entre los tatuajes, en los gestos enfáticos, en los cuerpos prestos, que también podría ser intimidatoria en tanto seductora, y el deseo sería el vector de la violencia y no la violencia en sí. Pequeña intersección entre *Eros* y *Tanathos*: uno clama por el otro entre los pasillos, en el fragor de la vida cotidiana de una cárcel de hombres. Tal vez se trate de otra forma específica de muerte, pero esta vez no como una resolución ni como un acto, sino como una tensión permanente, como un modo en que se desplaza el deseo entre ciertas relaciones sociales y algunos imaginarios, saturando a los cuerpos de signos equívocos, seduciendo mediante la repulsión, abrazando por medio de golpes e insultos.

¿Cuál será la relación entre ética, estética y deseo? Esta pregunta está en cierta forma minada porque nos puede conducir a conclusiones "incorrectas", pero es relevante porque quizás todo el campo del erotismo y de las relaciones de género esté atravesado por ella, clamando alguna respuesta. Cierto pensamiento ha resuelto esta relación abrevando de las mansas aguas de la sexualidad, en la que se espera encontrar —una vez apartados los funuestos prejuicios y las vetustas prohibiciones— un "paraíso" personal y colectivo, un edén deseante y placentero. Lo dice Foucault: gran escenario moral, sortilegio para todas las incomodidades e incongruencias, la sexualidad devela la verdad del sujeto, pero también desborda su bondad primigenia, su talante civilizado. Pasamos tímidamente por los *bosques oscuros* del deseo para regresar a los remansos de la civilización y sus arreglos. Pero la pregunta permanece sin respuesta, porque ética, estética y deseo se podrían vincular en formas muy diversas, aunque incorrectas y denostadas.[94]

Anotemos algo. Dijimos que el *caquín* y el *puñal* son figuras parciales. Atendamos ahora a que el *puñal* esgrime una totalidad como recurso de identidad y de identificación. Los travestis salían de sus cuerpos masculinos hacia cuerpos que imaginaban de mujer y que eran asumidos por los otros como lo más parecido a una mujer que se podía encontrar en la cárcel; sostenían así una totalidad invertida para esbozar sus identidades y sus deseos, para trazar una trayectoria sobre sí mismos y sus destinos. Totalidad invertida porque desechan *lo* masculino para esgrimir *lo* fe-

---

94 Tal vez el erotismo sólo se pueda estudiar a partir de esta pregunta —mientras que la sexualidad se puede dirimir en comportamientos—, como ya lo esbozó Bataille (1997). El problema, a nuestro entender, es que se discuta la pertinencia moral de la pregunta antes que su valor teórico.

menino; abandonan al *hombre* para encontrar a la *mujer*. Pero van de un punto a otro, reconociendo las *vueltas*, intentando conformar una mujer total —castración mediante— que no amerite disimulos, aunque sólo resulte de ellos. Asimismo, el *puñal* va de lo normal a lo anormal, de las mujeres a los *putos* —encierro mediante—, pero sosteniendo sus procedimientos en una totalidad previa y sólida, no conmovible, no *quitable*: la masculinidad; seña final del *cabrón*, que puede ser muchas cosas a la vez, pero que ante todo es un *hombre*.

Lo que el *puñal* castiga con presteza es que se le envíe a los senderos pedregosos de la parcialidad, huyendo de ella como nuestros internos seducidos, pero, como ellos mismos, participando de las parcialidades que hemos esbozado, reconociéndolas y velándolas tras los golpes y las heridas. Esther nos dijo que era *traumático* que dudaran de su hombría, quitándoles lo que no se *quita*, restando la parte al todo para desmoronarlo dolorosamente.[95] Trauma que constituye al ofendido en *resto*, como los *putos* —al *cabrón* lo insultan diciéndole *puto*—, como elemento caído del todo: el insulto es un intento de desmoronar la totalidad; la vuelta y la violencia son una forma de impedir la caída y el derrumbe. La referencia, veámoslo, es a un cuerpo dañado, vulnerado en su integridad; un cuerpo que sostiene metafórica y metonímicamente una identidad. Lo hemos visto antes.

Sucede así una operación paradójica, semejante a la que inaugura una *mujer metonímica*, y que conforma, ahora, un *hombre metonímico*. Operación fantasmática mediante la cual se conforma un trayecto de realidad y de solidez. La masculinidad surge como la seña última de lo que siempre ha sido confuso y endeble, cuyo único trayecto es el regreso permanente y constante a sus abrevaderos, a los estrictos signos de su pertenencia y de su virtud. Porque el individuo que le dice *puto* al *cabrón* o *puñal* lo *voltea*, hace con palabras lo que Crisóstomo ha dicho que sucede con el *calcetín* y los *bandos*. El *cabrón* del relato de Chino reconoce el intento y le opone su fuerza y su furia; regresa esta *voltereta* mediante una *voltereta* literal del otro, del insultante, entre golpes y puñales (metálicos, esta vez). Como nuestros internos seducidos, el *cabrón* reconoce que está entre los *lados* y que adscribirse a uno o a otro, y permanecer en

---

95 Dice Teresa de Lauretis que "el género, al igual que lo real, no es únicamente el efecto de la representación, sino también su excedente, aquello que queda fuera del discurso como un *trauma* en potencia, capaz de producir una ruptura o de desestabilizar cualquier representación si no se le reprime" (Lauretis, 1991b: 35; las cursivas son nuestras).

un borde o en su contrario es un asunto de todos los días, que se debe demostrar y gesticular ante los otros para que no se confundan, para que no
mienten la madre que no deben *mentar*. Sabe, cuando responde al insulto
y vocifera, cuando impide que las palabras hagan cosas *con* su cuerpo y
en su identidad, destruyendo performativamente lo que también lo acosa
performativamente, que sexo y género coinciden y nunca se topan, que
anatomía es destino, pero a través de estas palabras que cortan el aire y
los cuerpos, que obturan gestos y asumen devenires específicos. Sabe
que para tener una identidad en un ámbito como la cárcel no hay sino
un cuerpo, y que el cuerpo es el lugar en el que se constituyen los sentidos; para salir de él en diversas direcciones, para regresar a él *volteados*,
transformados y heridos, por así decirlo.

Vemos que en el relato de Chino la escena que mencionó Esther de
hombres que intentan seducirlas desde sus grupos o *bolas*, cruzando el
aire con gestos y llamadas, se *invierte*: ahora son los *putos* quienes cruzan los espacios para llegar hasta el *cabrón*, hasta su cuerpo tatuado, hasta su hombría y su respeto, hasta la violencia misma que puede desplegar
ante cualquier asomo de duda —sobre su misma hombría, por cierto—.
Cruzan los pasillos hasta la masculinidad declarada del *cabrón* para llamarlo, para decirle que irán hasta su estancia porque lo desean. Chino
dice que el *cabrón* usa a los *putos*, como Rolando dijo que se *pasaban*
entre ellos a las mujeres que visitaban a la banda. El *uso* se sostiene en la
totalidad que hemos mencionado. Notemos que Chino dice que el *cabrón*
se coge a los putos, *sin que nadie diga nada*. Nuevo privilegio para el
cabrón, que se suma al mérito de *no hacer nada*. Ahora impide la palabra
y colisiona *cosas* con *palabras*, evitando que las *cosas* del sexo se junten con las *palabras* del deseo. Interrumpe el sintagma para proclamar y
ordenar un silencio. Otra estrategia local del saber y el poder: se evita el
saber para sostener un poder, se suspende el saber —la palabra— con un
poder enfático —los *fierros*—. Los colectivos parlanchines, de los que
hemos hablado insistentemente, esta vez callan. Silencio.

Pero hay otro matiz: si el *cabrón* usa a los *putos*, que a su vez lo han
buscando para seducirlo —transitando por sus estancias, alcanzándolo
en sus celdas—, si su gesto y su disposición es el *uso*, se debe a que él
mismo se pone fuera de la *escena de seducción*, no participa en ella participando, como nuestros internos que huían por los pasillos. El silencio
que impone proclama eso: no hay escena, no hay seducción. Pero el sujeto que le dice al *cabrón* que es un *puto* devela la escena de seducción

y la *voltea*; pues el cabrón ha salido de esa escena, o se ha apartado de ella, sosteniéndose como sujeto ante un objeto que *usa*: el *puto*. Revela la trama intersubjetiva implícita, en palabras de Žižek (2003). El *cabrón* que *usa* a los *putos* es un sujeto que, en el plano del deseo, sólo está en calidad de ausente; como vimos en los apartados sobre la prostitución y la seducción, se sabe sin saber, se desea sin desear. La masculinidad se fantasmagoriza cuando se cruzan los límites —los *lados*— sobre los que se traza una subjetividad: el *cabrón* cruza al otro *lado* al usar a los *putos*, pero exige que se le considere siempre en el mismo lugar, del mismo *lado*.[96] De este modo, quien le dice *puto* al *cabrón*, volteándolo, rompe el silencio que permite esta escena de seducción, así como las *miradas fuertes* de Leandro rompían el *cotorreo sano*.

Rompe el silencio y desdibuja la pureza, tanto de los hombres *cabrones* como de los *putos*, creando este territorio difuso —im-*puro*— de la seducción o, más bien, enunciándolo, transformando a todos en objetos, unos de otros: a los *cabrones* de los *putos*, a los *putos* de los *cabrones*... Exhibe lo que es intolerable para la totalidad del *cabrón* —sostenida y ejercitada como *respeto*—: que todos están fragmentados y que todos son parciales, que la totalidad es una ilusión de las partes que se desplazan en esta escena, entre pasillos y estancias, entre tatuajes y *culos*. La única respuesta posible a este saber insoportable es voltear*se* para *voltear* al otro mediante la violencia; restaurar el silencio silenciando, distanciando este saber del poder que cuestiona, para reafirmarlo y restablecerlo.

En esta voltereta, lo que el *cabrón* hace finalmente es optar por el dispositivo de fragmentación que antes mencionamos. Evita que las *cosas* se junten con las *palabras* y se aglutinen, exigiendo la verdad y la coherencia; el acuerdo entre las prácticas y los significados, entre "dentro" y "fuera". Pero esto desliza una paradoja, pues la totalidad que defendería el *cabrón* ante las palabras que lo suman a la escena de la que se aparta sólo sería posible por la fragmentación referida.

LA TIERRA PROMETIDA: CUERPO, GÉNERO E IDENTIDAD

Dijimos que anatomía *sí* es destino, que en su punto de máxima expresión el cuerpo se vela tras diversas máscaras, simulando una desnudez

---

[96] En sentido estricto, es el *puto* quien cruza hacia el *lado* del *cabrón*, por lo que éste nunca se cambia de *lado*.

en la desnudez. También preguntamos: ¿quién le pide cuerpo al cuerpo? Ahora sostenemos que la Paz lo hace para revertir y *voltear* sus signos, trazar sobre su anatomía otra anatomía, y esgrimir sobre la verdad de la naturaleza, la verdad enfática de sus movimientos. Cruza su cuerpo, tornándose sobre sí, haciendo del cuerpo el único garante de un *sí mismo*. Enmascarando su anatomía y develándola a la vez. ¿Dónde podría encontrarse otro destino si no en esta anatomía ambivalente y oscilante? Pero atendamos a que la operación de reversibilidad, la vuelta de este *calcetín* identitario y subjetivo, permite que no "tenga" uno sino varios cuerpos —o al menos dos—: el del *puto* y el del *hombre*. El que se condensa en el *culo* y el que gesticula en las manos, ofreciendo golpes. Va de un cuerpo a otro, así como de una identidad a otra, haciendo estallar el mapa pudibundo del cuerpo propio, el sello conspicuo de lo Uno sobre su anatomía; para extraer múltiples posibilidades, para esbozar diversas estrategias y tácticas.

El *calcentín* que se da *vuelta* y el *culo*, que le permite a la Paz pasar de una "identidad" a otra, nos llevan a las puertas de ese recinto extraño y hermético que hemos denominado subjetivación: *vuelta sobre sí*, ha dicho Butler (2001b), vinculada con la forma que asume el poder, "inexorablemente marcada por la figura del darse la *vuelta*, una *vuelta* sobre uno/a mismo o incluso *contra* uno/a mismo/a"; y agrega que dicha vuelta es la que inaugura tropológicamente al sujeto. Indica que "No existe sujeto que se dé vuelta", sino sólo vueltas... y vueltas de un sujeto que "surge" entre estas torsiones. Como emerge la Venus del mar, aquí vemos ascender, de las profundidades de su cuerpo, a la Paz giratoria y paulatina, *calcetín* mediante.

Pero este tropo luminoso que ha enunciado y anunciado la Paz —este lugar específico por el que pasa y vuelve a pasar para ser ella misma y muchas otras, para parecer y ser a la vez— revela que el poder tendrá sus traspiés en el camino, que no sólo "produce", como postula Foucault, sino también reduce y deduce. La Paz hace pasar el poder por su *culo* para citarlo y maniobrarlo, no para ser más libre en una cárcel, sino para estar más viva, diríamos; transitando por sí misma en idas y vueltas, retocando su subjetividad, reduciendo los efectos y multiplicándolos, deduciendo su identidad y esparciéndola, a la vez que la "sujeta" en su *culo*. Otro *agujero* en las tramas de poder y de subjetivación —tal como lo vimos con el régimen de habla que permite la *borrega*, con las *cabañas* y con la sexualidad homoerótica—, pero esta vez literal: un *culo* por el que salen sustancias y entran esencias, donde se negocia vaciando el cuerpo y llenándolo, expulsando el alma y reteniéndola.

Así también, lo que ella hace sobre su cuerpo lo opera sobre el de los otros, porque en su gesto y en su *vuelta* desmiente a la vez la igualdad y la diferencia, las cita y las borronea. Es igual a sí misma y es diferente *de* y *en* una sola vez; es igual siendo diferente, por así decirlo. Es igual y ya se ha *volteado* para ser otra. Pero atendamos a que no se inserta en un régimen de indiferencia, sino que transita de la igualdad a la diferencia sin reposar en ninguna. Asimismo expone a todos a esta transformación inmediata y reversible mostrándoles que tampoco sus cuerpos son Uno ni sus identidades discretas; por eso Nico puede decir: *la Paz es un cabrón*, *volteando* su propio *calcetín* en sus relatos, tornando al otro —o la otra— entre sus palabras, que necesitan *voltearse* ellas mismas para enunciar este estatuto mudable que atisbamos; tal como ella les dice que lo *puto lo tiene en el culo* y que el resto —de sí misma— no queda determinado por ello. Rompe, entonces, con la consecución de las deducciones: si es *puto* entonces...; para trazar un espacio de incertidumbre, porque también es un *cabrón*.

Debiéramos considerar que tal vez por esto mismo el único cuerpo macizo sea el de los travestis, que permanece asido a sí mismo en sus manierismos y sus gestos, en los pliegues y sus roturas. Cuerpo sólido de una intención, carne entre fantasmas; cuerpo estricto, deseoso y centelleante. Cuerpo que torna la mirada hacia sí y se recrea velándose. La masculinidad, esa pieza de herrero, siempre estará, finalmente, en otra *parte*; siempre sostenida y reclamada con presteza, pero también extraña a sí. En la masculinidad se inaugura un cierto régimen de la mirada, lo hemos dicho, pero excluyéndose a sí misma como objeto (en los sentidos polivalentes de la palabra) de dicha mirada. Tenemos tres exclusiones: una primera, que vimos en un capítulo anterior y que excluye a la masculinidad como objeto de reflexión; una segunda, que analizamos en la sección sobre la seducción y que aparta a la masculinidad como objeto de deseo y de mirada; y, finalmente, una tercera, que separa a la masculinidad como objeto de opinión.

Vuelta sobre sí misma, la masculinidad permanece prístina; en estos laberintos de deseos, identidades y cuerpos (y de tantas otras cosas más) la masculinidad sostiene un orden de pureza —su virtud— mediante su clausura. Como los cuerpos que escapaban de las miradas cerrando el paso, levantando *muros* entre las intenciones y los juegos, entre las verdades y los simulacros, la masculinidad también se vela a sí misma, obturándose, trazando en torno a sí un círculo mágico que la hace invisible y la conduce hasta la razón más profunda de los cuerpos.

El cuerpo en la cárcel es como una pintura barroca: no tiene espacios vacíos, lo cubre *todo* en el delicado afán de cubrirlo *todo* —sea mediante descaro o velamiento, obturación o transparencia—. Tras el lleno total del cuerpo —sus pliegues—, como en la pintura, vemos trasponerse un calidoscopio, como si se procediera llenándolo todo para señalar un vacío más radical, como si se mostrara para ocultar. El cuerpo del travesti, historizado en sus transformaciones, en los candentes contornos de una anatomía, revertido en gestos —pintura, retoques y trazos—, cuerpo asido a cierta pasión que rasga su superficie para asirla, como si todos los gestos correspondieran a una pertenencia prematura y vacilante, como si el mismo travesti quisiera apropiarse de sí transformando su cuerpo, obturándolo con una verdad ciega, pero justamente a partir de esa *disyunción*[97] entre *un* cuerpo y *una* subjetividad.

Tal vez la identidad se nos devele sólo como una tierra prometida y heredada que hubiese que conquistar afanosamente con una precisión táctica sobre el mapa enceguecido de la carne: la ropa bonita, el pelo largo, las botas grandes de la Diana y su maquillaje. Como si el cuerpo no fuera nada sino una *disyunción* entre lo que se desea y lo que se es. De este modo el travesti conduce su cuerpo hasta la identidad deseada; ninguno, ni identidad ni cuerpo, están ya *en* y *con* él o ella, sino que ambos constituyen una promesa —de lo ya dado— que se conquista en la carne misma, que la carne misma ofrece.

Este pueblo de deseos aciagos y de gestos centelleantes, esta pequeña nación deseante, cruza su propio desierto para llegar hasta sí misma conducida por una fascinación; pero no por lo que es, sino por lo que nunca será. ¿No son acaso los travestis quienes enuncian la imposibilidad del género y de la identidad de manera más patente? No se trata de que el sexo no coincida con el género, como sostiene la Butler. Eso es poco decir: una rabieta ante los límites estrictos, una patada en el tablero para tirar sus piezas. No se trata de eso, sino, más bien, de que el sexo

---

97 En esta parte nos "inspiramos" en el primer capítulo del libro *Espectros de Marx* de Jacques Derrida (1995).

siempre coincide con el género no coincidiendo nunca, mediante su fracaso y traspié. Sexo, género e identidad forman una trinidad discreta de lo imposible. No se trata de que no coincidan y cada cual se combine de modo contingente con el otro en un festín de azares e intercepciones. Se trata de que sí coinciden, como una promesa dada y debida, pero que siempre fue.

Vemos entonces al pueblo de travestis, pueblo elegido de la identidad y del sexo, cruzar su desierto desde el sexo hasta el género y desde el género hasta el sexo para no encontrar a uno ni a otro, sino sólo este trayecto obligado y sudoroso (hablamos de desiertos). Pueblo que parte en la búsqueda de una identidad, de una verdad provisional que se pueda inscribir sobre la carne; en la búsqueda de una juntura definitiva entre "sexo" y "género", entre "alma" y "cuerpo". Para constatar que todo está *fuera de quicio*, pero no porque no coincidan, sino porque la juntura misma es una trizadura, un "quicio" fuera de sí; sea que se diga que no une nada —al sexo con el género— o que lo une todo —*idem*—. Juntura que es prueba, para ellas, de una promesa sexual, de la plenitud deseada de una identidad (o de la identidad en tanto plenitud de un deseo) y de su coincidencia anhelada; y, para todos los que no cruzan estos parajes, de la insinuación dolorosa y permanente de la subjetividad.

Pueblo que avanza por la juntura misma, trazando en su cuerpo la travesía: pechos, ropas, castraciones, pinturas, vueltas y vueltas; dibujando la topografía de estos trances y sus *pliegues*.

Dijimos: cuerpo como las pinturas barrocas. Pero no sólo el de los travestis, sino el de todos, porque en la seducción que describimos antes, entre las miradas, los juegos y los escarceos, los guiños y las elusiones, en los meandros de una alteridad que relumbra ante la *pureza* de los hombres, también se devela una superficie totalmente llena, sugerente y sugerible, mencionable. Cuando la mirada cruza la distancia entre quien mira y lo observado, cuando atraviesa el espacio social para asirse a los cuerpos, cuando eso sucede, nos muestra que el cuerpo estaba lleno previamente de lo que la mirada buscaba. El cuerpo y el sujeto tuvieron que haber sido *ya* seducidos para ser seducidos. Una seducción, en este sentido, no es algo que suceda de pronto, sino que ya ha sucedido cuando sucede. Si no fuera así y no hubiese esta *disyunción* cómplice entre la seducción seducida y la mirada, entonces la mirada no "miraría" nada. Mira tanto quien *ve* como quien es *mirado*, ambos *lados* operan la mirada para establecer la seducción. Dijimos en una nota que el deseo se debería pensar como un *entre*, tal cual se hace con *lo* inconsciente; he aquí su demostración. *Entre* miradas, y tal vez no *entre* sujetos, se desliza un deseo. Si no se *mirara* la mirada seductora, si aquel a quien se intenta seducir no participara *huyendo* de la seducción y no se "diera cuenta" de la mirada, entonces no habría nada. *Pureza* tal vez, pero que también se *rompe* mediante la *rareza* de unos ojos, como ya lo vimos.

Lo mismo diremos para la coincidencia entre el sexo y el género: sin ella no podrían bifurcarse, pero sólo concuerdan en tanto disjuntos, como las miradas. Si no estuviesen uno y otro tan sólidamente sellados, no habría fractura posible; si cada uno estuviera tan distante del otro, no habría ningún afán por hacerlos concordar. Pero no coinciden, como se nos pretende mostrar, por la estricta determinación de la naturaleza, ni por la acción cabal de una construcción social —sólida en sus efectos y fantasmal en sus procedimientos—. Sexo y género coinciden precisamente porque no son más que esta juntura; límite y trazo en el que, como dirían Deleuze y Guattari, máquinas deseantes se interceptan con máquinas sociales (por eso mismo hay naturaleza y cultura, no en tanto una dicotomía que sostenga por un *lado* sólidas esencias y por otro construcciones contingentes, sino como torsiones de esta juntura).

No hay unidades discretas, eso es lo relevante, sólo juntura. Porque cuando Butler le anuncia a su pueblo *queer* que el sexo y el género no tienen por qué corresponderse uno con el otro, lo que hace finalmente es desconocer la juntura y liberar estas *falsas esencias* en sus respectivos "continentes", que nunca debieron estar juntos y que, ahora sí, pueden marchar en sus particulares derivas. Dice, aun más, que el sexo es construido por el género y que debemos olvidar el lugar cierto del sexo y su diferencia (también sexual), sobre la que se erguiría el género. Pero de un *lado* y del otro permanecen estos terrenos discretos, ya tambaleantes y cubiertos de retoques burlescos, pero macizos en su disyunción. Frente a eso nuestro pueblo travesti y estos colectivos que se seducen eludiéndose nos dicen que el género sí responde por el sexo (y viceversa), que uno y otro sí se corresponden, pero en esta disyunción que es la línea mencionada. No porque uno diga los "contenidos" del otro, o porque preguntando por uno sepamos del otro, sino porque no son más que la línea que los une.

Algunos se deshicieron del sexo para quedarse sólo con el género, otros enuncian repetidamente al género para terminar hablando sólo de sexo. El equívoco es permanente y nunca sabremos de qué *lado* estamos.

Cabe ahora decir que sólo estamos *entre* el sexo y el género no como contenidos, sino como torsiones de la línea que hemos mencionado, como versiones de la juntura. Por eso aquí mismo debemos estimar que la sexualidad y el género tampoco son las entidades sólidas —aunque construidas— que considerábamos, sino formas de organización de este *entre*.

Fuimos convergiendo paulatinamente desde los *lados* hasta esta juntura espaciosa de la que ahora hablamos, atendiendo a la lógica que permite distinguir los *lados* como entidades discretas, y considerando sus fallas, sus versiones erradas y sus reformulaciones. Tal lógica compromete a un cúmulo significativo de investigaciones en este campo difuso que son los estudios de género, y así como considera la adscripción de los *lados* como una operación cultural y un artefacto social, *vuelve* a regresar al punto de partida —incluso en medio de llamamientos radicales— para de nuevo dejarnos de un *lado* u otro, sin atender a la juntura que permite la disyunción entre sexo y género y esgrime justamente la artificialidad de ambos, su contingencia.

Boris detiene los avances de su pretendiente y le dice: *¡no voy de ese lado!*; cuando lo enuncia, exclama: mira, yo estoy acá, de este *lado*, y tú del otro —*sobre* el que no iré—; le dice también: *veo los dos lados*, los *re*-conozco, y me quedo en *éste*. Pero si ve los dos *lados* y dice que de uno *va* y del otro no: ¿dónde está, exactamente? Como lo vimos en la escena de la seducción, que se conforma en un *entre*, lo que hay es esta juntura que ordena las miradas y también las posiciones. Si hay un *lado* y *otro*, y alguien dice desde *este lado* que no quiere habitar el *otro*, es porque los *lados* son artificios de una línea, están *entre* y no a los costados; luego se pueden discernir los flancos. Están en su juntura, por eso discriminan un *lado* del *otro*, tal como dirimen miradas, viéndose en su propio mirar. Otra vez: si los *lados* que enunciaba Boris —así como su versión "interna", que Crisóstomo llamaba *pliegues*— son una topografía para el deseo, al igual que una sociografía de las identidades, un mapa para el sexo y el género, tenemos una línea que permite distinguirlos y percibirlos como unidades discretas, sea para consentir su unión o su disyunción. No importa. Lo relevante es que son un efecto de la línea, de la juntura misma que los constituye. Lo discreto permanece (ve)*lado*. Tal como las miradas, que son efecto de este espacio *entre* (ellas), y se remiten unas a otras mediante un juego de conocimiento y desconocimiento subsiguiente, creando un salón de espejos infinitos.

Regresemos a la Paz, a su *culo* y sus *madrazos*. Lo que ella devela claramente es el espacio *entre* sobre el que hemos insistido. Si puede ir, "dentro" de ella misma y "a través" de ella misma de lo *puto* a lo *hombre*, pasando por un *culo* metafísico y demiúrgico, es porque ella no está de ningún *lado*, sino *entre* ellos o, más bien, reconoce que los *lados* son un *entre* —sea en "uno" mismo, o en un colectivo— que permite su distinción y su retruécano. Crisóstomo especificó que la operación consistía en *voltear un calcetín*, así como en *romper pliegues*, pero la Paz agrega que el *calcetín se voltea* y se vuelve a *voltear*, que ésa en su condición, que nunca permanece en un *lado* o en *otro*, sino *volteándose*. ¿Qué es una voltereta, qué es una torsión? Es un espacio *entre*, no es *lado* alguno; a la vez que va de uno a otro, constituyéndolos. Va del sexo al género y del género al sexo, *volteándose*, tornando una identidad y una anatomía, un cuerpo y una subjetividad.

Asimismo la Paz se vela y se des-vela, se *descara* y se *cubre*, en operaciones que ya examinamos y que se realizan en este *entre* machacón del que hablamos. Pero no hay nadie que sepa tan bien de este lugar oculto, que pueda describir con tanta precisión los *lados* y el funcionamiento de la lógica indicada para su constitución en entidades discretas y distintas, como un travesti; porque él o ella es un *entre* permanente e insistente: *entre* su cuerpo y su anatomía, *entre* su deseo y su identidad, *entre* otros y ella misma, *entre* velos y miradas, *entre* pinturas, ropas y pliegues. Boris puede elegir un *lado*, *des*-conociendo que conoce ambos, y que está *entre*, o Crisóstomo considerar que el *calcetín* se *voltea* de una vez para siempre, porque ambos estiman que están en el —y pertenecen al— campo discreto y diferenciado de la masculinidad, que no es más que una operación de deslinde y de desconocimiento del *entre*, un intento fallido para conformar un territorio cierto y preciso a la vez que sólido y consistente. La Paz, ella que es un *cabrón* y que sabe muy bien lo que es un *hombre*, les recuerda que el *calcetín* se voltea y se vuelve a voltear, que cada cual participa en esta ruleta enunciando *lados* y *volteretas*; pero *entre* ellos, al medio de todo. Por eso, y este punto es relevante, la operación de diferenciación es siempre una de semejanza; cuando los *hombres* ven distinto al *puto*, leyendo sus señas y sus movimientos, cuando hacen eso y van del *parecer* al *ser*, lo que pretenden es deslindar *lados* y establecer territorios y *bandos*, claridad en la confusión de los pareceres y de las identidades, pureza en los cuerpos y en las miradas, en los deseos y en las intenciones. Ya lo dijimos, la Paz corre en una dirección y en otra, así como la Diana se pasea *pareciendo* lo que no *es*, desvirtuando el lugar seguro que, tras los muros, algunos habían construido para sí, para sus deslindes y sus conceptos.

Pero aquí encontramos una pista para comprender la parcialidad a que nos referimos en el caso del *monstruo* y del muchacho que se prostituye, así como la de los cuerpos en los escarceos de la seducción. Dijimos que uno y otro —*monstruo* y *muchacho*— son constituidos en *mujeres parciales*, a la vez que una mujer fantasmal se reparte en pedazos en la cárcel. En un primer momento percibimos la parcialidad referida a una totalidad que se parte y que se desmenuza fragmentándose, pero más bien, *nunca* ha existido dicha totalidad, pues la operación de conformación de mujeres parciales es equivalente a la de *voltear* y volver a *voltear el calcetín* que ha expuesto la Paz; es un ir y venir entre la identidad, el cuerpo y el deseo, que no supone ninguna sustancia, sino un funcionamiento específico, sea en el trabajo doméstico o en el sexo. No es que ante *mujeres parciales* tengamos a *hombres totales* que cortan un —y el— cuerpo y lo trozan. No, ante ellas y con ellas, tenemos otras tantas parcialidades que se desplazan en este *entre*. Porque cada cual, lo vimos, puede ser *mamá* o *monstruo* —dos tipos de *mujeres* parciales, ahora lo vemos, pero una "subordinada" y la otra "dominante"— y tiene que *voltear* su propio *calcetín* para pasar de una posición a otra, que son otros equivalentes de los *lados* que refería Boris y de los *pliegues* de Crisóstomo. Asimismo, en el caso del muchacho que se prostituye y quien lo *contrata* cada cual actúa su parcialidad: la del muchacho que "ocupa" una posición pasiva en el sexo, concomitante a una posición femenina, acicateado por la urgencia de tener dinero para consumir droga (por mencionar el caso más común), y la de su *partenaire* que parcializa su deseo en un cuerpo a la vez fragmentado, esgrimiendo la privación de su sexualidad "normal" por el encierro y la falta de mujeres (reconociendo claramente su parcialidad vital y experiencial), y parcializando el deseo de *mujeres* en el deseo de *sexo* y viceversa.

V. SEDUCCIÓN, MASCULINIDAD Y CUERPO: A MANERA DE EPÍLOGO

Hemos elaborado algunas conclusiones, pero sin el afán de resumir lo que se ha dicho a lo largo de los análisis que acabamos de cerrar. Nos interesa, al contrario, relacionarlas con ciertas discusiones teóricas y destacar algunos puntos para continuar tales debates. De este modo, hemos evitado el estilo conclusivo porque desde el principio rechazamos establecer una "verdad".

Escribimos tres secciones finales. Una la dedicamos a la seducción, advirtiendo que constituye una escena que se contrapone a la de la identidad y que representa una forma distinta de aproximarse a los objetos que comprometen a los estudios de género y de sexualidad. Como lo indicamos en algún momento, tal vez aquí una mirada oblicua sea mejor que una directa. De alguna forma proponemos una aproximación metodológica y teórica que reivindica los rodeos, los dobles sentidos, así como los entuertos y las imposibilidades. La escena de la seducción tiene una característica central: admite la reversibilidad de los órdenes. Hasta ella nos condujeron la Paz y su *culo*, ya largamente citados, para esbozar como posibilidad no sólo la subversión o la inversión de un orden sexo genérico, por ejemplo, sino también su reversibilidad. Este rasgo permite, a nuestro entender, realizar una genealogía de la masculinidad que no suponga sus orígenes ni determine por anticipado sus contenidos.

Luego expusimos que la masculinidad debe entenderse como un "punto nodal", es decir, como una forma de condensar contenidos y de totalizarlos. Esto se vincula con las dos características centrales de la masculinidad que hemos encontrado: primero, su pugna por mantener siempre un estatuto de sujeto —los hombres que la portan, más exactamente—, objetualizando a los otros para conseguirlo; segundo, su funcionamiento siempre por totalización. Su principal amenaza, junto con ser objetualizada, consiste en la parcialización. La masculinidad debe leerse como un esfuerzo permanente y cotidiano, urgente y agónico en muchos sentidos, por mantener la totalidad y la posición de sujeto en cualquier relación social. Hablamos de puntos nodales porque consisten sólo en una forma de fijación, por eso hemos sostenido que más allá de esta forma, la masculinidad es un conjunto vacío. Asimismo cabe destacar que puede funcionar como punto nodal dada una exclusión radical: la que se ejerce sobre el *puto* y lo *puto* en la cárcel, que es su elemento caído, su fracaso más radical y consistente, y un límite que constituye a la masculinidad misma. Está *más allá* de ella —como resto—, pero conformando el centro de su funcionamiento.

Por último nos abocamos al tema del cuerpo. Tres partes del cuerpo son el soporte para los puntos más relevantes en estos análisis, según nuestra consideración: la boca, la cara y el culo. Los órdenes sociales que hemos estudiado —el social, el genérico y el sexual— se condensan en estas partes para desplegar su funcionamiento. No obstante, consideramos que subyace un *resto* que no puede ser analizado y que responde al estatuto material del cuerpo, independientemente de las significaciones. Quizás estemos ante la misma disyunción que observamos para las prácticas y los significados, pero esta vez el cuerpo permanece en una condición silente. Tal vez nos refiramos en último término a la carne, por utilizar esta palabra tan bellamente atiborrada de sentidos y de usos. No somos presa de una ingenuidad epistemológica que pretenda conocer la "cosa en sí"; sólo anotamos como un fracaso y una imposibilidad de nuestros análisis que el cuerpo permanezca transido de un silencio persistente, que tenga en cierto modo un estatuto inanalizable.

LA ESCENA DE LA SEDUCCIÓN

Si atendemos a lo que ya se ha mencionado a lo largo de estos análisis veremos que hemos esbozado un régimen de la mirada que opera como marco semiótico para el erotismo y la subjetividad, y que hemos descrito una escena, estrechamente vinculada con este régimen, que llamaremos de la *seducción*. Una *escena de la sedu*cción que deslinda, en sus propias formas y acuerdos, erotismo e identidades, deseos y rechazos, acoplamientos y huidas. Consideramos que los estudios de género en general, y los de masculinidad en particular, han elaborado y participan de una *escena de la identidad* en la que el todo coincide con sus partes, los contenidos remiten siempre a formas y los enunciados a verdades, aunque sean construidos e históricos. Tales estudios participan suavemente de una lógica que intentan impugnar, ya lo hemos dicho, y salen a buscar lo que en cierto modo ya encontraron. En este viaje sinuoso y respetable quedan atrapados en un sinnúmero de callejones sin salida y enredados en sus propias formulaciones, como arañas que no supieran tejer sino su desvarío. Tal vez, y ésta es nuestra apuesta, el error más craso que se comete es participar en esta escena de la identidad, que es vecina de otra escena de la verdad, y reproducirla. Es la *verdad* del sexo y del género lo que se ha buscado afanosamente entre cuerpos y afirmaciones, entre supuestos y axiomas, entre silencios y mentiras. Verdad que nos debiera decir cómo se corresponden los significados con las prácticas, los senti- dos con las éticas, las construcciones con su historia; el cuerpo con sus palabras. Si retomáramos lo que expusimos antes sobre la genealogía, deberíamos indicar que estos estudios han operado convencidos acerca de la *verdad* del género y la determinabilidad de su *origen*. Por eso parti- cipan de la escena de la identidad, tan precaria como la de la seducción, tan real también como ella, pero repleta de pretensiones y de certezas que aquélla evita o desmiente.

Por otra parte, estimamos que la estrategia de Butler de separar al sexo del género para dejar que éste prolifere y se multiplique no elude esta escena de la identidad, pues sólo expande los referentes para permanecer atada, aunque sea por contradicción y separación, a la *verdad* del sexo. De alguna forma Butler es otro capítulo de la historia del *sexo verdadero* ya mencionada, de esta empecinada lucha por la verdad de la carne y la discreción de la anatomía; episodio tal vez hilarante porque ya nada coinci- de con nada, y los cuerpos liberados de sus identidades —pero también las identidades de sus cuerpos— pueden vagar por el espeso bosque de las sub- jetividades al fin descarnadas, tal como lo hacen los ángeles en el Paraíso, sin sexo y sin carne. Como plantea De Lauretis, "no podemos resolver ni disipar la incómoda condición de estar simultáneamente *dentro* y *fue- ra* del género mediante el expediente de *despojarlo del sexo*" (Lauretis, 1991b: 248; las cursivas son nuestras). La advertencia es clara y tiene casi veinte años de haberse formulado. No podemos salir del género creyendo que sólo estamos en él —sólo hay género y ya no sexo— sin sostener una escena tanto de identidad como de verdad. Expandir al género, subsumir en él al sexo para quedar igual que siempre: buscando coincidencias y verdades, mesándonos los cabellos cuando las prácticas parecen tan dís- colas ante sus significados, y cuando los cuerpos regresan cargando la densidad de su carne. Regresemos a De Lauretis y sus advertencias; ella sostiene en ese mismo escrito que "el género no es una propiedad de los cuerpos, ni algo existente desde el origen en los seres humanos, sino que es 'el conjunto de efectos producidos en los cuerpos, los comportamientos y las relaciones [...]' por el despliegue de 'una compleja tecnología política'" (*ibid.*: 234). Entonces, no es necesario restar a los cuerpos algo que no es de su propiedad, ni borronear orígenes que no son tales; es preciso estudiar los efectos producidos por una tecnología política sobre los cuerpos, sobre las conductas, en los imaginarios y en las relaciones.

En el libro que dedica a la seducción, Baudrillard explica que "toda estructura se acomoda a la inversión o a la subversión, pero no a la reversión de sus términos. Esta forma reversible es la de la seducción" (1986: 27). De haber una tecnología que produjera y administrara efectos, sería tanto política como seductiva, al menos en el ámbito que aquí nos interesa. Para nuestros fines no basta con decir que existe dicha tecnología, si suponemos de inmediato que sus efectos serán sólo de producción y que admitirá en su funcionamiento la inversión —el sexo es género— o la subversión —sólo hay género—, pero no la reversibilidad —del sexo y del género—. Ésta es la escena de la seducción, y su tecnología, que hemos analizado ya insistentemente. En esta escena caben la Paz y su *culo*, los *cabrones*, los *puñales*, los *putos*, las idas y venidas, las huidas y los acercamientos, el amor y la furia. En esta escena transitan los travestis y sus clientes, los *monstruos* y sus *mamás*. Es la escena de las *cabañas*, de los velos que se corren y se descorren, de los silencios y de los retruécanos. Una escena que, en su rasgo más sorprendente, estipula la *reversibilidad* de los signos y de las identidades. Como mostraba la genealogía, la verdad es siempre un acuerdo, y la seducción lo rebate: "ser seducido, dice Baudrillard, es ser desviado de la verdad".

Tenemos la reversibilidad de las identidades y de las posiciones, luego, la del deseo, que vimos en el caso de la prostitución; así también la reversibilidad de la suerte y del destino cuando hablamos del silencio. Tenemos este oráculo que dice: la seducción es la reversibilidad de cualquier orden (semiótico, corporal, institucional, genérico, sexual...). De algún modo la seducción, y la escena que tratamos de reconstruir para describirla, operan de la misma manera que hemos descrito para el género. Hay seducción porque existen *lados*, que son discernibles sólo en tanto se está *entre* ellos. Tras la libertad aparente de los sujetos, su capacidad de elección y de seducción, subyace una regla que permite un juego (Leandro lo ha dicho: la seducción es un juego, un *cotorreo*). El género es también norma o regla, forma de ordenar un *juego* entre identidades y adscripciones, entre cuerpos y subjetividades, entre individuos y grupos. La seducción es un orden, tal como lo es el mismo género; orden, sin embargo, de la reversibilidad de todo orden.

Butler (2001b) observa que la constitución del sujeto puede leerse como un proceso que intercepta sujeción y subjetivación, imbricadas en una relación inaugural con el poder. Ya lo citamos: sujeto como vuelta sobre sí, posibilitada por esa relación con el poder que es tanto sujeción como subjetivación. El género será uno de los modos en que se pliega el poder en la vuelta del sujeto sobre sí y que lo constituye en su misma operación, con resultados tanto de sujeción como de subjetivación. Tal vez Butler y De Lauretis coincidan en esto: la operación de un orden de género es en sí misma creadora de sus propios efectos, que no anteceden nunca a su propia operación, la cual, a la vez, sólo consiste en dichos efectos. Digamos: es un orden de efectos, no de causas. Como el sujeto del que habla Althusser, que está *siempre-ya* interpelado, no hay estrictamente un *antes* y un *después* sino en tanto distinciones que el mismo orden consiente y que, además, le permiten ocultar su funcionamiento. De esto nos hablan los presos: orden circular que intercepta causas con efectos en el retorno del tiempo sobre sí, en la obligada repetición que supone. Las causas y los efectos serán, en este sentido, distinciones conceptuales y lingüísticas.[98]

Anotemos: la reversibilidad es siempre la de un orden. En la Paz era un orden sexual y de género el que se reversibilizaba en su *culo*; en el caso de la *borrega*, un orden del habla lo hacía en su boca, mediante su muerte o su castigo. No para instaurar libertades crecientes ni para establecer un régimen de habla o sexo genéricos menos opresivos. No. Más bien para permitir que los dos coexistan y convivan. La *borrega* y los travestis, ya lo hemos dicho, surgen de la colisión de los dos órdenes. Y los hacen reversibles a los dos, al mismo tiempo. Los seducen, transitan entre ellos, los alteran. Por supuesto que sacrificialmente, ofreciéndose a sí mismos para permitir que la seducción suceda, entregando su propia vida a este sistema de intercambios reversible y circular.

---

98 Humberto Maturana (1995) observa que el lenguaje permite realizar distinciones que figuran como externas a él, pero que son generadas por su propia operación. Por eso recalca que no existe *realidad* fuera de estas distinciones.

Pero, en tanto vector de seducción, la *borrega* y el travesti constituyen una línea de fuga;[99] atraviesan su propia carne para repartirse en múltiples direcciones. Estas dos figuras posibilitan el espacio que los presos consiguen para su propio orden; surge en los límites que ellas trazan con su cuerpo y su habla. Tenemos, otra vez, un *entre*; Baudrillard advierte que en la seducción no hay *activo* o *pasivo*, "tampoco hay sujeto y objeto, interior o exterior: actúa en las *dos vertientes* y ningún límite las separa" (1986: 78-79; las cursivas son nuestras). Si no hay interior ni exterior, ni tampoco sujeto y objeto, la seducción actúa en "las dos vertientes" —la del sujeto y la del objeto, la del interior y la del exterior— y "ningún límite las separa", entonces no son más que un límite en sí, un *entre* infinito y sostenido. Tal como la sujeción y la subjetivación.

Debemos volver a la escena de la seducción que antes mencionamos. Porque serán características centrales de la masculinidad en la cárcel su oposición y su pugna, con esta escena y su reclamo de una escena de la identidad. Vimos insistentemente que nuestros entrevistados, al menos aquellos que se remitían a una noción hegemónica de la masculinidad, escapaban de la escena de la seducción o la clausuraban, participando en ella, sin embargo. Hemos encontrado la trama performativa que permite todo esto; la distancia que se reclama entre las *palabras* y las *cosas* para construir una identidad y una posición dentro de un ordenamiento genérico y sexual. Otra vez, y no será suficiente repetirlo muchas más, los significados se conforman en un espacio diferente al de las prácticas, no sólo para no coincidir con ellas; sino que, y esto es lo más relevante, para consentir las prácticas mismas, para generar el hiato que permita mantener y sostener una posición subjetiva y social que se estime conveniente —el plano de los significados—, a la vez que se despliegan conductas que contradicen, que impugnan o que no coinciden con dicha posición —el plano de las prácticas.

Diremos que nuestro interés era entender cómo sucedían ciertas *cosas* sin remitirnos en primer término a las *palabras*. Pero, ¿teníamos algo más que palabras para conocer? No. Entonces, lo crucial era entender las *palabras* en este funcionamiento seductivo que hemos analizado y comprender que ellas no remitían a una verdad necesaria —como lo postula la escena de la identidad— sino a estrategias múltiples, a tácticas

---

99 Deleuze y Guattari aseguran que un campo social "no se define tanto por sus conflictos y sus contradicciones, como por las líneas de fuga que lo atraviesan" (1988: 94).

diversas, a resoluciones distintas y contradictorias. Bastaba con que no le solicitáramos *verdad* a esas palabras, ni tampoco congruencia, para que pudiéramos seguir su curso sinuoso, como el de un río o el de un ritual. Dejarnos llevar, para llegar a estas nebulosas orillas de la masculinidad y sus procedimientos.

MASCULINIDAD Y PUNTOS NODALES

Hagamos algunas preguntas relativas a los temas que nos interesaron. Primero, ¿qué es un sujeto, dado lo que hemos analizado antes? Responderemos que el *trauma* mismo que Esther refirió, ese afán siempre fallido y precario por conseguir una totalidad que se difumina entre las partes y por desconocer la parcialidad constitutiva de cualquier intento de totalidad. Luego, ¿qué es subjetivación entonces? Es este trayecto recursivo mediante el cual los sujetos conforman un trozo de sí, un esbozo de mismidad y de destino. El problema, debiéramos decirlo, no es que el destino sea una imposición o que resida en un cuerpo más o menos sólido y discreto, en las encantadoras señas de su anatomía, sino que un destino es siempre intensamente precario y elusivo.

Tantas veces se nos habla de los sujetos, de su supuesta construcción y de sus azares, con la seguridad diáfana de un predicador, aludiendo a su precariedad pero sosteniendo en el gesto analítico e interpretativo su solidez, esgrimiendo partes para terminar siempre —una y otra vez— en el todo, bestia remolona y consentida de nuestros propios derroteros. Por eso hemos insistido en que la pregunta se debe lanzar sobre este trayecto oscuro y equívoco que denominamos subjetivación (siguiendo a Foucault) para evitar las unidades discretas, las identidades sólidas y aglutinadas que atraviesan los estudios de género, aunque se repita que *todo* es construcción. Paradójicamente, tenemos la sensación de que si bien tratamos de hablar de *un* sujeto ("masculino", en nuestro caso), es lo que menos encontramos: donde preguntamos por la solidez hallamos estrategias y coordinaciones específicas; donde supusimos entereza y univocidad nos enfrentamos a la parcialidad y la polivocidad. No sólo *entre* sujetos, sino en los sujetos mismos. Idas y vueltas.

Lo mismo diremos respecto a la masculinidad en particular. Parece tan precisa en sus contenidos y en sus adscripciones, tan entera en sus partes y en sus gestos. Pero lo que tenemos al final del recorrido es algo que funciona como un *punto nodal*, que permite anudar procesos y sentidos, simulando que son los suyos propios; ante todo, es un lugar en el que se organizan dinámicas, aunque se sustenta él mismo como un origen estricto y aplastante. Genealogía de la masculinidad, eso es lo que intentamos hacer mediante topologías y retruécanos. Genealogía de un origen inexistente y que, como todo origen, es sólo un punto en los mapas posibles de lo real.

Punto nodal es un término acuñado por Lacan para explicar el funcionamiento privilegiado de un significante sobre los otros.[100] Ha sido utilizado ampliamente desde su formulación. Laclau y Mouffe (1987) plantean que todo discurso se constituye "como un intento por dominar el campo de la discursividad, por detener el flujo de las diferencias, por constituir un centro" (129). Esta parcialización, mediante la constitución de un centro discursivo, sucede mediante los puntos nodales, que se constituyen en puntos discursivos privilegiados de esta fijación parcial (*idem*).

Žižek describe cómo sucede esta operación en el sujeto. Dice que: "el sujeto atrapado al principio en sus presupuestos sustanciales [...] *retroactivamente* los 'postula', o 'pone', los *subordina* a la forma de él, hace de ellos su propio *objeto pasivo*" (2003: 62; las cursivas son nuestras). El sujeto entero opera como un punto nodal, lo cual le permite realizar dos operaciones fundamentales para comprender la masculinidad: vincular retroactivamente los contenidos y darles un estatuto sustancial. Žižek dice que transforma sus atributos en resultados de su propia operación y se constituye como antecedente, siendo un consecuente.[101] Luego, y estrechamente relacionado con esto, el sujeto —y la masculinidad— invierte la relación de pasividad y de objetualidad: al *subordinar* retroactivamente sus propios atributos constitutivos como conformados por él mismo, se constituye en sujeto de sus presupuestos, lo que difumina y vela la operación de sujeción inaugural que lo permite. La operación se oculta en su retroactividad: el sujeto, que es un resultado, aparece como "causa"; Butler observa que la "narración de la constitución del sujeto presupone que dicha construcción ya ha tenido

---

100 El término francés es *point de capiton*, y Lacan lo tomó del argot de los mueblistas. Un *point de capiton* permite que diversos hilos en la costura de un tapiz se unan, pero por debajo, y que continúen hacia otros puntos.

101 "[E]l sujeto se transforma en [...] 'lo que era ya siempre': un efecto retroactivo se vive como algo que ya estaba allí desde el comienzo" (Žižek, 1992: 146).

lugar, y por lo tanto, se produce a posteriori" (2001b: 22). Asimismo, el *punto nodal* es el lugar "donde el sujeto es 'cosido' al significante, y al mismo tiempo, el punto que interpela al individuo a transformarse en sujeto [...] es el punto de subjetivación de la cadena significante" (Žižek, 1992: 140). Ya hablamos de la interpelación en Althusser: él afirma que es la manera de transformar a los individuos en sujetos. Sin esta interpelación, que Žižek lee como una "cosedura" a la cadena significante, no hay sujeto, sólo individuo. Es el lenguaje, la cadena significante que menciona el autor, lo que permite que el individuo devenga sujeto.

Esto lo hemos visto frecuentemente. La masculinidad opera según dos estrategias fundamentales: asegurar su *totalidad*, aunque sea mediante la parcialización de el o los otros, y sostener siempre un *estatuto de sujeto*, objetualizando a los otros si es necesario. Ambas están estrechamente vinculadas, pues la totalidad resguardada —léase: el punto nodal masculino— es lo que permite sostener el estatuto de sujeto y viceversa. Pero si atendemos a la masculinidad que hemos analizado en la cárcel, queda por responder una pregunta: si debe ordenarse como totalidad y sostener un estatuto de sujeto, ¿por qué se habla de una masculinidad *caída*?, ¿por qué se esbozan las distancias y los extrañamientos que hemos referido? Miller asegura que para que exista el conjunto "el elemento tiene que salir, tiene que excluirse, exceptuarse, aparecer como *déficit* o *exceso*" (citado por Žižek, 2003: 63). Para que el conjunto exista tiene que haber un *déficit*, digamos, una *caída* que lo permita. En esta *antagonía* entre el ideal y la experiencia, entre lo que se es y lo que se debiera ser, la masculinidad misma es lo que aparece como *déficit*: es el elemento que permite el conjunto que, paradójicamente, es la masculinidad misma. El *déficit* surge mediante la *caída* de la masculinidad, luego del encierro. Desde la masculinidad caída se ven los pies del "ídolo"[102] y se le describe. Se sigue el trayecto de derrumbamiento —la *caída*— para identificar las "cumbres" desde donde se ha precipitado la masculinidad en la cárcel. Alturas en las que nunca ha estado —ni *adentro* ni *afuera* de la cárcel— y que por eso funcionan como ideal.[103]

---

102 El ídolo y el ideal remiten, en alguna medida, a la imagen y la representación.

103 El ideal del yo se puede entender como una identificación simbólica, que es "la identificación con el lugar *desde el que* nos observan, *desde el que* nos miramos" (Žižek, 1992: 147).

También se dice que es por *exceso* que el conjunto existe —por exceso del elemento—. Esther aseguró que en la cárcel "sobran hombres". "Sobra" debiera leerse como saturación de un mismo objeto —hay demasiados hombres—, pero también como un *resto*. Las *sobras* son un exceso de lo que *falta*. Ésta es la dinámica del ideal: siempre falta, siempre genera *restos*. Falta masculinidad respecto al ideal, y también sobra. El *excedente*, dice Žižek, es la forma de aparición de la *falta* (*ibid.*: 63). Lo vemos cuando los internos interrumpen cierto discurso mediante golpes o puñaladas, cuando se presentifica la falta que nunca debe enunciarse.

Pero esto nos conduce nuevamente hasta el *puto*, que es construido como un *resto* por una masculinidad que no permite negación, como la *caída* definitiva del régimen masculino de la identidad. Pero también vimos que al *puto* se le atribuye un exceso, un *descaro*. Sea como *resto* o como *descaro*, el *puto*, en tanto límite de la masculinidad y caída radical del ideal que la sostiene, es el *elemento* que posibilita el conjunto, su déficit y su exceso. Lo que debe ser excluido de dicho conjunto para que éste pueda existir.

Por otra parte dijimos que la masculinidad es un espacio vacío, que no se define ante todo por sus contenidos, sino por su forma. En un sentido semejante, Žižek advierte que el punto nodal no debe considerarse como la palabra en la que se condensa "toda la riqueza de significados", sino que más bien "[...] es la palabra que *en tanto palabra* [...] unifica un campo determinado constituyendo su identidad: es, por así decirlo, la palabra a la que las 'cosas' se refieren para reconocerse en su unidad" (1992: 136). Por eso hemos dicho que la masculinidad sólo sirve como *palabra* aglutinante. Es un punto nodal en el que se articulan los significados de manera retroactiva "unificando un campo". Esta unificación —hablamos de totalización— surge como una operación que distingue entre *lados*, pero en sí misma sólo es posible por estar *entre* medio de lo que distingue. Žižek aclara que el punto nodal no es más que "'la pura diferencia': su papel es puramente estructural, su naturaleza es puramente performativa —su significación coincide con su propio acto de enunciación—" (*ibid.*: 140). Es un "error de perspectiva", dice, el que hace aparecer como un punto del supremo sentido al elemento "que sólo detenta el lugar de una falta".

EL CUERPO COMO UN "RESTO": LOS FANTASMAS

Consideramos que los argumentos que hemos planteado a lo largo de este trabajo guardan un remanente —otro *resto*— que no se puede explicar por sí mismo. Desde el principio hablamos de parcialidad y de fantasmática. Parcialidad de los cuerpos y fantasmática de las identidades. Un orden que nunca se puede cerrar sobre sí porque siempre lo amenaza la muerte, sea en forma de disolución o de fragmentación. También hablamos de un orden reversible, circular y recursivo. Para el intercambio y la muerte, la baza final, su lugar de inscripción primero y último es el cuerpo mismo; como prenda del intercambio, "objeto" que se traspasa, se vende y se compra, y como garantía fatal del sistema entero de préstamos y pagos. El cuerpo es el *resto* que no se puede explicar por sí mismo en estos análisis. Nos aproximamos a él, lo rodeamos, pero siempre se escabulle, constantemente hay que hablar de él como si fuera un conjunto de significados, y la carne debe pasar por nuestro afán parlanchín. No obstante, la corporalidad del cuerpo, su densidad material queda velada: no logramos alcanzarla mediante palabras. El cuerpo en la cárcel se parcializa y se totaliza alternadamente, se le envía en diversas direcciones y vuelve sobre sí, opaco y frágil. El cuerpo, en muchos sentidos, permanece en silencio.

Si esto es así: ¿qué es el cuerpo?, ¿cuál es su estatuto? El cuerpo ha rondado todos nuestros análisis y ha sido el pivote de una parte importante de lo que hemos desbrozado lentamente. Apareció ya en el primer momento como punto de intersección entre el tiempo y el espacio, como superficie sobre la que se inscribe una ortopedia (moral, identitaria, laboral, subjetiva), como punto de reversibilización de los órdenes, como espacio en el que se juega la muerte y como territorio en el que se conforma y recrea la masculinidad. A nuestro juicio hubo tres momentos capitales en los análisis: el primero sucedió en la *boca* de la *borrega* que torsionaba los dos sistemas discursivos de la institución, inaugurando un espacio de silencio; el segundo tuvo lugar en la *cara* de Leandro, cuando se escindía en dos *personas* y trazaba un *entre* la vida y la muerte sobre sí mismo El tercero ocurrió en el *culo* de la Paz, que revertía sobre sí y en su cuerpo —mediante él— un orden genérico y sexual, y un régimen performativo sustentado en la recursividad y la circularidad. Tres partes del cuerpo: boca, cara y *culo*. Tres operaciones: recursivizar, escindir y revertir. Será entonces en el cuerpo donde se traspase la masculinidad y donde se difumine. Los orificios serán atalayas de las certezas masculinas y puntos de su disolución: boca, ano, ojos. Orificios, cavidades, geografías sinuosas de los cuerpos y sus usos. Fronteras.

¿Tenemos tres cuerpos, uno solo, múltiples o ninguno? No lo sabemos; tal vez cada proposición tenga su razón y su necesidad. Pero si recordamos lo que antes se ha dicho sobre el fetichismo, lo que tenemos es un orden fantasmal. Espectros. Derrida explica que el fantasma "tiene una especie de cuerpo, pero sin propiedad, sin derecho de propiedad 'real' o 'personal'" (1995: 55). Para que exista un fantasma es necesario un retorno al cuerpo, pero a un cuerpo "más abstracto que nunca", dice Derrida (144). Cuerpo abstracto, curiosa paradoja en nuestro caso, porque se transforma en *cosa*. Lo que supondría una concreción más intensa es, ante todo, una abstracción radical: del cuerpo mismo mediante su cosificación. Fetichismo: detrás de él deberemos encontrar *relaciones determinadas de los hombres* —literalmente, en este caso— *entre sí*. En algún momento preguntamos ¿quién le pide cuerpo al cuerpo?, y respondimos que la Paz. Ahora lo sostenemos: ella se lo pide, le pide *cosa* a la *cosa*, radicalizando su abstracción. Su estrategia, que de algún modo es la de los travestis en la cárcel, consiste en volver al cuerpo una *cosa* para sí mismos y no atender a su anatomía ni a sus ontologías. *Transcorporalidad* travesti, que se apropia del cuerpo "propio", extremando su objetualidad para poder subjetivarse. Leandro está vivo y muerto porque no puede anclarse en su cuerpo para subjetivarse en él; ha perdido su cuerpo como *cosa*, sólo habita como espectro en sí mismo y en la cárcel. Como el fantasma derrideano, no tiene derecho a propiedad "personal" sobre él. La Paz y los travestis se apropian de su cuerpo simulándolo, extenuando sus signos y sus gestos. En cambio Leandro y todos los hombres que reclaman un lugar no *quitable*, no simulable, real, por así decirlo, ellos se espectralizan y quedan *entre* ambos *lados* (sexuales, experienciales y ontológicos).

En último término, será la seducción la que permita esta apropiación, la que le pida cuerpo al cuerpo, morigerando la *cosa* abstracta, que está viva y muerta a la vez. La seducción, que en su trazo vincula cuerpo y muerte ritualizando sus espacios, y que permite la reversibilidad de cualquier orden y cualquier posición, no admite, ya lo dijimos, la distinción entre sujeto y objeto, ni entre interior y exterior, así como tampoco entre pasivo y activo. La Paz y los travestis, ellos o ellas, eliminan las distinciones, las borronean en su cuerpo y transitan sobre ellas. No quedan "atrapados" al "espíritu", por así decirlo, ni tampoco a la carne. Leandro y los otros entrevistados, sus escisiones y sus duplicidades, se fundan en una "elección" *entre* los términos, en la insistencia por elegir un *lado* —el correcto, por cierto—. Intentan evitar la seducción y, al hacerlo, participan del régimen fantasmal que hemos descrito. En el intento por mantener su estatuto de sujetos (entendido como una noción sólida y sustantiva) se transforman en objetos, en espectros. Por esto el *puto*, como lo hemos dicho, es un *resto* en la escena de la identidad de la que participa la masculinidad; en esta otra escena es el único sujeto.

Por eso tiene sentido hablar de subjetivación, porque así se evita mencionar algún contenido previo y tautologizar los análisis (de modo que se empiece en la identidad para terminar en la identidad misma). Siempre se encuentra lo que se está buscando, pero el trayecto es otro si se empieza sin saber muy bien lo que se busca ni lo que se encontrará. Decimos: se requieren investigadores tan precarios como los sujetos a investigar para poder seguir este derrotero. Precariedad que empezamos refiriendo: otro país, otro mundo, otra gente. Distancia. Casi no encontramos nada de lo que buscábamos, pero sí muchas cosas que nos han parecido relevantes. Eso es lo de menos. Pero en términos teóricos lo importante es que la noción de subjetivación permitía atender al *entre* en el que hemos insistido tanto, sopesar el trayecto y los quiebres, las idas y las vueltas, el traspié y la fractura; así como la plena operatividad de un orden de sexo género, su impecable demostración y certeza.

Porque, también destaquémoslo, sólo hemos seguido un trayecto: entre el sexo y el género— podrían recorrerse muchos otros, con distintas preguntas y técnicas—, trayecto que se nos devela él mismo como el contenido y la forma. Pero sólo se puede hacer esto si se entiende como punto nodal, como genealogía de orígenes que nunca fueron, como explicación de causas y efectos que flotan a la deriva en estas historias.

BIBLIOGRAFÍA

Aguirre, Carlos y Robert Buffington (eds.) (2000), *Reconstructing Criminality in Latin America*, Willmington, Scholary Resources.

Alonso, Luis (1995), "Sujeto y discurso: el lugar de la entrevista abierta en las prácticas de la sociología cualitativa", en Juan Manuel Delgado y Juan Gutiérrez (eds.), *Métodos y técnicas cualitativas de investigación en ciencias sociales*, Madrid, Síntesis.

Almaguer, Tomás (1995), "Hombres chicanos: una cartografía de la identidad y del comportamiento homosexual", en *Debate Feminista*, vol. 11, pp. 46-77.

Althusser, Louis (1997), *Ideología y aparatos ideológicos del Estado*, traducción de Alberto Pla, Buenos Aires, Nueva Visión (edición original en francés, 1976, París, Editions Sociales).

Amuchástegui, Ana (2001), *Virginidad e iniciación sexual en México. Experiencias y significados*, México, Edamex/Population Council.

Augé, Marc (1993), *Los no lugares. Espacios del anonimato. Una antropología de la sobremodernidad*, Barcelona, Gedisa.

Austin, John L. (1982), *Cómo hacer cosas con palabras: palabras y acciones*, traducción de Genaro Carrió y Eduardo Rabossi, Madrid, Paidós.

_____ (1962), *How to do Things with Words. The William James Lectures Delivered at Harvard University in 1955*, en J.O. Urmson (ed.), Cambridge, Massachusetts, Harvard University Press.

Azaola, Elena (1996), *El delito de ser mujer: hombres y mujeres homicidas en la ciudad de México*, México, Plaza y Valdés.

_____ (1995), *Los niños de la correccional: fragmentos de vida*, México, Centro de Investigaciones y Estudios Superiores en Antropología Social.

_____ (1990), *La institución correccional en México: una mirada extraviada*, México, Siglo XXI.

Azaola, Elena y Cristina José Yacamán (1996), *Las mujeres olvidadas: un estudio sobre la situación actual de las cárceles de mujeres en la República Mexicana*, México, Programa Interdisciplinario de Estudios de la Mujer, El Colegio de México.

Bajtín, Mijaíl (1998), *La cultura popular en la Edad Media y en el Renacimiento. El contexto de François Rabelais*, traducción de Julio Forcat y César Conroy, Madrid, Alianza.

Barthes, Roland (2002), *Mitologías*, traducción de Héctor Schmucler, México, Siglo XXI.

Bataille, Georges (1997), *El erotismo*, traducción de Antoni Vicens y Marie Paule Sarazin, México, Tusquets.

Baudrillard, Jean (1986), *De la seducción*, traducción de Elena Benarroch, Madrid, Cátedra.

_____ (2001), *El otro por sí mismo*, traducción de Joaquín Jordá, Barcelona, Anagrama.

Bauer, Johanes (1985), *Diccionario de teología bíblica*, traducción de Daniel Ruiz, Barcelona, Herder.

Belsey, Catherine (1980), *Critical Practice*, Nueva York, Methuen.

Bleichmar, Hugo (1984), *Introducción al estudio de las perversiones. La teoría del Edipo en Freud y Lacan*, Buenos Aires, Nueva Visión.

Bottomore, T., L. Harris, V.G. Kiernan, R. Miliband y L. Kolakowsky, *Diccionario del pensamiento marxista*, Madrid, Tecnos.

Braidotti, Rosi (1996), "Sings of Wonder Traces of Doubt: On Teratology and Embodied Differences", en Rosi Braidotti y Nina Lyke (eds.), *Between Monsters, Goddesses and Cyborgs: Feminist Confrontations with Science, Medicine, and Ciberspace*, Londres, Zed Press, pp. 135-152.

Bronfman, Mario, Ana Amuchástegui, Rosa María Martina, Nelson Minello, Martha Rivas y Gabriela Rodríguez (1999), *SIDA en México: migración, adolescencia y género*, Mexico, Información Profesional Especializada.

Brunner, José Joaquín (1992), *América Latina: cultura y modernidad*, México, Grijalbo.

Buffington, Robert (2001), *Criminales y ciudadanos en el México moderno*, traducción de Enrique Mercado, México, Siglo XXI.

Butler, Judith (2005), "¿El parentesco es siempre de antemano heterosexual?", en *Debate Feminista*, vol. 32, pp. 3-36.

_____ (2002a), *Cuerpos que importan. Sobre los límites materiales y discursivos del "sexo"*, traducción Alciria Bixio, Buenos Aires, Paidós.

_____ (2002b), "Críticamente subversiva", en Rafael Mérida (ed.), *Sexualidades transgresoras. Una antología de estudios queer*, Barcelona, Icaria.

_____ (2001a), *El género en disputa: el feminismo y la subversión de la identidad*, traducción Mónica Mansour y Laura Manríquez, México, Programa Universitario de Estudios de Género/Universidad Nacional Autónoma de México.

_____ (2001b), *Mecanismos psíquicos del poder. Teorías sobre la sujeción*, traducción de Jacqueline Cruz, Valencia, Cátedra.

_____ (1998), "Actos performativos y constitución de género: un ensayo sobre la fenomenología y teoría feminista", en *Debate Feminista*, vol. 18, pp. 296-314.

Butler, Judith y Ernesto Laclau (1999), "Los usos de la igualdad", en *Debate Feminista*, vol. 19, pp. 115-141.

Cáceres, Carlos, Mario Pecheny y Veriano Terto (2002), *SIDA y sexo entre hombres en América Latina: vulnerabilidades, fortalezas y propuestas para la acción. Perspectivas y reflexiones desde la salud pública, las ciencias sociales y el activismo*, Lima, Universidad Peruana Cayatano Heredia/ ONUSIDA.

Caro, Isaac y Gabriel Guajardo (1996), *Homofobia cultural en Santiago de Chile: un estudio cualitativo*, Santiago, Flacso-Chile.

Carranza, Elías (1995), "Presente y futuro de la política penitenciaria", *La experiencia penitenciaria contemporánea. Apuntes y expectativas*, México, Comisión Nacional de Derechos Humanos, pp. 107-128.

Carrier, Joseph (1995), *De los Otros: Intimacy and Homosexuality among Mexican Men*, Nueva York, Columbia University Press.

Carrillo, Héctor (2002), *La noche es joven. La sexualidad en México en la era del SIDA*, traducción de Enrique Mercado, México, Océano.

Castel, Robert y Claudine Haroche (2003), *Propiedad privada, propiedad social, propiedad de sí mismo: conversaciones sobre la construcción del individuo moderno*, traducción de Alejandro Moreira, Rosario, Homo Sapiens.

Castro, Roberto (1998), "Uno de hombre con la mujer es como la corriente eléctrica: subjetividad y sexualidad entre los hombres de Morelos", en *Debate Feminista*, vol. 18, pp. 105-130.

Chartier, Roger (1998), *Au bord de la falaise. L'histoire entre certitudes et inquiétude*, París, Albin Michel.

Colaizzi, Giulia (1990), "Feminismo y teoría del discurso. Razones para un debate", en Giulia Colaizzi (ed.), *Feminismo y teoría del discurso*, Madrid, Cátedra, pp. 13-26.

Cuddon, J.A. (1984), *A Dictionary of Literary Terms and Literary Theory*, Harmondsworth, Peguin Books.

Deleuze, Gilles (1970), *Lógica del sentido*, traducción de Ángel Abad, Barcelona, Barral.

_____ y Félix Guattari (1988), *Mil mesetas: capitalismo y esquizofrenia*, traducción de José Vásquez Pérez con la colaboración de Umbelina Larraceleta, Valencia, Pre-Textos.

_____ (1985), *El antiedipo. Capitalismo y esquizofrenia*, traducción de Francisco Monge, Barcelona, Paidós (edición original en francés, 1972, Editions de Minuits).

Derrida, Jacques (1995), *Espectros de Marx: el estado de la deuda, el trabajo del duelo y la nueva internacional*, traducción de José Miguel Alarcón y Cristina de Peretti, Madrid, Trotta.

_____ (2003), *De la gramatología*, traducción de Óscar del Barco y Conrado Ceretti, México, Siglo XXI (edición original en francés, 1967, Editions de Minuits).

Douglas, Mary (1973), *Pureza y peligro: Un análisis de los conceptos de conta-minación y tabú*, traducción de E. Simona, Madrid, Siglo XXI.

Dreyfus, Hubert y Paul Rabinow (1988), *Michel Foucault. Más allá del estructu-ralismo y la hermenéutica*, traducción de Corina de Iturbe, México, Univer-sidad Nacional Autónoma de México.

Fachel Leal, Ondina (1998), "Sexualidad e identidad masculina: impases y perspectivas de análisis", en Teresa Valdés y José Olavarría (eds.), *Mas-culinidades y equidad de género en América Latina*, Santiago, Flacso, pp. 90-105.

Foucault, Michel (2003), *Vigilar y castigar. Nacimiento de la prisión*, traducción de Aurelio Garzón del Camino, México, Siglo XXI (edición original en francés, 1975, París, Gallimard).

———— (2002a), *Los anormales. Curso en el Collège de France (1974-1975)*, traducción de Horacio Pons, en Valerio Marchetti y Antonella Salomón (eds.), François Ewald y Alessandro Fontana (dir.), México, Fondo de Cul-tura Económica.

———— (2002b), *Defender la sociedad. Curso en el Collège de France (1975-1976)*, traducción de Horacio Pons, François Ewald y Alessandro Fontana (eds.), México, Fondo de Cultura Económica.

———— (2002c), *La hermenéutica del sujeto. Curso en el Collège de France, (1981-1982)*, en Frédéric Gros (ed.), François Ewald y Alessandro Fon-tana (dirs.), traducción de Horacio Pons, México, Fondo de Cultura Eco-nómica.

———— (1990), *Las tecnologías del yo*, Barcelona, Paidós.

———— (1989), *La historia de la sexualidad. La voluntad de saber*, vol. I, tra-ducción de Ulises Guiñazú, México, Siglo XXI (edición original en francés 1976, París, Gallimard).

———— (1988b), "El sujeto y el poder", en Hubert Dreyfus y Paul Rabinow, *Mi-chel Foucault. Más allá del estructuralismo y la hermenéutica*, traducción de Corina de Iturbe, México, Universidad Nacional Autónoma de México.

———— (1987), *La microfísica del poder*, Madrid, La Piqueta.

———— (1980), *Herculine Barbin: Being the Recently Discovered Memoirs of a Nineteenth-Century French Hermaphrodite*, en Michel Foucault (recopi-lación e introducción), Nueva York, Panteon.

———— (1969), *Las palabras y las cosas: una arqueología de las ciencias huma-nas*, traducción de Elsa Frost, México, Siglo XXI (edición original en fran-cés, 1966, París, Gallimard).

Fuller, Norma (1998), "La constitución social de la identidad masculina entre varones urbanos del Perú", en Teresa Valdés y José Olavarría (eds.), *Mascu-linidades y equidad de género en América Latina*, Santiago, Flacso-Chile, pp. 56-68.

_____ (1997), *Identidades masculinas. Varones de clase media en el Perú*, Lima, Pontificia Universidad Católica del Perú.

García Canclini, Néstor (1995), *Cultura y pospolítica: el debate sobre la modernidad en América Latina*, México, Consejo Nacional para la Cultura y las Artes.

Girard, René (1983), *La violencia y lo sagrado*, traducción de Joaquín Jordá, Barcelona, Anagrama (edición original, 1972, París, B. Grasset).

Greimas, A.J. y Joseph Courtés (1982), *Semiótica. Diccionario razonado de la teoría del lenguaje*, traducción de Enrique Ballón y Hermis Campodónico, Madrid, Gredos.

Guajardo, Gabriel (2002), "Contexto sociocultural del sexo entre varones", *SIDA y sexo entre hombres en América Latina: vulnerabilidades, fortalezas y propuestas para la acción. Perspectivas y reflexiones desde la salud pública, las ciencias sociales y el activismo*, Lima, Universidad Peruana Cayatano Heredia/ONUSIDA , pp. 57-80.

Gutmann, Matthew (1997), "Los verdaderos machos mexicanos nacen para morir", en Teresa Valdés y José Olavarría (eds.), *Masculinidad/es. Poder y crisis*, Santiago, Isis Internacional/Flacso-Chile, pp. 153-168.

_____ (1996), *The Meanings of Macho: being a Man in Mexico City*, Berkeley, University of California Press.

_____ (2000), *Ser hombre de verdad en la ciudad de México. Ni macho ni mandilón*, México, El Colegio de México.

Habermas, Jürgen (1990), *Pensamiento posmetafísico*, traducción de Manuel Jiménez, México, Taurus.

Highsmith, Patricia (2002), *Pequeños cuentos misóginos*, traducción de Maribel de Juan, Anagrama, Barcelona.

Hopenhayn, Martín (1994), *Ni apocalípticos ni integrados: aventuras de la modernidad en América Latina*, México, Fondo de Cultura Económica.

Huerta, Fernando (1999), *El juego del hombre: deporte y masculinidad entre obreros de Volkswagen*, México y Puebla, Plaza y Valdés / Benemérita Universidad Autónoma de Puebla.

Ibáñez, Jesús (1992), *Más allá de la sociología. El grupo de discusión: técnica y crítica*, Madrid, Siglo XXI.

Kristeva, Julia (1989), *Poderes de la perversión: ensayo sobre Louis-Ferdinand Céline*, traducción de Nicolás Rosa y Viviana Ackerman, México, Siglo XXI.

Laclau, Ernesto y Chantal Mouffe (1987), *Hegemonía y estrategia socialista. Hacia una radicalización de la democracia*, Madrid, Siglo XXI.

Lancaster, Roger (1997), "El performance de Guto: notas sobre el travestismo de la vida cotidiana", en *Debate Feminista*, vol. 16, pp. 153-188.

_____ (1992), *Life is Hard: Machismo, Danger, and the Intimacy of Power in Nicaragua*, Berkeley, University of California Press.

Laplanche, Jean y Jean-Bertrand Pontalis (1996), *Diccionario de psicoaná-lisis*, Daniel Lagache (dir.), traducción de Fernando Gimeno, Barcelona, Paidós.

Laqueur, Thomas (1994), *La construcción del sexo. Cuerpo y género desde los griegos hasta Freud*, traducción de Eugenio Portela, Valencia, Cátedra.

Larraín, Jorge (2004), *Identidad y modernidad en América Latina*, México, Océano.

Lauretis, Teresa de (1991a), "Estudios feministas/estudios críticos: problemas, conceptos y contextos", en Carmen Ramos Escandón (comp.), *El género en perspectiva: de la dominación universal a la representación múltiple*, México, UAM Iztapalapa, pp. 165-193.

_____ (1991b), "Tecnologías del género", en Carmen Ramos Escandón (comp.), *El género en perspectiva: de la dominación universal a la representación múltiple*, México, UAM Iztapalapa, pp. 231-278.

Le Guern, Michel (1985), *La metáfora y la metonimia*, traducción de Augusto de Gálvez-Cañero, Madrid, Cátedra.

Lerner, Susana (ed.) (1998), *Varones, sexualidad y reproducción: diversas perspectivas teórico-metodológicas y hallazgos de investigación*, México, El Colegio de México.

Liguori, Ana Luisa y Peter Aggleton (1998), "Aspectos del comercio sexual masculino en la ciudad de México", en *Debate Feminista*, vol. 18, pp. 152-185.

Lipovetsky, Gilles (2002), *La era del vacío*, Barcelona, Anagrama.

List, Mauricio (en prensa), "Masculinidad e identidad gay en México", en Ana Amuchástegui e Ivonne Szasz (coords.), *Sucede que me canso de ser hombre. Relatos y reflexiones sobre hombres y masculinidades en México*, México, El Colegio de México, pp. 435-478.

Marx, Karl (2000), *El capital. Crítica de la economía política*, tomo I, 3ª edición, traducción de Wenceslao Roces de la 4ª edición alemana (1890) revisada por Friedrich Engels, México, Fondo de Cultura Económica.

Mato, Daniel (1995), *Crítica de la modernidad, globalización y construcción de identidades: debate de modernidad/postmodernidad, globalización y construcción de identidades y otras representaciones sociales*, Caracas, Universidad Central de Venezuela.

Maturana, Humberto (1995), *Realidad: ¿objetiva o construida?*, vol. 1, *Fundamentos biológicos de la realidad*, Barcelona, Anthropos.

_____ y Francisco Varela (1984), *El árbol del conocimiento. Las bases biológicas del entendimiento humano*, Santiago, Universitaria.

Merleau-Ponty, Maurice (1957), *Fenomenología de la percepción*, México, Fondo de Cultura Económica.

Miano, Marinella (1998), "*Gays* tras bambalinas: Historia de belleza, pasiones e identidades", en *Debate Feminista*, vol. 18, pp. 186-236.

Módena, María Eugenia y Zuanilda Mendoza (2001), *Géneros y generaciones: etnografía de las relaciones entre hombres y mujeres de la ciudad de México*, México, Edamex/Population Council.

Mora, Juan Jesús (1991), *Diagnóstico de las prisiones en México*, México, Comisión Nacional de Derechos Humanos.

Murray, Stephen (1995), *Latin American Male Homosexualities*, Albulquerque, University of New Mexico Press.

Nietzsche, Friedrich (1997), *La genealogía de la moral: un escrito polémico*, traducción y notas de Andrés Sánchez Pascual, Madrid, Alianza.

Núñez, Guillermo (2000), *Sexo entre varones. Poder y resistencia en el campo sexual*, México, Programa Universitario de Estudios de Género, Universidad Nacional Autónoma de México.

Olavarría, José, Cristina Benavente y Patricio Mellado (1998), *Masculinidades populares. Varones adultos jóvenes de Santiago*, Santiago, Flacso-Chile.

Ortí, Alfonso (1994), "La confrontación de modelos y niveles epistemológicos en la génesis e historia de la investigación social", en Juan Manuel Delgado y Juan Gutiérrez (eds.), *Métodos y técnicas cualitativas de investigación en ciencias sociales*, Madrid, Síntesis, pp. 85-95.

Ottone, Ernesto (2000), *La modernidad problemática: cuatro ensayos sobre el desarrollo latinoamericano*, México, Comisión Económica para América Latina y el Caribe.

Padilla, Antonio (2001), *De Belem a Lecumberri: pensamiento social y penal en el México decimonónico*, México, Archivo General de la Nación.

_____ (1995), "Criminalidad, cárceles y sistema penitenciario en México, 1876-1910", tesis de doctorado, México, Centro de Estudios Históricos de El Colegio de México.

Parker, Richard (1999), *Beneath the Equator. Cultures of Desire, Male Homosexuality, and Emerging Gay Communities in Brazil*, Nueva York, Routledge.

_____ (1991), *Bodies, Pleasures and Passions. Sexual Culture in Contemporary Brazil*, Boston, Beacon Press.

Prieur, Annick (1998), *Mema's House, Mexico City: On Transvestites, Queens and Machos*, Chicago, University of Chicago Press.

_____ (1996), "Domination and Desire: Male Homosexuality and the Construction of Masculinity in Mexico", en Marit Melhuus y Kristi Anne Stolen (eds.), *Machos, Mistresses, Madonnas: Contesting the Power of Latin American Gender Imagery*, Londres, Verso, pp. 83-107.

Real Academia Española (RAE) (1983), *Diccionario de la lengua española*, Madrid, Real Academia Española.

Rodríguez, Gabriela y Benno de Keijzer (2001), *La noche se hizo para los hombres: sexualidad en los procesos de cortejo entre jóvenes campesinos y campesinas*, México, Population Council.

Rodríguez, Luis (1998), *La crisis penitenciaria y los sustitutivos de la prisión*, México, Porrúa.

Roldán, Fernando y Alejandro Hernández (1999), *Reforma penitenciaria integral. El paradigma mexicano*, México, Porrúa.

Rubin, Gayle (1996), "El tráfico de mujeres: notas sobre la 'economía política' del sexo", en Marta Lamas (comp.), *El género: la construcción cultural de la diferencia sexual*, México, Programa Universitario de Estudios de Género, Universidad Nacional Autónoma de México, pp. 35-96.

_____ (1975), "The Traffic in Women: Notes on the 'Political Economy' of Sex", en Rayna Reiter (ed.), *Toward an Anthropology of Women*, Nueva York, Monthly Review Press, pp. 157-210.

_____ (1984), "Thinking Sex. Notes for a Radical Theory of the Politics of Sexuality", en Carole Vance (ed.), *Pleasure and Danger*, Boston, Routledge Kegan & Paul, pp. 267-319.

Salvatore, Ricardo y Carlos Aguirre (eds.) (1996), *The Birth of the Penitentiary in Latin America: Essays on Criminology, Prison Reform, and Social Control, 1830-1940*, Austin, Institute for Latin American Studies, Universidad de Texas.

Searle, John (1980), *Actos de habla. Ensayos en filosofía del lenguaje*, traducción de Luis Valdés V., Madrid, Cátedra.

Szasz, Ivonne (1998), "Sexualidad y género: algunas experiencias de investigación en México", en *Debate Feminista*, vol. 18, pp. 77-104.

_____ y Ana Amuchástegui (coords.) (en prensa), *Sucede que me canso de ser hombre... Reflexiones y relatos sobre hombres y masculinidades en México*, México, El Colegio de México.

_____ y Susana Lerner (comps.) (1998), *Sexualidades en México: algunas aproximaciones desde la perspectiva de las ciencias sociales*, México, El Colegio de México.

_____ (1996), *Para comprender la subjetividad: investigación cualitativa en salud reproductiva y sexualidad*, México, El Colegio de México.

Thinès G. y A. Lampereur (1975), *Dictionaire general de sciences humaines*, París, Éditions Universitaires.

Valdés, Teresa y José Olavarría (1998), "Ser hombre en Santiago de Chile: a pesar de todo, un mismo modelo", en Teresa Valdés y José Olavarría (eds.), *Masculinidades y equidad de género en América Latina*, Santiago, Flacso, pp. 12-35.

Viveros, Mara (1998), "Quebradores y cumplidores: biografías diversas de la masculinidad", en Teresa Valdés y José Olavarría (eds.), *Masculinidades y equidad de género en América Latina*, Santiago, Flacso, pp. 36-55.

Zaffaroni, Eugenio (1995), "¿Qué hacer con la pena? Las alternativas a la prisión", *La experiencia penitenciaria contemporánea. Apuntes y expectativas*, México, Comisión Nacional de Derechos Humanos, pp. 81-94.

Žižek, Slavoj (2003), *Porque no saben lo que hacen. El goce como factor políti-co*, traducción de Jorge Piatigorsky, Buenos Aires, Paidós.

_____ (2001), *El espinoso sujeto. El centro ausente de la ontología política*, traducción de Jorge Piatigorsky, Buenos Aires, Paidós.

_____ (1992), *El sublime objeto de la ideología*, traducción de Isabel Vericat Núñez, México, Siglo XXI.

ANEXO 1

Datos generales de los entrevistados (según seudónimo)

Seudónimo	Edad	Lugar de nacimiento	Escolaridad	Estado civil	Número de hijos	Oficio	Motivo de encarcelamiento	Años de condena	Tiempo de reclusión	Condenas o estadías anteriores
Adrián	62 años	Villa Victoria	Sin estudios, analfabeto	Unión libre	Dos	Albañil	Violación de entenada	14 años y 3 meses	4 años	Ninguna
Aníbal	25 años	Distrito Federal	Secundaria	Soltero	Ninguno	Comerciante	Robo de auto	4 años, 2 meses y 9 días	1 año 6 meses 15 días	5 años 3 meses por robo con violencia (R. Sur)
Boris	28 años	Distrito Federal	Secundaria	Unión libre	Uno de 6 años	Comerciante	Robos diversos. Portación de armas	7 años 6 meses y 1 año 9 meses	5 años y 2 meses	Ninguna
Chino	55 años	Distrito Federal	Segundo preparatoria	Unión libre	Tres (una de 3 años, una de 19 y uno de 23)	Comerciante	Homicidio calificado y robo con violencia	20 años (14 años por homicidio y 6 años por robo)	1 año 5 meses	2 meses por lesiones (Lecumberri) 3 meses por allanamiento

Seudónimo	Edad	Lugar de nacimiento	Escolaridad	Estado civil	Número de hijos	Oficio	Motivo de encarcelamiento	Años de condena	Tiempo de reclusión	Condenas o estadías anteriores
										de morada (Lecumberri) 2 años por violación y robo (R. Oriente)
Crisóstomo	22 años	Distrito Federal	Primaria	Soltero	Ninguno	Comerciante ambulante	Lesiones	3 años 2 meses 7 días	10 meses	Correccional de menores varias veces
Demetrio	18 años	Distrito Federal	Primero secundaria	Soltero	Uno de 3 meses	Comerciante	Robo a transeúnte	4 años y 9 meses	3 meses	1 mes por robo (Tutelar de menores)
Esther	19 años	Distrito Federal	Cuarto preparatoria	Soltero	Ninguno	Dependiente	Robo de auto	Sin condena	8 meses	Ninguna
Esteban	28 años	Durango	Preparatoria	Unión libre	Ninguno	Militar	Violación	9 años 6 meses y 4 días	4 años y 10 meses	Ninguna

Seudónimo	Edad	Lugar de nacimiento	Escolaridad	Estado civil	Número de hijos	Oficio	Motivo de encarcelamiento	Años de condena	Tiempo de reclusión	Condenas o estadías anteriores
Fulgencio	35 años	Oaxaca	Primaria	Casado	Dos (uno de 9 y uno de 2)	Campesino	Homicidio	14 años	2 años y 7 meses	Ninguna
Gastón	58 años	Oaxaca	Sin instrucción	Casado	Tres (una de 9 una de 8 y uno de 6)	Molinero	Abuso sexual diverso	9 años y 1 mes	2 años	Ninguna
Leandro	30 años	Distrito Federal	Secundaria completa	Casado (10 años)	Tres (una de 3, uno de 8 y una de 4)	Empleado federal	Violación y abuso sexual de menores	16 años	10 meses	Ninguna
Nico	32 años	Distrito Federal	Tercero secundaria	Unión libre (7 años)	Una de 3 años	Comerciante	Homicidio calificado	20 años	2 años y 8 meses	3 años por homicidio calificado (Reclusorio sur) 2 años calificado (R. Oriente)

Seudónimo	Edad	Lugar de nacimiento	Escolaridad	Estado civil	Número de hijos	Oficio	Motivo de encarcelamiento	Años de condena	Tiempo de reclusión	Condenas o estadías anteriores
Rolando	36 años	Distrito Federal	Tercero preparatoria	Soltero	Ninguno	Obrero	Asalto a mano armada	10 años	8 meses	5 años y 8 meses por robo a transeúnte (R. Norte)
Sara	35 años	Veracruz	Segundo secundaria	Soltero	Ninguno	Estilista	Robo	4 años	1 año	3 años por robo (R. Sur)
Venustiano	33 años	Distrito Federal	4° semestre licenciatura en banca y finanzas	Casado	Uno de 6 años	Empleado	Fraude	3 años 5 meses y 28 días	1 año	Ninguna

Mapa de dormitorios y anexos del Reclusorio Norte según la clasificación de los internos
(es una transcripción exacta de un documento institucional que se nos facilitó
para que eligiéramos a los entrevistados; el original está mecanografiado)

D-3	D-4	D-5	D-6	D-7	D-8	D-10 *Conductas especiales*
Delitos sexuales y homicidio	Zona 1-2	Zona 1-2	Escolaridad primaria o secundaria	Escolaridad primaria o secundaria	Reincidentes habituales	Internos que han infringido el reglamento y ameritan aislamiento temporal
Peligrosidad baja y media	Nivel social medio y alto	Sujetos con nivel medio-bajo	Nivel cultural bajo	Primodelincuentes	Personalidad antisocial y trastornos antisociales	
Pronóstico favorable o reservado	Escolaridad media y superior	Nivel sociocultural medio-bajo	Reincidentes con menores infractores o en Reclusorios.	Rasgos de carácter en niveles medio-bajo	Rasgos de carácter en niveles bajos	Internos que por manejo institucional quedan de manera temporal en este
Niveles socio cultural bajo y medio	Primodelicuentes	Primodelincuentes	Preventivos con estancia corta	Conductas parasociales con F.D. y O.H. en grado experimental u ocasional	Contaminantes	
	Sin asimilación de conductas parasociales	Farmacodependencia			Peligrosidad alta	
	Mayoría en delitos con fraude, abuso	Contaminables			Pronóstico desfavorable	
		Peligrosidad media y baja				

D-4	D-5	D-6	D-7	D-8	D-10 *Conductas especiales*
de confianza, defraudación	Pronóstico favorable	Rasgos de carácter niveles bajos y antisociales	Peligrosidad media		dormitorio, por determinación de C.T.I.
Peligrosidad media y alta	Zona 3	Contaminados y contaminantes	Pronóstico reservado a favorable		La estancia no puede exceder más de 15 días
Zona 3-4	Delitos contra la salud	Peligrosidad media y alta			
Ex servidores públicos, policías o militares	Zona 4	Pronósticos desfavorables			
Pronóstico favorable	Contra la ley general de población	Zona 1 y 2: pob. de 18 a 25 años			
		Zonas 3 y 4: pob. de 26 a 35 años			

A-3	A-4	A-5 *Población vulnerable*	A-6	A-7	A-8
Primodelincuentes con asimilación de conductas parasociales como F.D., O.H. experimental u ocasional	Reincidentes habituales con sentencias mayores de 10 años	Zona 1 Seniles y discapacitados	Primodelincuentes	Reincidentes, con antecedentes infractores o en reclusorios preventivos con estancias cortas	Primodelincuentes
Susceptibles a contaminación carcelaria	Con asimilación de conductas para y antisociales como F.D., O.H., ocasional, funcional o disfuncional	Zona 2 Homosexuales e indígenas	Con adopción de conductas para y antisociales	Rasgos antisociales	Peligrosidad baja y media
Peligrosidad media-baja	Peligrosidad media y alta	Zona 4 y 4 Comisionados en actividades de la institución	Contaminables	Rasgos de carácter en niveles bajos	Contaminables
Pronóstico favorable	Contaminados y contaminantes		Peligrosidad baja o media	Contaminables y contaminantes	Sin conductas parasociales
	Rasgos de carácter en niveles bajos		Pronóstico favorable	Peligrosidad media y alta	Pronóstico favorable
				Pronóstico desfavorable	

D-1 y D-2	D-10 Bis Protección	Módulo de máxima seguridad	D.C.O.C
Se encuentran en remodelación	Sujetos en riesgo psicofísico y requieren de protección, la cual otorga el C.T.I.	Internos de alta peligrosidad y en ocasiones extrema	Es un Dormitorio temporal con una estancia máxima de 45 días con fines de evaluación, diagnóstico y para establecer tratamiento.
		Desarrollo institucional desfavorable	
		Faltas graves al reglamento	Zona 1 Reincidentes
		Trasladados por medidas de seguridad	
		(tentativas de fugas, motines y homicidio dentro de la institución)	Zona 2 Servidores públicos, etc.
		Zona de aislamiento temporal para internos que infringen de manera reiterada y grave el reglamento	Zona 3 Para manejo institucional
		Sentencias altas y delitos considerados como graves, además de algunos por delincuencia organizada	Zona 4 Para internos con problemas psiquiátricos
		La ubicación será por acuerdo del C.T.I.	Zona 5 18 a 22 años
			Zona 6
			Zona 7
			Zona 8 Para protección

Panópticos y laberintos.
Subjetivación, deseo y corporalidad en una cárcel
de hombres se terminó de imprimir en mayo de 2007
en los talleres Editorial Color, S.A. de C.V.,
Naranjo 96 bis, p.b., col. Santa María
la Ribera, 06400, México, D.F.
Portada: Irma Eugenia Alva
Valencia. Tipografía
y formación: Logos
Editores. La edición
estuvo al cuidado de la
Dirección de Publicaciones
de El Colegio de México.